마르크스주의 입문

마르크스주의 입문

만국의 노동자여, 단결하라!
Workers of the world, unite! Proletarier aller Länder, vereinigt euch!
全世界无产者，联合起来！Prolétaires de tous les pays, unissez-vous!
¡Proletarios de todos los países, uníos! Proletari di tutti i paesi, unitevi!
Пролетарии всех стран, соединяйтесь!
万国の労働者よ、団結せよ！Proletärer i alla länder, förenen eder!
يا عمال العالم اتحدوا!

우리를 둘러싼 세계를 바꾸기 위해

오월의봄

이찬용 지음 | 배세진 감수

서문

마르크스주의,
"바로 당신의 이야기"

　마르크스주의는 한때 전 세계 글을 읽고 쓸 줄 아는 사람들의 절반 이상을 매료시켰던 사상이다. 1917년 러시아에서 시작해 20세기 내내 전 세계를 휩쓸었던 혁명의 물결은 이 글을 읽는 독자들도 잘 알고 있을 것이다. 이는 한반도의 이남에서도 마찬가지였다. 1945년 해방 직후 미군정이 서울 시민을 대상으로 한 조사에 따르면, 응답자 중 70%가 사회주의, 7%가 공산주의를 원한다고 응답해 서울 시민의 4분의 3 이상이 마르크스주의 혹은 이와 관련된 정치체제를 원한다고 피력했다. 모른다고 답한 시민 8%를 제외하면, 오늘날과 같은 자본주의를 택한 시민은 14%에 불과했다(동아일보, 1946). 그러나 1991년 소련을 필두로 한 현실 사회주의 국가의 붕괴 이후, 21세기 들어 한국은 물론이고 세계 어느 곳에서도 마르크스주의에 대한 담론을 찾아보기 어렵게 되었다. 이제 사람들은 마르크스주의를 막연한 옛날의 것, 현대에는 의미가 없어진 실패한 사상 정도로만 생각한다. 하지만 마르크스주의가 영향을 끼치지 않은 학문은 찾아보기 힘들다. 철학이나 경제학은 말할 것도 없고, 사회학, 역사학, 언어학, 심지어 문학이나 영화 촬영 기법 등과 같은 예술 영역 곳곳에서도 마르크스의 영향을 발견할 수 있다. 우리가 지금 사는 이 사회, 자본주의의 특징과 한계에 대해 체계적으로 밝힌 마르크스의 작업은 좋든 싫든 자본주의가 지속하는 한 계속해서 영향을 끼칠 것이다. 말하자면 마르크스주의는, 《자본》의 내용은 영국의 이야기일 뿐이라고 자위한 독일 학자들에게 마르크스가 인용한 고대 로마의 시인 호라티우스의 말마따나, "바로 당신의 이야기이다 De te fabula narratur".

이토록 중요한 마르크스의 담론은 애초에 잘 논의조차 되지 않지만, 논의되는 곳에서도 자주 절반만 이야기되곤 한다. 마르크스를 비판하는 이들은 마르크스의 이야기 중 일부만을, 맥락을 무시한 채 가져와 왜곡한다. 영국의 인도 지배에 관한 마르크스의 생각, 자본주의로의 이행에 관한 여러 구절을 근거로 마르크스주의는 단선론적인 진보 사관을 가진 서구중심주의라는 비판을 가하는 식이다. 영국의 아일랜드 지배나 러시아의 폴란드 지배에 관한 비판, 러시아의 마르크스주의자인 자술리치와 주고받은 〈자술리치에게 보낸 편지〉 등은 전혀 언급되지 않음은 물론, 후기 마르크스는 인도에 관한 의견을 바꾸었다는 점도 이야기하지 않는다. 사실 이 정도는 양반이라

할 만하다. 비판자 대부분은 앞뒤 맥락을 소거한 채 '유물론'이라는 단어만 가지고 마르크스주의자를 인간조차 오로지 물질로 환원될 뿐이라고 생각한 냉혈한으로 그리거나, 사회주의는 공동체를 중시했다는 점을 이유로 파시즘과 동일시하며 소련 등 현실 사회주의 국가의 실패 원인을 마르크스에게서 찾으려 하니 말이다.

그러나 이러한 오류는 마르크스를 비판하는 사람들만 저지르는 것이 아니다. 마르크스를 옹호하는 이들, 본인이 마르크스주의자라고 이야기하는 사람들도 많은 경우 자신이 중요하다고 생각하는 부분만을 취사선택한다. 일례로 앞서 언급한 폴란드 문제만 봐도 그렇다. 마르크스의 평생 동지였던 엥겔스는 당시 러시아와 독일의 식민지였던 폴란드에서 민족해방이 아닌 즉각적인 사회주의혁명을 주장하는 사회주의자들을 비판하며, 사회주의혁명보다도 폴란드의 독립을 우선시했다. 폴란드 민족이 독립적인 근대국가를 세워야만 폴란드를 포함한 유럽 전체가 사회주의로 나아갈 수 있다는 것이다. 자본주의를 극복하기 전에 우선 자본주의를 달성해야 한다는 이 의견은 엥겔스만의 생각이 아니었다. 마르크스 역시 이러한 의견을 〈폴란드의 유럽에 대한 임무〉〈민족운동과 계급운동의 관계〉, 그리고 나중에 철회하기는 했지만, 크림전쟁을 반동 러시아에 맞선 진보적 유럽 국가들의 혁명전쟁으로 바라본 소위 '동방 문제'에 관한 편지들 등에서 꾸준히 피력했다. 그러나 이 점은 현대 마르크스주의자들에게 쉽게 무시되곤 한다. 마르크스주의에서의 '민주주의' 개념 역시 마찬가지인데, 이는 양측 모두에게서 보이는 문제이다. 흔히 민주적 사회주의자로 불리는 이들은 마르크스가 이야기한 혁명을 현대에는 맞지 않는 과거의 산물로 취급하고, 반대로 일부 혁명적 사회주의자들은 '민주적'이라는 단어에 거부감을 느껴 공산주의의 최종 목적이 진정한 민주주의의 실현임을 잊어버리곤 한다.

이 책은 필자가 한국외국어대학교 중앙동아리 '마르크스 정치경제학회 왼쪽날개'에서 대표자를 하던 시절, 마르크스주의 입문자가 이러한 오류에 빠지지 않고 마르크스주의를 그 흐름에 맞춰 파악하는 데 도움이 되도록 쓰고 엮은 글이다. 따라서 초심자를 위하는 만큼 별도의 배경지식이나 참고문헌 없이도 끝까지 읽을 수 있도록 최대한 노력해서 작성했다. 이 책의 본문에는 마르크스주의가 필요한 이유부터 마르크스주의의 탄생 배경, 마르크스주의의 전체적인 내용을 넣었으며, 부록으로는 이 책을 완독한 후 추가로 읽을 수 있는 추천도서 목록과 마르크스주의 용어사전을 수록했다.

본문에서는 기본적으로 마르크스와 엥겔스의 내용만을 다뤘지만 중간중간 참고자료를 통해 후대 마르크스주의 혹은 관련 분야의 학자들에 관해서도 설명했다. 물론, 100여 권이 넘는 마르크스와 엥겔스의 저작들을 필자의 생각에 따라 재배치하고, 여러 상반되는 해석들 중 하나를 선택하는 과정에서 아마 필자의 주관이 상당히 개입되었으리라 생각한다. 그러나 동시에, 필자의 의견을 적극적으로 개진하는 것이 아닌 마르크스와 엥겔스의 사상을 체계적이고 쉽게 설명하는 데 이 책의 목적이 있는 만큼 본문 중에서는 필자의 개인적인 의견과 배치되는 부분도 있음을 미리 밝힌다.

물론 이 책에도 많은 한계가 있다. 우선, 마르크스의 개념과 저작들을 시간 순서대로 다루지 않고 분과학문별로 다루며 시간의 흐름에 따른 마르크스의 자기비판과 이론적 수정에 대해 충분히 이야기하지 못했다. 또한, 넓은 분야를 얕게 다룰 수밖에 없는 입문서라는 특징으로, 그리고 무엇보다도 필자의 능력 부족으로 몇몇 부분에서는 불충분하거나 불명료한 서술에 만족할 수밖에 없었다. 마르크스의 철학을 다룬 부분이나 역사학 중 자본주의 이전을 다룬 부분들, 마르크스주의 경제학 중 소위 '전형문제', 마르크스주의 정치학에서 혁명을 어떻게 바라볼 것인가 하는 문제들 등은 기회가 닿는 대로 더 자세하게 다뤄보고 싶다.

마지막으로, 일개 학부생에 불과한 필자가 글을 완성할 수 있도록 꼼꼼하게 읽고 여러 조언을 해주신 오윤구 사과나무 연구원님과 한국외국어대학교 철학문화연구소 강경덕 교수님, 연세대학교 커뮤니케이션대학원 배세진 선생님께 깊은 감사 인사를 드린다. 세 분의 날카로운 지적은 특히 이 저서가 고전 마르크스주의의 입장과 함께 현대적 마르크스주의의 관점을 비교하며 소개할 수 있게 되는 데 큰 도움이 되었다. 글의 각 부분에 첨삭을 최대한 반영하려고 노력했으나, 그럼에도 이 책에 잘못된 부분이 있다면 이는 오로지 첨삭을 온전히 반영할 수 없었던 미숙한 필자의 잘못임을 밝힌다. 아울러 원고를 읽고 의견을 나누며 글의 완성도를 높이는 데 다양한 방면에서 많은 도움을 준 중앙동아리 마르크스 정치경제학회 왼쪽날개의 회원분들과, 학내외 여러 학우분들께도 이 자리를 빌려 감사의 인사를 전한다. 이분들을 포함한 여러 훌륭한 선생님들과 동지들의 도움이 없었다면 이 책은 나오지 못했으리라 감히 말할 수밖에 없다.

한국외국어대학교 중앙동아리
'마르크스 정치경제학회 왼쪽날개'에서

차례

서문 | 마르크스주의, "바로 당신의 이야기" • 5

1장 | 자본주의의 여러 문제들

1. 소외 ——————————————————— 17
   - 더 읽어보기 알랭 드 보통 《불안》 ——————— 23
2. 불평등 ————————————————— 25
   - 더 읽어보기 토마 피케티 《21세기 자본》 ————— 30
3. 성차별 ————————————————— 32
4. 민족 문제와 인종차별 ——————————— 39
   - 더 읽어보기 블라디미르 레닌 《제국주의: 자본주의의 최고 단계》 — 49
5. 정치위기와 전쟁 ————————————— 53
6. 기후위기 ———————————————— 59
   - 더 읽어보기 사이토 고헤이 《지속 불가능 자본주의》 —— 65
7. 해결책 ————————————————— 67

2장 | 마르크스주의의 탄생

1. 마르크스와 엥겔스의 삶과 주요 저작 ————— 73
   - 더 읽어보기 루이 알튀세르 《마르크스를 위하여》 ——— 86

2. 당시의 시대적 배경 ─────────────── 89
   더읽어보기 에릭 홉스봄 '시대 3부작': 《자본의 시대》, 《혁명의 시대》,
   《제국의 시대》 ──────────────────── 94
3. 공상적 사회주의 ─────────────── 96
   더읽어보기 표트르 크로포트킨 《빵의 쟁취》 ────── 101

3장 | 마르크스주의 철학

1. 변증법 ────────────────────── 105
2. 유물론 ────────────────────── 115
3. 포이어바흐에 관한 테제 ─────────── 120

4장 | 마르크스주의 역사학

1. 계급과 국가의 탄생 ──────────────── 129
2. 전자본주의 단계 ───────────────── 133
   더읽어보기 이오시프 스탈린 《변증법적 유물론과 역사적 유물론》 &
   카를 마르크스 〈자술리치에게 보낸 편지 초안〉 ─── 139
3. 자본주의의 시작 ───────────────── 141
   더읽어보기 데이비드 하비 《모더니티의 수도, 파리》 ── 147

5장 | 마르크스주의 경제학

1. 마르크스의 경제학 ──────────────── 155
2. 사용가치와 가치 ───────────────── 161
3. 잉여가치 ────────────────────── 169
   더읽어보기 낸시 프레이저 《좌파의 길》 ────────── 179

4. 물신성	182
더읽어보기 칼 폴라니 《거대한 전환》	191
5. 재생산	195
6. 평균이윤율과 전형	207
7. 이윤율 저하 경향의 법칙	216

6장 | 마르크스주의 사회학

1. 사회구성체	229
더읽어보기 루이 알튀세르 〈이데올로기와 이데올로기적 국가장치〉	242
2. 공화정의 유형	245

7장 | 마르크스주의 정치학

1. 혁명	257
더읽어보기 안토니오 그람시 《옥중수고》	274
2. 혁명 이후의 모습	278

결론을 대신하여 | 오늘날, 지금 여기의 마르크스주의 · 291

추천도서 목록 · 295

참고문헌 · 307

감수의 말 · 317

용어사전 · 323

일러두기

1. 이 책의 인용에서 사용된 마르크스와 엥겔스 저작의 약칭은 다음과 같다.
   - *CW*: Marx and Engels, *Marx & Engels Collected Works* 50 vols. London: Lawrence & Wishart Electric Book. 2010.
   - 《선집》: 마르크스·엥겔스, 《칼 맑스·프리드리히 엥겔스 저작 선집》 1~6권, 박종철출판사, 1991~1997.
2. 한국어판 인용문은 해당 책에 실린 강조, 문장부호(괄호 및 대괄호 포함) 및 표현을 모두 그대로 표기했다. 다만 꼭 필요한 경우를 제외하면 원주, 역주, 편집자주 및 원어/한문 병기는 옮기지 않았으며, 저자가 삽입한 주석은 모두 각주로 표기했다.
3. 인명, 지명, 작품명 등에는 국립국어원의 외래어 표기법 용례를 따랐다. 따라서 특별한 경우가 아니면 '칼 맑스'는 '카를 마르크스'로 표기했다.
4. 단행본·전집·정기간행물 등에는 겹화살괄호(《 》)를, 논문·단편·기고문·기사·영화·음악 등에는 홑화살괄호(〈 〉) 사용했다.

1장

자본주의의 여러 문제들

지금까지 철학자들은 단지 세계를 해석해왔을 뿐인데, 중요한 것은 세계를 바꾸는 것이다.
―
〈포이어바흐에 관한 테제〉
(마르크스, *CW* 5: 5)

1. 소외

《경제학 철학 수고》,《독일 이데올로기》

네가 사랑을 하면서도 되돌아오는 사랑을 불러일으키지
못한다면, 즉 …… 되돌아오는 사랑을 생산하지 못한다면,
…… 너의 사랑은 무력하며 하나의 불행이다.
—《경제학 철학 수고》(마르크스,《선집》1권: 91)

소외란

표준국어대사전
소외 [명사] **철학** 인간이 자기의 본질을 상실하여 비인간적인 상태에 놓이는 일.

우리말샘
소외 [명사] **정치** 마르크스주의의 핵심 개념의 하나. 인간, 집단, 제도 혹은 사회가 그 자신의 행위의 결과나 혹은 산물이나 생존하는 자연, 다른 인간, 또한 그 자체에 대해서 소원하게 하는 행위 혹은 소원하게 되어 있는 상태를 말한다.

마르크스주의에서 소외란 사적 소유가 만연해진 자본주의 사회에서 나타난 현상으로, 사회의 거대한 작동 원리 때문

에 각 개인이 사회 전체를 조망하지 못하고, 전체 사회구조 뒤로 밀려나 자신의 행동에 제약을 받게 되는 것을 의미한다. 이러한 소외는 기본적으로 노동자·농민 등 피지배계급뿐만 아니라, 자본가·정치인 등과 같은 지배계급에게도 나타난다. 예를 들어, 자본주의 사회에서 자본가는 노동자를 착취하는데, 그것은 개인의 인성이 나빠서가 아니다. 자본주의라는 경쟁 시스템에서 살아남기 위해 자본가는 노동자를 착취할 수밖에 없다. 자본가가 임의로 생산과정을 바꿔 노동자를 '덜' 착취한다면 그는 자본주의 사회에서 도태될 것이다.

마르크스는 1844년 작성한 그의 저서 《경제학 철학 수고》에서 자본주의 사회에서 나타나는 소외의 종류를 네 가지로 분류했다(《선집》 1권: 73~80). 이는 각각 ① 노동 산물로부터의 소외, ② 노동과정으로부터의 소외, 그리고 이 둘로부터 파생된 ③ 유적 존재로부터의 소외, 마지막으로 ④ 다른 인간으로부터의 소외이다.

노동 산물로부터의 소외

중세시대는 자급자족 사회였다. 물론 농노는 자신의 생산물 중 일부, 혹은 상당한 양을 지주에게 바쳐야 했다. 그러나 농노의 생산물 중 지주에게 바친 부분을 제외한 나머지는 모두 농노 자신과 그의 가족을 위해 사용되었다. 자신의 노동을 자신이 직접 사용한 것이다. 반면 자본주의는 사용이 아닌 교환을 위해 만드는 생산물, 상품을 생산하며 등장했다. 상품 판매를 통해 부를 축적한 자들은 매뉴팩처*를 거쳐 대공업을 발달시켰고, 이렇게 소수의 부르주아지**와 그를 위해 노동하는 다수의 프롤레타리아***가 나타났다. 노동하는 프롤레타리아는 자신의 생명력의 일부를 외화外化****하여 상품에 투입한다. 그러나 그 산물을 가져가는 것은 부르주아이다. 비록 프롤레타리아는 자신의 노동력을 제공한 대가로 임금을 받지만, 자신이 만든 노동생산물로부터는 소외된다. 더군다나 많은 경우 프롤레타리아가 받은 임금은 자신이 생산한 상품을 구매하기에도 충분하지 않다. 집을 수백 채 지은 건설노동자라고 해도 정작 자신의 집은 사지 못하는 경우처럼 말이다. 자본주의 사회에서 노동은 남을 위한 것이 되었다.

노동과정으로부터의 소외

프롤레타리아는 무산자無産者, 즉 생산수단을 가지고 있지 못한 계급으로 자신의 시간과 노동력을 상품으로 팔아 살아가

---

*   manufacture, 공장제수공업.
**   프랑스어, bourgeoisie. 유산자 혹은 자본가를 가리킨다. 형용사형으로 쓸 때는 부르주아bourgeois로 표현하는데, 유산계급 구성원 중 특정한 한 사람을 의미할 때 사용하기도 한다.
*** 독일어, Proletarier. 무산자. 프롤레타리아트Proletariat는 프롤레타리아계급을 말한다.
**** 영어로는 모두 소외alienation로 번역되는 외화Entäußerung와 소외Entfremdung는 헤겔의 개념이다. 헤겔에게서 주체는 자신을 외화하여 객체로 만들며, 이와 관계를 맺음으로써 자신의 본질을 실현해나간다. 그러한 과정에서 주체는 자신이 만들어낸 대상과 멀어지는 소외를 겪기도 한다.

는 집단이다. 프롤레타리아가 계약을 통해 합법적으로 부르주아에게 자신의 시간을 팔면, 이제 하루 중 법으로 정해진 일정 시간 동안은 부르주아의 지배하에 놓이게 된다. 노동의 결과뿐만 아니라 생산활동 자체에서도 소외되는 것이다. 불법적인 일만 아니라면, 부르주아지는 그에게 계산을 시킬 수도, 필기를 시킬 수도, 청소를 시킬 수도 있다. 프롤레타리아가 어떤 일을 해봤든, 어떤 일을 좋아하든, 어떤 일을 잘하든 부르주아에게는 상관이 없다. 부르주아는 자신의 이윤이 극대화되는 일이라면 무엇이든 시킬 것이고, 프롤레타리아는 임금을 받아 자신의 삶을 유지하기 위해서는 부르주아가 시키는 일은 무엇이든 해야 한다. 이제 노동은 자신이 직접 과정을 통제하며 자연을 변형시키는 창의적이고 생산적 활동에서, 남의 통제를 받는 강제적인 활동으로 바뀌었다. 자신의 노동에서 통제력을 상실한 노동자는 극단적인 경우 가정폭력이나 자해 등을 하기도 한다. 노동과정을 통제할 수 없으니, 자신의 가족이나 신체를 통제하며 무력감을 탈피하고자 하는 것이다.

유적 존재로부터의 소외

유적 존재로서의 인간이란 각자의 이성, 의지 등을 가지고 사회적 관계 속에서만 존재 가능한 인간종의 특징을 의미한다. 단순한 신체적 욕구를 충족하기 위해 행동하는 다른 동물들과는 다르게, 유적 존재로서의 인간은 자유로운 의식적 활동을 통한 노동으로 과학과 예술 등 자아실현을 위한 더 높은 차원의 목표를 추구할 수 있다. 마르크스의 《자본》 1권에 따르면, "아무리 서툰 건축가라도 가장 우수한 꿀벌보다 처음부터 앞서 있는 점은, 건축가는 밀랍으로 집을 짓기 전에 미리 그것을 자신의 머릿속에서 짓는다는 데에 있다"(마르크스, 1867: 266). 그리고 인류 역사에서 자아실현과 같은 다양한 욕망을 충족하기 위한 의식적 노동은 역사발전의 원동력이 되었다. 또한, 각 인간은 서로 다른 다양한 능력을 지니고 있어 혼자 행동할 때보다 협력하며 노동할 때 비로소 완전해진다. 그러나 자본주의 사회에서는 앞선 두 가지 소외로 인해 이 모든 것이 불가능하다. 역사발전을 추동했던 다양한 욕망은 모두 소유욕 하나로 치환된다. 먹고살기 위해서도, 타인에게 인정받기 위해서도, 심지어 예술활동을 위해서도 가장 먼저 필요한 조건은 화폐가 되는 것이다. 소유욕이 만연해짐에 따라 노동의 결과물은 생산수단의 소유자 부르주아가 가져가고, 프롤레타리아는 노동 산물로부터 소외되며 분업관계에서 자본의 이윤을 위한 부속품으로 기능한다. 스스로 계획하고 통제하며 자아실현을 위한 도구가 되어야 할 노동은 먹고살기 위해 어쩔 수 없이 해야만 하는 강제적인 '근로'가 된다. 그리고 이는 단순히 프롤레타리아에게만 나타나는 현상은 아니다. 부르주아지 역시 끊임없이 순환하는 상품시장 속에서 살아남기 위해 끝없이 경쟁해야 하며, 자본주의라는 거대한 구조의 한 동력으로 존재할 수밖에 없으며 이에 따라 행동이 제약받는다. 자본주의 사회의 구성원들은 인간의 본성에서도 소외된다.

다른 인간으로부터의 소외

자본주의의 상품교환은 화폐를 매개로 이루어진다. 모든 과정에는 화폐가 끼어들어 숫자로 표현된다. 부르주아지에게 자신을 위해 일하는 프롤레타리아의 고통과 죽음은 회계장부 속 하나의 숫자에 지나지 않게 된다. 프롤레타리아의 고통과 죽음이 생산과정을 방해하고 이윤을 줄인다면 부르주아지는 이를 피하려 하겠지만, 이와 반대로 프롤레타리아의 고통과 죽음이 "효율적"인 생산에 기여한다면 이를 개의치 않을 것이다. 프롤레타리아 역시 부르주아지에게 고용되는 것 외엔 굶어 죽는 선택지밖에 없으므로, 다른 프롤레타리아와의 경쟁에서 이기고자 노력하며 점점 자기 자신을 착취하게 된다. 자본주의 사회에서 인간과 인간 간의 관계는 상품과 화폐라는 물질 간의 관계로 치환된다. 사람과 사람 간의 연대와 사랑은 사라지고, 서로는 이해타산을 통해 남을 저울질하게 된다.

더 읽어보기

알랭 드 보통《불안》

　현대사회, 즉 자본주의 사회를 살아가는 사람들은 불안을 느낀다. 대상이 있는 공포와 다르게 불안은 대상이 없는 것에 대해 느끼는 막연한 두려움이다. 알랭 드 보통은 현대인의 불안을 사랑결핍, 속물근성, 기대, 능력주의, 불확실성 다섯 가지 원인을 통해 분석했다.

　자본주의 사회는 전前자본주의의 신분 사회들과 다르게 계급이 고정적이지 않다. 최소한, 겉보기에는 그렇다. 눈에 보이는 신분 질서가 화폐를 통한 형식적 평등으로 바뀌자 사람들은 자신도 노력하면 부를 쟁취할 수 있다고 믿게 되었다. 그러나 그들은 올라갈 수 있다는 기대와 함께 추락에 대한 불안 역시 느낀다. 불안을 피하기 위한 화폐에 대한 집착은 속물근성이 된다. 사람 사이의 관계가 숫자로 치환되며 인정 욕구는 충족되지 못하고, 그들은 타인에게 인정받기 위해 남의 평가에 휘둘리며 자신을 검열한다.

　알랭 드 보통은 이러한 불안에 대한 해결책으로 철학, 예술, 정치, 기독교, 보헤미아 이 다섯 가지를 제시한다. 자본주의를 살아가는 대부분의 사람은, 노동자·민중이나 심지어 자본가조차도 끊임없이 움직이는 자본주의 사회에서 하나의 부속품으로 작동하며 전체를 조망하지 못하게 된다. 알랭 드 보통이 제시한 다섯 가지 해결책은 사회구성원들이 이러한 구조에 매몰되지 않고, 다른 시선에서 자신의 위치를 다시 바라볼 수 있게 해준다.

《불안》은 이 점에서 탁월하지만 동시에 한계가 있다. 책에서 제시하는 해법들은 불안의 원인이 되는 세계는 그대로 둔 채, 개인의 인식을 바꾸는 것이다. 물론 이러한 방법을 통해 불안과 소외를 극복하는 사람들이 있다. 역사 속에서 그들은 뛰어난 철학자, 예술가, 종교인이 되었다. 그러나 이것은 근본적인 해결책이 아닐뿐더러, 모든 사람에게 가능하지도 않다. 마르크스가 이야기했듯 종교는 아편이다.* 아편은 병의 통증을 줄일 수는 있지만, 병을 근본적으로 고치는 것은 칼을 대는 수술이다.

---

* 당시 아편은 지금과 같은 마약이 아닌 합법적인 진통제였다. 마르크스는 종교가 현실의 고통을 잊게 한다는 점에서 진통제와 같이 의미가 있지만, 진통제가 그러하듯 종교는 근본적인 해결책은 아님을 강조했다. "종교는 인민의 **아편**이다. 인민의 **환상적** 행복인 종교의 지양은 인민의 **현실적** 행복의 요구이다. 그들의 상태에 대한 환상을 포기하라는 요구는 **그 환상을 필요로 하는 상태를 포기하라는 요구**이다. …… 이리하여 천상의 비판은 지상의 비판으로, **종교의 비판은 법의 비판으로, 신학의 비판은 정치의 비판**으로 전환된다"(《선집》1권: 2).

2. 불평등

《잉글랜드 노동계급의 상태》, 〈주택 문제에 대하여〉

얽히고설킨 도로에는 사람이 살기에는 너무나도 열악한
집이 줄지어 있는 수백, 수천 개의 골목이 있는데, ……
부유한 사람들의 화려한 집 근처에서 종종 가장 비참한
가난의 은신처를 발견할 수 있다.

—《잉글랜드 노동계급의 상태》(엥겔스, *CW* 4: 333)

소득 격차

사실 자본주의의 불평등에 대해서는 더 이야기할 필요조차 없다. 자본주의를 살아가는 사회구성원들은 이를 사회에서 뼈저리게 느끼고 있기 때문이다. 그럼에도 우리는 몇 가지 수치를 통해 자본주의에서 나타나는 소득 불평등을 구체적으로 살펴볼 것이다.

1. 2015년 기준 미국의 350대 기업 CEO와 노동자 간의 소득 격차는 평균 303 대 1이었다. 이는 1965년 20 대 1에 비교하면 어마어마하게 늘어난 수치다. 1978년에서 2014년까지 미국 최고경영자들의 임금이 997.2% 오를 동안 노동자들의 임금은 10.9%밖에 오르지 않았다(Mishel & Davis, 2015).

2. 2024년 삼성 이재용 총수는 한 해 동안 약 3456억 원의 배당금을 받게 되었다(연합뉴스, 2025). 경영 보수를 제외한, 주식을 소유했다는 이유만으로 받는 배당금만 따졌을 때 수천억이라는 것이다. 2024년 노동자의 평균 연봉이 약 3754만 원(통계청, 2024)이고, 1인 가구 기준 연 소득의 중위값이 약 2674만 원(보건복지부, 2025)이었다는 사실을 고려해본다면 이재용 회장의 소득은 일반 노동자의 1만 배 정도 된다는 것을 알 수 있다. 이외에도 정몽구 현대차그룹 명예회장이 1892억, 정의선 현대차그룹 회장이 1747억, 이부진 신라호텔 사장이 1483억, 홍라희 전 리움미술관장이 1467억, 이서현 삼성물산 사장이 1145억 등으로 뒤를 이었다(연합뉴스, 2025).

자산 격차

소득 불평등이 아닌 자산 불평등은 더 심각하다.

1. 2015년 이래 세계 상위 1% 부자들이 전 세계 부의 절반 이상을 보유해왔으며, 2017년에는 8명의 사람이 세계 인구의 절반이 넘는 36억 명과 같은 규모의 자산을 소유했다(Hardoon, 2017). 한편, 테슬라의 최고경영자 일론 머스크는 2027년 인류 최초의 조만장자가 될 것으로 예측된다(연합뉴스, 2024). 조만장자란 1조 달러, 즉 약 1000조 원 이상의 자산을 가진 부자를 이르는 말로, 이는 만약 1% 이자율의 은행에 넣어둔다고 가정했을 때 하루에 이자만으로 약 400억 원(약

2739만 달러)을 받을 수 있는 규모다.

2. 2020년 기준 한국의 다주택자 상위 1%는 평균 7.3채의 주택을 소유했다. 국내 다주택자 상위 20명이 8327채의 주택을 소유하고 있으며(1인당 평균 약 420채), 2018년 기준 가장 많은 주택을 소유한 이는 홀로 총 1806가구를 소유 중이었다(경향신문, 2020). 반면 같은 때 무주택자는 전체 가구의 43.9%로 집계되었다(통계청, 2021).

2번에서 볼 수 있듯 특히 최근 한국에서는 부동산 격차가 심각한 문제로 떠오르고 있다. 한국의 여러 정치인은 주택 문제의 원인을 공급 부족에서 찾으며 주택을 더욱 개발하면 문제가 해결될 수 있는 것처럼 떠든다. 하지만 집을 사용이 아닌 투기의 수단으로 보는 자본주의체제를 바꾸지 않고 공급만 계속 늘린다면, 이는 다주택자의 주택 보유를 더 늘려줄 수도 있다. 엥겔스는 자신의 논문 〈주택 문제에 대하여〉에서 프루동주의*자들이 주장한 주택 정책에 대해 비판하며 부동산 문제의 근본 원인은 결국 자본주의임을 밝혔다. 프루동주의자들은 모든 노동자의 돈을 모아 개별적으로 주택을 소유하는 것을 문제의 해결책으로 제시했지만, 자본주의체제를 바꾸지 않고

---

* 사회 개량을 통해 국가를 자치정부에 의한 연합체제로 전환해, 자유로운 개인들의 연합을 만들 수 있다고 주장한 소부르주아적 사회주의.

이는 불가능했다.

현대 한국의 개발 정책과 마찬가지로, 당시 런던 역시 도시개발 정책을 통해 도심에 있던 빈민가를 외곽 지역으로 몰아냈다. 그러나 이는 빈곤 지역의 위치를 바꾼 것에 불과해 빈곤 자체를 해결할 수는 없었다. 이러한 자본주의의 불평등과 도시개발 정책에 대한 내용은 4장 '마르크스주의 역사학'에서 자본주의 탄생과의 관련 속에서 알아보며, 마르크스주의 지리학자 데이비드 하비의 저서 《모더니티의 수도, 파리》를 통해 더욱 자세히 살펴볼 것이다.

불평등은 불가피한가

그러나 이러한 근본적인 질문이 따라올 수 있다. 모든 인간마다 능력이 다르고 특징이 다른데, 불평등은 어쩔 수 없는 현상 아닌가? 과연 모든 사람이 기계적으로 평등한 부를 가진다면 사회가 발전할 수 있을까?

물론 정확한 지적이다. 사람마다의 특징이 다르고 장점이 다른데 이를 모두 소거하여 형식적으로 평등하게 만드는 것은 실질적으로는 불평등한 일일 것이다. 하지만 문제는 불평등의 원인이 사회 속에서 개인이 차지한 위치에 있다는 것이다. 일반적 불평등과 계급 간 불평등 중에서 마르크스가 주목한 것은 계급 간 불평등이다. 자본주의 사회에서 자본가의 생산수단의 사적 소유는, 생산물에 대한 개인적 소유와는 다르게 노동자의 착취를 가능하게 하며, 불평등을 재생산하고 심화시킨다. 자본주의 사회의 불평등의 원인 중, 태어날 때부터 정해지는 선천적 요소인 계급이 노력과 같은 후천적 요소보다 훨씬 더 큰 영향을 미친다는 것은 마르크스는 물론이고 다음에 언급된 토마 피케티를 포함한 많은 학자들이 여러 방법을 통해 밝힌 자명한 사실이다.

더 읽어보기

토마 피케티《21세기 자본》

토마 피케티는 흔히 사용되는 주류 경제학과 마르크스 경제학이라는 구분에서 주류 경제학자에 해당한다. 그는 계량경제학이라고 불리는 주류 경제학의 방법을 사용하여, 즉 막대한 데이터를 분석하는 귀납적이고 실증적 연구 방법을 통해 마르크스의 논의를 부활시켰다. 그의 연구에 따르면 지난 자본주의 역사를 분석한 결과, 자본소득은 노동소득보다 더욱 빠르게 증가해 노동자는 아무리 열심히 일해도 자본가를 따라잡을 수 없으며 빈부격차는 점점 증가했다.

주류 경제학자들이 대부분 공유하는 주장은 자본주의의 발전이 궁극적으로는 각 구성원 간의 격차를 해소하리라는 것이다. 주류 경제학에서 '쿠즈네츠 곡선'이라 부르는 가설이 이를 뒷받침한다. 즉, 국민소득이 올라가면 처음에는 불평등이 커지지만 나중에는 점차 줄어들기에, 우선 당장은 분배보다 성장이 중요하다는 것이다. 그러나 피케티가 분석한 바에 따르면, 비록 자본주의의 발전이 사회구성원의 전반적 생활수준을 향상시켰을지는 몰라도, 불평등은 해소하지 못해 점점 더 증가했으며 이러한 심각한 불평등은 경제가 성장하는 데 오히려 방해가 되었다.

이제, 자본주의 사회의 불평등 증가에 대한 가설은 상품 분석에서 시작해 자본주의를 설명한 마르크스의 연역적인 방법으로도, 지난 자본주의 역사의 데이터를 분석해 정리한 피케티의 귀납적인 연구로도 증명된 사실이 되었다. 마르크스에 따르면 프롤레타리아의 임금은 노동의 비용이 아닌 노동력의 재생산 비용으로 수렴한다. 즉, 노동자들의 임금은 그들이 노동한 만큼의 가치가 아니라, 삶을 영위하기 위한 의식주 비용과 정신력을 일정 수준 이상으로 유지하기 위해 필요한 여가 비용, 은퇴 후 사용할 노후 비용, 그리고 다음 세대 노동자를 육성하기 위한 교육 비용 등의 합이라는 것이다. 이 비용을 제외한 나머지, 즉 잉여가치는 모두 생산수단을 사적으로 소유한 자본가에게 돌아간다. 이러한 구조 속에서 노동자는 아무리 열심히 일해도 자산을 축적하지 못하며 따라서 계급 간 불평등은 점점 커질 수밖에 없다.

3. 성차별

《공산주의 선언》, 《가족, 사유재산, 국가의 기원》

> 부르주아는 자신의 아내를 단순한 생산 도구로만 본다.
> …… 부르주아는 단순한 생산 도구들로서의 여성들의
> 지위를 폐기하는 것, 바로 그것이 문제라는 것을 감지하지
> 못하고 있다.
>
> ―《공산주의 선언》(마르크스·엥겔스, 《선집》 1권: 417)

여성차별

세계적으로 만연한 여성차별은 한국에서 특히 심각하다. 2024년 기준 세계경제포럼의 성격차 지수에서 한국은 146개국 중 94위를 기록했다(World Economic Forum, 2024). 여성 장관 등이 늘며 105위에서 11계단이나 올랐지만, 여전히 하위권에 머문 것이다. 특히, 경제활동 부문의 성격차는 112위로 최하위권으로 나타났다. 이를 증명하듯 한 설문조사에서는 여성 노동자 4명 중 3명이 직장에서 성차별을 경험했고, 2명 중 1명은 같은 일을 해도 남성보다 적은 임금을 받는다고 대답해 여성 노동자가 일터에서 받는 차별을 적나라하게 보여주었다(매일노동뉴스, 2020). 실제로 남성이 받는 임금을 100이라고 하면, 여성의 임금은 약 65 정도밖에 되지 않는다고 한다(정경윤, 2023).

이러한 물질적 차별은 남성중심주의 이데올로기로 인한 문화적 차별, 흔히 '여성혐오'로 번역되곤 하는 미소지니 misogyny의 영향으로 나타난다. 미소지니는 생물학적 남성을 본질적인 것으로 가정하고, 여성을 타자화하는 사상을 의미한다. 미소지니에 대한 몇몇 예시를 들어보면 다음과 같다.

1. '그'라는 단어는 원래 남성과 여성 모두를 지칭하는 단어이지만, 여성만을 지칭할 때는 '여' 자를 붙여 그녀라고 부른다. 또한 의사, 경찰, 교사, 군인 등의 직종에 여성 노동자가 종사하는 경우 여의사, 여경, 여교사, 여군 등의 단어로 부르지만, 남의사, 남경, 남교사, 남군 등의 단어는 존재하지 않거나 잘 사용되지 않는다.

2. 대부분의 문화콘텐츠에 나오는 주인공은 남성이다. 여성으로 바꿔도 이야기에 아무런 문제가 없는 경우에도 마찬가지다. 최근에는 이에 대한 문제의식이 나타나며 주인공의 성별이 여성인 경우가 조금씩 생기고 있다. 하지만 악역의 경우는 다르다. 여성이 악역을 맡는 경우는 여성에 대한 스테레오타입이 악당의 주요 소재로 쓰일 때뿐이다. (예: 〈미저리〉의 애니, 〈원초적 본능〉의 캐서린, 〈101마리 달마시안〉의 크루엘라.)

3. 다음과 같은 유명한 퀴즈가 있다.

한 병원에 교통사고를 당해 의식을 잃은 아버지와 아들이 급하게 이송되었다. 아들의 수술을 집도할 의사는 환자를 보더니 울먹이며 말했다. "나는 이 수술을 못해요. 이 아이는 제 아들이란 말이에요!" 아버지는 의식을 잃고 누워 있는데, 어떻게 된 일일까?

정답은 '의사는 아들의 어머니다'이다. 퀴즈에선 의사의 성별에 대해 이야기하지 않는다. 그럼에도 남성을 기본으로 놓고 여성을 특수한 예시로 생각하는 사람들의 고정관념을 간파한 퀴즈인 것이다. 이와 비슷한 예시로, 여러 뉴스의 헤드라인을 들 수 있다. 남성을 언급할 때는 "30대 A씨" 등으로 언급하지만, 대상이 여성일 경우는 "30대 여성" 등으로 성별을 따로 언급한다.

성차별과 계급

성차별은 역사에 기록된 모든 시기에서 나타났다. 따라서 이러한 성차별은 인류의 본성이라고 생각하기 쉽다. 원시시대부터 부계제적이고 가부장적인 구조가 지금까지 이어졌다는 것이다. 그러나 프리드리히 엥겔스는 루이스 헨리 모건의 책 《고대 사회》와, 마르크스가 이를 읽고 남긴 메모를 바탕으로 작성한 저서 《가족, 사유재산, 국가의 기원》에서 현대의 대표적인 가족제도인 일부일처제와 여성차별의 근원에 대해 조사하며 다른 결론을 도출했다. 이 책에 따르면 여성차별은 무계급 사회였던 원시공산제 이후 계급사회가 시작되며 공고화되었으며, 그전까지는 가정에서 남성과 여성이 동등한 관계를 이루었다. 엥겔스의 연구에 따르면, 인류의 역사를 300만 년으로 잡았을 때, 그중 여성에 대한 차별이 존재했던 기간은 1%에도 미치지 못한다.

원시시대 집단혼에서 시작된 가족제도는 혼인 집단이 세대별로 분화된 혈연가족, 형제와 자매 간의 성교를 배제한 푸날루아punalua 가족, 남성 한 명과 여성 한 명, 개인과 개인 간의 혼인이 자리 잡은 대우혼對偶婚 가족, 그리고 대우혼 가정 내에서 가부장적 이데올로기가 정착된 일부일처제적 가족으로 변해왔다. 대우혼 가족 시기까지는 남성과 여성이 비교적 동등한 지위에 있었으며, 헤어지는 것도 자유로웠다. 다만 많은 경우 남성은 사회적 재생산을, 여성은 가정 내의 재생산을 담당하며 성별 간 분업은 어느 정도 존재했다.

신석기 혁명 이후, 농경과 목축이 시작되자 상황이 바뀌었다. 가축은 기본적으로 사회적 재생산을 담당하는 남성의 소유로 인정되었다. 인류가 가축을 농업에 이용하기 시작하며, 급격한 농업생산량의 증가가 나타났다. 또한, 목축을 통해 가축 자체의 번식 역시 가능해졌다. 남성의 경제적 힘이 커지기 시작한 것이다. 그러나 남녀 간 자유로운 결혼과 이혼이 가능했던 기존 사회에서는 임신과 출생을 담당하는 여성과는 다르게, 남성은 자신의 친자식을 쉽게 알기 힘들었다. 이러한 경제적 모순에 따라 등장한 것이 가부장제였다. 경제적 권력을 가진 남성이 여성을 자신에게 종속시키며, 남성 자식(주로는 장자)에게만 재산을 물려주는 가족 형태를 만든 것이다.

시간이 지나 남성 간에도 계급분화가 이루어졌다. 이제 여성차별은 더욱 노골적인 방법으로 지배자들의 이익을 위해 봉사하기 시작했다. 봉건사회에서 피지배계급 여성은 남성의 노동 재생산을 위해 집에서 가사를 맡도록 강요당했다. 또한, 피지배계급의 재생산을 위한 육아도 여성이 전적으로 부담하게 되었다.

산업혁명 이후 봉건제가 붕괴하자, 새롭게 등장한 지배계급은 늘어난 생산력만큼 생산수단을 가동할 추가적인 노동력이 필요해졌다. 그러나 이는 결코 여성의 자발적인 사회진출을 통해 이루어진 것은 아니었다. 그 대신, 자본가는 남성 노동자의 임금을 적게 지급하는 방법을 택했다. 기존의 임금만으로는 생계를 유지하기 힘들어지자, 여성 역시 일터로 몰리게 된 것이다. 하지만 자본가들은 임금을 줄이기 위해 여전히 노동력 재생산의 비용을 가정에 전가하고자 했다. 이를 위해 "정상가족"이라는 이름으로 남성중심주의적 이데올로기를 유지한 채, 일터와 가정에서 여성 노동력을 이중으로 수탈*했고, 여성은 노동력 판매와 가사노동 모두에 구속되는 상황에 처한 것이다.

---

*   착취exploitation와 구분되는 수탈expropriation에 대해서는 5장 179쪽에 수록된 '더 읽어보기'를 참고하라.

여성의 사회진출은 늘어났지만, 여성차별적 이데올로기로 인해 여성은 같은 노동을 하더라도 남성보다 적은 임금을 받는 경우가 많다. "여성은 업무효율이 떨어진다" "지능이 떨어진다"는 등의 편견과 차별은 상대적으로 낮은 임금을 합리화하기 좋은 구실이었다. 그러나 이러한 편견에는 근거가 없다. 일례로 한 실험에 따르면, 대학에서 성별이 다른 두 명의 조교가 같은 대본을 가지고 온라인 강연을 진행했을 때 여성 조교는 남성보다 더 낮은 평가를 받았으며, 또한 교향악단의 오디션에서는 연주자들이 익명성을 확보할 수 있도록 스크린 뒤에서 연주하기 전까지 여성 연주자는 흑인 등 다른 소수자들과 마찬가지로 심하게 과소평가됐다(고드시, 2021: 68-71). 그리고 이러한 여성차별은 나아가 노동자의 계급 단결을 막고 투쟁을 제한하는 역할을 하기도 한다. 실제로 낮은 임금을 지급하는 것은 자본가들인데도 남성 노동자는 싼값에 일하는 여성 노동자 때문에 임금이 낮아진다고 생각하며, 여성 노동자 역시 차별을 조장하고 악용하는 자본가가 아닌 상대적으로 높은 임금을 받는 남성 노동자에게 분노를 표출하는 것이다.

성소수자차별

여성에 대한 차별만큼이나 심한 것이 성소수자차별이다. 남성과 여성이 결합하는 소위 "정상적인" 가족제도는 너무나도 당연한 것으로 여겨져, 이와 다른 제도는 많은 경우 고려조차 되지 않는다. 한국을 포함한 많은 국가에서 동성혼은 법률적으로 인정되지 않는다. 성소수자를 지칭하는 여러 단어들은 욕설 내지 멸칭으로 사용되곤 했다. 과거에는, 심지어 그렇게 멀지 않은 과거인 20세기 초중반까지도 동성애가 악마의 간교 정도로 여겨져 성소수자라는 이유만으로도 처벌받기도 했다.

종교적인 이유로 성소수자를 반대하는 사람들도 존재하는 반면(물론 많은 경우 이는 경전에 대한 오독이거나, 시대적 맥락을 생각하지 않고 글자 그대로 적용하고자 하는 교조화에서 비롯했다), 몇몇 사람들은 이를 과학적으로 정당화하기도 한다. 아주 흔하게 잘못 인용되곤 하는 다윈의 진화론을 바탕으로, 이성애에 비해 생물학적 재생산이 힘든 동성애 혹은 무성애는 자연에는 존재하지 않으며 잘못된 인간의 문화로 인해 생겼다는 게 그들의 주장이다. 그러나 이는 과학적으로도 옳지 않다. 자연과학자들은 영장류에서 구두동물에 이르기까지 약 1500여 종의 동물들에서 동성애의 증거를 찾았다(베게밀, 1999). 물론, 한 사회 속 성소수자가 차지하는 비율은 그 사회 문화의 영향을 받아 서로 다르게 나타난다. 하지만 이는 "잘못된 인간의 문화"가 동성애를 조장하는 것이 아니라, 오히려 이성애중심적인 문화가 성소수자를 억압하며 생긴 차이이다. 자본주의 사회는 대를 이어 생산을 지속할 노동자의 끊임없는 재생산을 요구하며, 성소수자의 존재는 그러한 자본가의 필요에 반하는 것으로 여겨지기 때문이다.

4. 민족 문제와 인종차별

《잉글랜드 노동계급의 상태》,《공산주의 선언》

**노동자들은 조국이 없다. 그들에게 없는 것을
그들로부터 빼앗을 수는 없다.**

—《공산주의 선언》(마르크스·엥겔스,《선집》1권: 418)

한국의 민족 문제

지난 100여 년간 식민 통치와 내전, 분단을 겪은 한국에는 여러 민족 문제가 중첩되어 존재한다. 일제강점기 일본은 한반도에서 막대한 수탈을 자행했다. 식민지기 조선총독부에 귀속된 토지는 한반도 전체의 50.4%에 달한다(신용하, 2019: 108-109). 노동력 수탈의 경우 군 징용 61만을 포함해 총 794만 명의 인력이 동원되었다(한일민족문제학회 강제연행문제연구분과, 2005: 32). 자원 수탈 역시 어마어마해 1912년에서 1937년 사이에만 약 1억 2200만 섬*의 쌀이 수탈당했고(우리역사넷), 가축이나(국립축산과학원, 2008) 어족자원(심재욱, 하원호,

---

* 쌀 한 섬(석)은 180L에 해당한다. 이는 성인 남성이 대략 1년간 먹을 수 있는 양이다.

2017) 반출 역시 빈번했다. 일제는 이를 통해 얻은 막대한 이윤을 바탕으로 조선의 지배계급과 연합하거나 친일 관리를 키워 통치를 용이하게 했다. 이들 중 상당수는 광복 이후에도 적산*을 불하받아 재벌이 되거나, 남한의 반공주의 정책을 위해 재기용되어 오늘날까지도 여러 사회적 문제들을 재생산하고 있다.

    1945년의 광복은 일본의 무조건 항복과, 미·소의 한반도 점령으로 급작스럽게 이루어졌다. 여운형과 박헌영**을 중심으로 1945년 9월 선포된 조선인민공화국은 이후 설문조사에서 확인되듯이 당시 민중의 70%에 달하는 지지를 받았음에도(조선일보, 1947), 조선총독부를 그대로 이양받은 미군정에 의해 강제로 해산되었다. 뒤이어 발발한 한국전쟁은 미국과 소련, 중국의 국제 분쟁이 한반도에서 전쟁의 형태로 나타난 비극이었다. 당시 소련은 독자적으로 혁명을 성공시킨 중국을

---

*　敵産. 적의 재산. 주로 광복 이후 조선에 남겨진 일본인의 재산(공장 등)을 의미한다. 해방 초기에는 노동조합이나 지역위원회가 이를 공동으로 관리하기도 했으나, 미군정에 의해 무력으로 진압당했다. 이후 이승만 정부에 의해 자본가들에게 헐값에 넘겨지며 수많은 재벌기업의 토대가 되었다.

**　1900~1956. 일제강점기의 대표적인 사회주의 독립운동가. 조선공산당과 남조선로동당(남로당)의 지도자였다. 해방 직후에는 여론조사에서 박헌영이 여운형, 이승만, 김구에 이어 지지도 4위(선구회본부 여론조사부, 1945)를 기록하는 등 대중의 지지를 받기도 했다. 그러나 1946년 남로당이 위조지폐를 만들었다고 미군정이 증거를 조작한 정판사 사건, 같은 해 발발한 대구 10월항쟁의 실패와 뒤이은 탄압 등으로 박헌영은 1948년 월북했다. 한반도 이남에 남아 있던 남로당은 한국전쟁 직전 와해되었으며, 월북한 박헌영 역시 1953년 3월, 그를 견제하던 김일성에 의해 전쟁 책임 및 간첩 혐의로 처형당했다.

견제했는데, 소련이 북한의 남침을 도운 것 역시 이러한 견제의 일환이었다는 학설이 있다. 스탈린은 전쟁에서 설사 북한이 패배하더라도, 미국의 영향 아래 놓인 한반도가 중국과 국경을 맞닿는다면 중국은 소련에 의존할 수밖에 없으리라 계산해 남침을 승인했다는 것이다.

민족주의·제국주의의 문제는 휴전 이후에도 38선 이남과 이북에서 계속되었다. 북한은 소련과 중국의 간섭을 피해 "조선 민족이 주체적으로 사회주의를 건설한다"는 주체사상을 명분으로 1인독재를 정당화했다. 반면 남한에서는 미국의 암묵적인 승인 아래 반공 군사독재 정권이 여러 차례 들어섰다. 1970년대 칠레 아옌데 정부를 무너뜨리고자 피노체트의 군사쿠데타를 돕고, 베트남 견제를 위해 CIA를 동원해 마약을 팔면서까지 캄보디아의 학살자 폴 포트를 지원한 미국이 한국의 군사독재에도 책임이 있는 것이다. 미국 정부가 5·18 당시 시민들을 폭도로 규정하고, 20사단의 광주 투입을 승인한 것이 대표적 사례이다.

한국의 소(小)제국주의와 인종차별

민주화 이후에도 남한은 대외 의존적인 무역 구조를 가지고, 최근 미·중 갈등에서도 미국의 편을 들거나 사드를 배치할 것을 강요받는 등 여전히 제국주의 강대국의 영향력 아래 있다. 주한미군과 한미연합사령부의 전시작전통제권은 이를 단적으로 보여준다.

그러나 남한이 "미 제국주의의 신식민지"라는 일부 진보 진영의 주장과는 다르게, 남한이 항상 제국주의의 희생양이기만 한 것은 아니다. 냉전 당시 '제국주의의 하청' 역할을 통해 경제를 발전시킨 한국은 점차 제3세계를 수탈하며 아류 제국주의 국가로 발돋움하려는 듯하다. 베트남전과 (전투병 파병은 아니었지만) 이라크전에 군대를 파병했는데, 심지어 베트남에서는 민간인 학살도 벌어졌다. 한국 자본의 제국주의적 수탈은 더욱 노골적이다. 2008년 대우로지틱스는 국민의 90%인 2000만 명이 빈곤선 이하의 삶을 살고 있는 마다가스카르에서 전체 농경지의 52%에 해당하는 130만 헥타르의 농지를 99년간 무상으로 임대하는 밀약을 정부와 체결했는데, 해당 계약이 영국의 《파이낸셜타임스》에 의해 밝혀진 이후 마다가스카르에서는 대규모 시위가 촉발되어 대통령 라발로마나나의 축출로까지 이어졌다(리베르티, 2011). 동화기업의 인도네시아 법인 코린도그룹Korindo Group(한국Korea과 인도네시아Indonesia에서 이름을 따왔다)은 플랜테이션 농업을 위해 현지의 정부 및 군대와 관계를 맺고, 열대우림에 조직적으로 불을 지르거나 원주민을 쫓아내는 등의 불법을 자행하고 있다(Mighty Earth, 2016). 2014년, 캄보디아에 진출한 약진통상은 저임금에 항의하는 노동자들의 파업이 발생하자 이를 진압하기 위해 태극기 마크를 단 공수부대를 투입시켜 5명을 사망에 이르게 했으며(경향신문, 2014), 비슷한 시기 삼성전자 베트남 타이응우옌성 공장의 건설 현장에서는 경비 직원이 지각을 이유로 노동자를 구타해 봉기가 일어나기도 했다(울산저널, 2014). 2년 후에는 해당 삼성전자 공장에서 근무하던 노동자가 작업 중 쓰러져 사망했다. 사망한 22세 노동자는 불규칙한 주야 맞교대로 주 60~70시간을 근무했으며, 유해물질에 노출된 것이 아니냐는 의혹도 제기되었다. 그러나 유족의 동의 없이 부검을 진행한 당국은 정작 사망진단서 발급은 거부했다. 다만 사인은 공장과 관계없었다는 말만 전할 뿐이었다(한겨레, 2019).

  위 사례들은 한국 자본의 수많은 제국주의적 수탈 사례 중 일부일 뿐이다. 그러나 한국의 소제국주의적 행보는 여기에서 끝이 아니다. 해외 수탈뿐만 아니라, 한국 내 이주민에 대한 차별도 심각하다. 최근 일부 정치인이 이주노동자에게 임금을 차등 지급해야 한다고 주장하며, 안 그래도 내국인보다 임금체불률이 두 배에 달하는(경향신문, 2025) 이주노동자에 대한 차별을 강화하려 했다. 또한, 한국의 고용허가제 Employment Permit System, EPS는 사업주의 허가 없이는 이주노동자가 자유롭게 이직할 수 없도록 만들어 강제노동을 강요하는 제도로 작용하기도 한다. 그러나 이와 같은 차별적인 제도와 갈라치기는 이주노동자에게만 피해를 주는 것은 아니다. 이는 전체 노동자의 단결을 막고, 더욱 저렴한 임금으로 노동력을 착취할 수 있게 만들며 결국 한국인 노동자에게도 불리하게 작용한다.

  난민과 기타 이주민의 경우는 또 어떠한가? 한국에서는 1994년부터 2024년 11월까지 누적 5만 6967건의 난민 신청

중 고작 2.7%인 1542건만이 인용되었다(노동자연대, 2024). 2018년에는 내전을 피해 제주도에 무비자로 입국한 예멘인 500여 명이 난민을 신청하자, 일각에서는 합리적 근거도 없이 범죄 우려를 제기하는 등 인종차별적인 반대 여론이 들끓기도 했다. 한편 이슬람 사원의 건축이 예정되어 있던 대구 북구에서는 소음과 냄새, 집값 하락, 테러 위험 등 근거 없는 혐의를 토대로 일부 주민과 개신교계가 건축에 반대하며, 사원 앞에 돼지머리를 전시하고 바비큐 파티를 여는 사건도 있었다. 결국 해당 사원의 건축은 대구 북구청의 공사 중지 명령에 의해 무기한 연기되었다. 또한, 최근에는 특히 중국 국적의 이주민에 대한 혐오와 차별, 가짜뉴스가 심각해져 우려할 만한 수준이 되었다.

마르크스와 민족주의

그렇다면, 마르크스주의는 이러한 민족주의와 제국주의에 대해서 어떻게 설명할까? 마르크스주의에서 민족주의에 관한 내용은 《공산주의 선언》*의 한 구절로 요약된다.

노동자들은 조국이 없다. 그들에게 없는 것을 그들로부터 빼앗을 수는 없다. 프롤레타리아트는 우선 정치적 지배권을 장

---

* 흔히 《공산당 선언》으로 불리는 책. 처음 출간될 당시 제목은 Manifest der Kommunistischen Partei, 즉 '공산당 선언'이었으나, 1872년 엥겔스는 제목을 Das Kommunistiche Manifest, 즉 '공산주의 선언'으로 바꿨다.

악해야만 하며, 국민적 계급으로 올라서야 하며, 스스로를 국민으로서 정립해야만 하기 때문에 비록 부르주아지가 생각하는 의미에서는 아닐지라도 아직은 그 자체로 국민적이다. (《선집》1권: 418)

마르크스의 시선에 따르면, 민족주의는 부르주아지가 계급투쟁을 약화시키고 자본의 이해에 맞춰 한 국민국가의 전체 구성원을 동원하기 위해 만들어낸 상상된 기제이다. 따라서 현실을 살아가는 프롤레타리아계급은 이러한 부르주아 민족 이데올로기 내에서 헤게모니를 잡지 못하고, 결국 궁극적으로는 이 이데올로기 자체를 부정할 것이라고 봤다.

1914년 유럽에서 실제로 벌어진 일은 마르크스의 예측과는 반대되는 것이었다. 각국의 사회주의 정당은 다가올 세계대전에 참여하지 않을 것을 결의했지만, 전쟁과 함께 불어닥친 민족주의 광풍 속에 그들은 민족주의자의 테러로 살해되거나 혹은 스스로가 이러한 광풍에 휩쓸려 결국 전쟁에 찬성했다. 20세기 후반에 발생한 중소분쟁이나 중국과 베트남의 전쟁, 한국을 포함한 식민지 국가에서 등장한 수많은 사회주의적 민족주의자·독립운동가 등 또한 마르크스가 예측한 바와는 맞지 않는 일이었다. 혹자는 유대인 가정에서 태어나, 말년을 무국적자로 보내며 국민국가의 외부인으로 존재했던 마르크스가 이러한 민족주의의 열기를 과소평가해 결국 실패했다고 평가하기도 했다.

국민국가와 민족주의의 등장

그러나 애초에 부르주아지는 왜 이러한 민족주의를 만들어내야만 했을까? 18세기 이후 왕과 귀족이 지배하던 봉건사회는 부르주아지와 프롤레타리아트의 연대를 통해 무너졌다. 이제 법률에 따른 명시적인 신분은 사라졌지만, 그러나 생산수단을 지배하는 부르주아지는 새로운 지배계급으로서 군림해야 했다. 하지만 기존 지배계급이 활용한 종교와 같은 구시대적 이데올로기는 새로운 사회에서 더는 성립되지 않았다. 부르주아지에게는 지배를 정당화할 새로운 이데올로기가 필요했다. 민족주의가 바로 그것이었다.

부르주아지는 보편교육을 통해 민족정신을 함양했다. 국민국가가 확립됨에 따라 국가 간, 민족 간의 경쟁심을 부추긴 것이다. 이는 국민 중 일부(즉, 노동자 등 피지배계급)가 희생하더라도 국가가 승리하면 모두에게 이익이 돌아간다는 거짓 주장으로 이어진다. 이러한 이데올로기는 소위 '국익'이 사실은 국가의 지배자인 부르주아지의 이익일 뿐임은 이야기하지 않은 채, 프롤레타리아트가 국가를 위해 희생하도록 만들었다. 결국 20세기 초반에는 제국주의 열강 간의 전쟁이 발생하며, 각국의 프롤레타리아트는 이에 동원되어 서로에게 총부리를 겨누는 비극을 맞이했다.

인종차별과 제국주의

이처럼 부르주아지의 동원 기제로 작동하는 민족주의는

각국의 부르주아지의 이해관계를 위해 타국을 수탈하는 제국주의로까지 발전하며 선진국의 개발도상국에 대한 차별의 근거가 되었다. 마르크스와 엥겔스는 《잉글랜드 노동계급의 상태》 등 많은 글에서 아일랜드인에 대한 영국인의 차별을 설명했다. 그들은 특히 아일랜드로 이주한 영국의 노동계급은 영국 자본이 아일랜드를 수탈해 얻은 초과이윤을 일부 나눠 받으며 노동귀족 계층으로 재편된다고 설명했다. 또한, 이러한 국가 간 발달 정도의 차이는 식민지를 통해 세계를 근대화시키는 것이 선진국의 의무라는 〈백인의 짐 The White Man's Burden〉[*]과 같은 인종차별 이데올로기로까지 발달한다.

오늘날의 우리가 '제국주의' 하면 생각하는 19~20세기의 제국주의, 즉 고대 로마세국 등과는 구분되는 자본주의적 제국주의는 1870~1880년대에 만들어졌다. 따라서 마르크스가 살던 당시에는 이를 전 지구적인 차원의 현상으로 보고 분석하는 것에는 한계가 있었다. 그러나 마르크스는 19세기 중후반 당시 영국의 인도 혹은 아일랜드에 대한 착취, 러시아의 폴란드에 대한 착취를 바탕으로 사회주의자들이 식민지에 대해 가져야 할 입장을 설명했다.

제국주의에 대한 마르크스와 엥겔스의 견해는 도구적인데,[**] 제국주의 지배 혹은 식민지의 독립이 사회주의혁명에 도

---

[*] 영국 작가 러디어드 키플링이 1899년 2월에 발표한 시. '백인이 야만적인 아프리카인과 아시아인을 지배하는 게 정당하다'는 제국주의 이데올로기가 담겨 있다.

움이 되는가를 바탕으로 파악한다. 따라서 1840~1850년대 인도를 분석한 마르크스가 영국의 인도 지배는 자본주의체제를 인도에 정착시켜 궁극적으로 인도가 계몽되고 근대화되어 독립적인 자본주의 국가로 발달할 힘을 준다고 이야기(《선집》 2권: 416~417)했고, 이외에 일부 저서에서 식민국의 사회진보에 끼치는 제국주의 국가의 역할을 인정하기도 했다. 하지만 아일랜드에 대한 영국의 지배(CW 42: 460~461), 폴란드에 대한 제정 러시아와 독일의 지배(《선집》 1권: 341~342; 3권: 119~122; 3권: 140~141)를 분석할 때는 제국주의가 오히려 선진국의 혁명을 방해한다고 보며 식민지의 즉각 해방을 주장했다(마르크스의 후기 글을 보면 초기에 견지했던 영국의 인도 지배에 대한 생각을 바꾼 것으로 드러난다). 특히 폴란드를 분석하면서는 대대적인 반동 정치를 통해 유럽의 봉건제를 유지하는 '유럽의 헌병' 제정 러시아가 폴란드에 대한 지배를 기반으로 이러한 역할을 한다고 보고, 억압받는 폴란드 민족의 해방은 폴란드 노동자들뿐만 아니라 독일 노동자들의 임무이며, 사회주의 혁명보다도 우선해야 할 것으로 이야기하기도 했다(《선집》 3권: 122).

** "영국이 힌두스탄에서 사회혁명을 불러일으키는 행동을 하게 된 동기로 작용한 것이 천하기 그지없는 이익일 뿐이었고 또 그 이익을 달성하기 위해 취한 방법도 우둔하였던 것은 사실이다. 그러나 이것이 문제가 아니다. 문제는 아시아의 사회 상태의 근본적 혁명 없이 인류가 그 사명을 다할 수 있겠는가 하는 것이다. 그렇다면, 영국이 저지른 죄가 아무리 크다 하더라도, 그러한 혁명을 일으킴으로써 영국은 역사의 무의식적 도구 노릇을 하였던 것이다"(《선집》 2권: 417).

더 읽어보기

블라디미르 레닌
《제국주의: 자본주의의 최고 단계》

《자본》의 후속편이라고도 불리는 이 책은 러시아의 정치인이자 경제학자, 그리고 러시아혁명을 이끈 혁명가이기도 한 블라디미르 일리치 울리야노프(필명 레닌, 1870~1924)가 당시의 제국주의적 세계질서를 분석해 설명한 책이다. 레닌은 힐퍼딩의 저서 《금융자본》을 참고하여 자본의 축적을 통한 집적과 자본 간 인수합병을 통한 집중, 그리고 이러한 자본의 성장을 통해 나타난 신용제도와 산업자본의 결합인 금융자본finance capital을 바탕으로 하는 자본수출을 통해 자본주의적 제국주의를 규정했다.

구체적으로, 레닌이 설명하는 제국주의의 다섯 가지 특징은 다음과 같다. 첫째, 생산과 자본의 집적이 고도에 달해 독점을 형성한다. 둘째, 은행자본과 산업자본이 융합하여 금융자본을 이루며, 금융과두제를 형성한다. 셋째, 상품 수출과는 구분되는 자본수출이 중요해진다. 넷째, 국제적 독점 자본가 단체가 세계시장을 분할한다. 다섯째, 기업이 아닌, 자본주의 거대 열강이 직접 세계를 분할한다.

한국을 포함한 선진 자본주의 국가는 모두 금산·은산분리 정책을 시행하고 있는 현시점에서 이러한 레닌의 분석은 옳지 않은 것처럼 보인다. 그러나 레닌은 은행이라는 특정한 형식에 국한

하지 않은 신용제도 전반을 이야기한 것을 파악해야 한다. 현대의 모든 주식회사를 금융자본financial capital이라고 분석하면 곤란하다. 금융업 혹은 은행업을 하지 않는 대기업 주식회사들도 많기 때문이다. 그러나 주식이라는 제도 자체가 자본주의의 신용제도에 바탕을 두고 있다는 점을 생각하면, 이는 레닌이 말한 금융자본이라고 볼 수 있다. 자본주의가 계속되는 한 자본의 경쟁을 통한 집적과 집중은 막을 수 없고, 결국 이는 독점을 부른다. 국내에서 더 이상 시장을 확대하기 힘든 독점자본은 국내의 시장을 넘어 국외까지 진출한다. 우리가 현실에서 흔히 볼 수 있듯이 동남아시아에 공장을 짓는 한국의 대기업처럼 말이다. 이것이 레닌이 자본주의의 최고(최신) 단계라고 봤던 제국주의의 특징, 자본수출이다.

    레닌이 살던 시기 세계는 자본주의가 발달한 몇몇 제국주의 국가들에 의해 분열되어 있었다. 제국주의 국가들은 식민지를 통해 자신의 경제권을 형성하며 시장을 확대하고, 원료를 안정적으로 확보하고자 한다. 그러나 세계의 영토는 한정되어 있고, 제국주의 국가들의 팽창은 필연적으로 제국주의 열강 간의 충돌을 부른다. 제1차 세계대전이 발발한 것이다. 흔히들 제1차 세계대전의 원인으로 보스니아 국적의 세르비아 민족주의자 청년이 오스트리아 황태자 부부를 암살한 사라예보 사건을 꼽는다. 그러나 이는 명분이었을 뿐이다. 전쟁의 근본 원인은 후발 제국주의 국가로 뒤늦게 식민지 쟁탈전에 뛰어든 독일제국의 식민지 확장 야욕에 있었다. 세력권 재편을 통해 기존에 자신들이 가졌던 식민지보다 더 큰 땅을 얻기를 꿈꾼 다른 서구 열강들이 독일의 야욕에 화답한 것이다.

    레닌은 자본주의 최고 단계인 제국주의에 맞선 투쟁은 곧 사회주의를 향한 투쟁이어야 한다고 봤다. 쇠사슬의 강도는 그것의 가장 약한 고리만큼 강하다. 제국주의를 통해 전 세계가 쇠사슬처럼 연결된 때, 제국주의의 가장 약한 고리(레닌은 후발 자본주의 국가이면서 동시에 제국주의 국가인 러시아가 제국주의의 약한 고리라고 봤다. 이는 《제국주의》의 작성 1년 후인 1917년 사실로 밝혀졌다)를 끊는다면 세계 자본주의 전체를 전복할 수 있다는 것이다. 이를 위해서는 제국주의에 대항해 식민지 민족의 권리를 보장하는 민족자결권이 중요해진다. 민족자결권은 모든 민족의 무조건적 분리를 의미하는 것은 아니다. 다만, 각 민족이 스스로의 운명을 결정하도록 보장하는 것이다. 이러한 민족자결권은 흔히 이혼에 비유된다. 남성과 여성을 무조건 가르는 대신, 부부 각자가 결혼 및 이혼을 자유롭고 평등하게 결정할 수 있을 때 부부 사이의 평등이 보장되듯 피억압 국가의 민족이 강대국과 마찬가지로 자신들의 운명을 스스로 결정할 수 있을 때 비로소 민족들 간의 진정한 평등이 가능하다는 것이다.

폴란드 출신의 마르크스주의자 로자 룩셈부르크(1871~1919)는 레닌의 민족자결권이 마르크스가 주장한 프롤레타리아 국제주의에 어긋난다며 비판했다. 제국주의 국가 출신의 레닌은 피억압 민족의 독립을 긍정하고, 러시아의 식민지였던 폴란드 출신의 룩셈부르크는 독립을 부정했는데, 이러한 역설을 이해하기 위해서는 각자가 처한 구체적 상황을 알아야 한다. 레닌은 민족 문제에 대한 경시가 러시아의 제국주의적 정책에 대한 동조로 이어지는 것을 경계할 필요가 있었다. 반면 러시아에 지배를 당하는 폴란드 출신의 룩셈부르크는 무엇보다도 사회주의자들의 투쟁이 민족주의로 이어지는 것을 막아야 했다. 결국 두 사람이 서 있던 구체적인 위치가 달랐기에, 실천에 있어서도 다른 결론이 나올 수밖에 없었던 것이다.

그러나 룩셈부르크의 오해와는 다르게, 레닌은 단순히 민족주의나 민족해방 투쟁에서 멈춘 것은 아니었다. 그는 민족자결권을 계급투쟁에 종속시켰고, 억압 민족과 피억압 민족 노동자가 단결하여 제국주의를 분쇄하고 사회주의로 나아가야 한다고 주장했다. 민족해방 투쟁은 식민지의 프롤레타리아가 제국주의의 간섭에 맞서 사회주의로 나아가기 위해 꼭 거칠 수밖에 없는 중간 단계에 불과했다. 즉 룩셈부르크의 비판과 다르게 레닌의 민족자결권은 프롤레타리아 국제주의에 위배되지 않는 것이다.

5. 정치위기와 전쟁

《공산주의 선언》,《가족, 사유재산, 국가의 기원》

> 공권력은 국가 내부에서 계급적 모순이 첨예화됨에 따라서 강화된다. 오늘날의 유럽만 보더라도, 계급투쟁과 정복 전쟁으로 말미암아 공권력은 전체 사회를, 아니 국가까지도 집어삼킬 지경에까지 이르렀다.
>
> ―《가족, 사유재산, 국가의 기원》(엥겔스, 1884: 296)

정치와 계급

고려대한국어대사전

정치 [명사] 1(기본의미). 정치 통치자나 정치가가 사회 구성원들의 다양한 이해관계를 조정하거나 통제하고 국가의 정책과 목적을 실현시키는 일.
2. 개인이나 집단이 이익과 권력을 얻거나 늘이기 위하여 사회적으로 교섭하고 정략적으로 활동하는 일.

사전에서도 살펴볼 수 있듯 정치는 좁게는 국가의 통치에 관한 활동이며, 넓게는 개인과 집단 사이의 이익(물질적이든 비물질적이든)을 분배하기 위한 활동 전반을 의미한다. 즉, 좁은 의미에서건 넓은 의미에서건 정치란 권위를 통한 가치의 배분과 밀접한 관련이 있다. 따라서 이러한 정치는 개인이 생산 및 분배 활동에서 차지하는 위치를 결정하는 사회적 관계인 계급과 떼놓고 생각할 수 없다.

이런 의미에서 정치는 경제와 밀접한 연관을 가지는 것이다. 프리드리히 엥겔스는 《반뒤링》에서, 공산주의 사회에서는 "사람들에 대한 통치 대신에 물건들의 관리와 생산과정의 지휘가 등장"(《선집》 5권: 309)하며, 정치가 계급과 국가와 함께 소멸할 것이라고 이야기하고 있다. 아직 높은 단계의 공산주의를 겪은 적이 없는 인류로서는 과연 엥겔스의 이러한 예측이 얼마나 들어맞을지 알 수는 없지만, 계급이 존재하지 않는 사회에서는 지금과 같은 모습의 정치가 사라질 것은 자명해 보인다.

민주주의의 위기

그렇다면 오늘날의 정치는 어떠한가? 현재 세계의 지배적인 정치체제는 단연코 민주주의*라 할 수 있다. 물론 세계 모든 국가에서 민주주의 시스템이 제대로 작동하는 것은 아니며 여전히 권위주의 국가도 많지만, 최소한 민주주의가 보편적인 정당성을 얻었다는 사실을 부정하기는 힘들다.

고대 그리스에서 유래한 '민주주의(민주정Democracy)'는 '민

---

*   Democracy. 즉, 정확한 번역은 민주'주의ism'가 아닌 '민주정'이라 할 수 있다. 이는 민주주의가 하나의 이념이라기보다는 '귀족정', '군주정' 등과 같은 특정한 통치체제임을 의미한다. 그러나 이 책에서는 특별한 경우가 아닌 한, 한국에서 통용되는 일반적인 번역어인 '민주주의'로 표기한다.

중Demos'이 '통치Kratia'하는 체제를 의미한다. 즉, 소수의 정치인이나 자본가, 왕과 귀족, 철인 등이 아닌 한 사회의 구성원 전반이 통치에 참여하는 것이다. 물론 정작 고대 그리스에서는 전쟁에 참여하지 않는 여성과 노예는 '민중'이 아니었기에 모든 사람이 정치에 참여할 수 없었지만 말이다.

그러나 역사 속에서 민중혁명을 통해 쟁취된 이 민주주의는 현대사회에서 위기를 맞고 있다. 만성화된 경제위기 속에 제2차 세계대전 이후 한동안 역사에서 자취를 감췄던 극우주의와 파시즘이 재등장하며 민중을 분열시키고 있다. 거대 군수기업, 에너지기업, 식품기업은 이윤을 위해 전쟁을 부추기고, 권위주의 정권을 비호한다(네슬레는 1970년대 칠레 대통령 살바도르 아옌데의 분유 무상 제공 정책에 반대하여 칠레에서 경제난을 일으켰으며, 이는 아우구스토 피노체트의 쿠데타와 10여 년간의 군부독재로 이어졌다). 신자유주의 금융화 속에서 거대해진 금융자본은 국가의 통제에서 벗어나 점점 국가를 대신하며, 세계를 채무자와 채권자의 관계로 재편하고 있다. 채권-채무 관계 속에서 민주주의의 형식은 사라지고 권력은 자본의 통제를 받는 힘없는 꼭두각시로 전락한다(2015년 그리스 정부는 국민투표 결과를 뒤엎고 61.3%의 국민이 반대한 EU와 IMF의 구제금융과 긴축 정책을 받아들였다. 브라질에서는 2016년 신자유주의와 긴축 정책에 반대하던 지지율 1위 대선 후보인 룰라가 부패 혐의로 구속되었다. 이는 무혐의로 결론이 나 2023년 룰라는 재선에 성공했으며, 부패 스캔들 자체가 조작일 가능성이 제기되고 있다). 특히 태국에서는 2023년, 친노동 성향의 행동전진당이 총선에서 승리하며 제1당이 되자, 기존의 민주화운동 세력이 오히려 군부와 결탁하며 해당 정당을 해산시키기도 했다. 이는 자신들의 계급적 이해관계 앞에서 부르주아 민주주의 세력이 얼마나 쉽게 민주주의를 배신할 수 있는지 단적으로 보여준 사례이다.

자본주의와 민주주의 사이의 모순은, 이렇듯 신자유주의의 도래 이후 더욱 자명한 것으로 밝혀지고 있지만, 동시에 자본주의 자체의 근본적인 문제이기도 하다. 소수의 자본가가 생산과정에서 다수의 노동자를 통제하는 자본주의는 그 본성상 '민중의 통치'라는 민주주의와 모순된다. 이뿐만 아니라 생산영역이 아닌 정치적 영역에서도 노동자에 비해 소수인 자본가는 체제를 유지하기 위해 비민주적 방법을 동원할 수밖에 없다. 상대성이론으로 유명한 알베르트 아인슈타인은 사회주의자이기도 했는데, 그는 자신의 글 〈왜 사회주의인가?〉에서 자본주의의 문제에 대해 다음과 같이 말했다.

> 사적 자본은 점점 더 소수의 수중에 집중되는 경향이 있는데, …… 그 결과는 민주적으로 조직된 정치 사회조차도 제대로 견제할 수 없는 민간 자본의 과두제이다. 이는 명백한 사실인데, 의원들을 선택하는 정당은 유권자를 의회로부터 떼어내려 하는 사적 자본가들의 돈과 영향력에 좌우되기 때문이다. 그 결과 국민의 대표자들은 민중의 이익을 사실상 보호하지 못한다. 게다가, 현 사회에서, 사적 자본가들은 직간접적으로

주요한 정보의 전달 수단(신문, 라디오, 교육)을 통제한다. 따라서, 시민 개인이 객관적인 결론을 내리고 자신의 정치적 권리를 지적으로 이용하는 것은 매우 어렵고, 대부분의 경우, 사실상 불가능하다. (Einstein, 1949)

전쟁

프로이센의 군인이자 《전쟁론》으로 유명한 군사 사상가 카를 폰 클라우제비츠는 "전쟁은 다른 수단에 의한 정치의 연속에 지나지 않는다"(클라우제비츠, 1832: 77)는 유명한 말을 남겼다. 클라우제비츠는 전쟁이란 그저 정치의 다른 측면일 뿐이므로, 문제 해결이 정치적 방법을 통해 가능하다면 전쟁은 최대한 피하라는 뜻으로 이 글을 썼던 것 같다. 그러나 동시에 이는 정치적인 위기가 전쟁으로 이어질 수도 있음을 의미하기도 한다.

우리는 앞서 민족주의 이데올로기와 제국주의가 제1차 세계대전을 초래했음을 살펴봤다. 제1차 세계대전 말고도, 역사상 수많은 전쟁이 계급과 계급모순, 특히 자본주의의 모순에 의해 발생했다. 예를 들어, 제1차 세계대전이 종전된 지 11년 후 일어난 제2차 세계대전은 군국주의 파시즘 국가인 나치 독일이 폴란드를 침공하며 시작되었다. 이는 자본주의에서 주기적으로 발생하는 경제위기와 베르사유조약으로 인한 막대한 전쟁배상금에 시달리던 독일 국민이 극우 민족주의와 파시즘을 지지하며 발생한 전쟁이었다.

이런 식으로 전쟁마다 예시를 들면 끝도 없을 것이다. 분명한 사실은 자본주의는 계속해서 팽창하고자 하는 그 특성상 항상 전쟁을 부른다는 것이다. 자본주의의 발달과 함께 등장하는 제국주의는 필연적으로 열강 간의 군사 충돌을 부른다. 혹자는 20세기 말 소련의 붕괴 이후 미국 중심의 일극체제가 등장하며 세계에 평화가 도래했다고 생각했다. 그러나 미국 중심의 새로운 세기에 우리를 맞이한 것은 아프가니스탄에서, 이라크에서, 팔레스타인에서, 우크라이나에서, 인도-파키스탄에서 그리고 세계 각지에서 끊이지 않은 전쟁이었다.

더군다나 자본주의의 전쟁은 그 이전 사회에서보다 훨씬 파괴적이다. 클라우제비츠가 분석했듯 프랑스혁명 시절 자본주의의 필요에 따라 등장한 국민국가는 봉건시대의 왕조국가 등과는 다르게 민족주의라는 추상적 이데올로기를 동원해 전쟁을 절대전쟁*으로 비화시키려는 경향이 있다. 가문들 사이의 제한적인 전쟁이 벌어졌던 봉건시대와는 다르게 민족주의를 동원한 자본주의 시대의 전쟁은 상대 국민국가 전체를 파멸시키려는 하이브리드전**으로 나타난다.

---

*   absolute war. 클라우제비츠의 개념으로, 전쟁의 목적이 제한된 제한전쟁 limited war과 다르게 상대의 절멸을 목적으로 하는 총력전을 의미한다. 클라우제비츠는 프랑스대혁명 이후, 프랑스 공화정을 방어하기 위해 유럽의 왕조 국가들과 싸우는 과정에서 전쟁에 모든 국민을 동원하는 절대전쟁이 나타났다고 이야기했다.
**   군사적 조치뿐만 아니라 여론전과 심리전, 외교전, 경제적 압박 등 비군사적 조치를 함께 동원하는 현대의 군사 전략.

6. 기후위기

《자본 Ⅲ》,《자연변증법》

> 농업과 공업의 발전은 전반적으로 옛날부터 삼림을
> 엄청나게 파괴했을 뿐 삼림의 보전과 재생에는 거의
> 아무런 기여도 하지 않았다.
>
> ―《자본 Ⅱ》(마르크스, 1885: 305)

기후위기

기후위기란 인류의 활동으로 인한 기후의 변화가 이상기후, 식량 및 물 부족, 해수면 상승, 생태계 붕괴 등 인류 문명 전반에 심각한 위험을 초래하는 상황을 말한다(〈기후위기 대응을 위한 탄소중립·녹색성장 기본법〉 제2조 제2항).

UN 산하 기구인 '기후변화에 관한 정부 간 협의체IPCC'는 1990년부터 약 5년 간격으로 기후변화의 원인과 영향, 대책을 밝히기 위한 IPCC 보고서를 발간하고 있다. 그중 가장 최근 나온 6차 보고서는 현 수준의 온실가스 배출량을 유지할 경우, 지구 온도가 산업화 이후 1.5도 상승하는 시점은 2021년에서 2040년 사이가 될 것으로 예상했다(IPCC, 2023).*** 영구

***   유럽연합의 기후변화 감시기구 '코페르니쿠스 기후변화서비스(C3S)'에 따

동토층이 녹아 현재 대기의 두 배 수준인 온실가스가 방출되고, 자외선의 90%를 반사하는 빙하가 녹는 등의 영향은 제외하고 가장 보수적으로 잡은 수치가 이 정도인 것이다.

1.5도 상승이 본격화되면, 세계 인구의 절반이 거주하는 적도 지역은 인간이 생물학적으로 견딜 수 있는 한계인 습구온도 35도를 넘겨, 이 지역 전체가 사람이 살 수 없는 땅이 될 수도 있다(Zhang, Held, & Fueglistaler, 2021). 또한 연안 도시인 뉴욕과 도쿄, 상하이의 상당 면적과 한국의 인천국제공항을 포함한 인천의 상당 부분, 한강의 도서들, 군산, 서산, 보령 등 서해안의 일부가 물에 잠긴다(Climate Central).

사실 이러한 기후위기의 위협은 이미 시작되었다. 김호 서울대 교수를 포함한 국제공동연구팀의 조사 결과, 1997년에서 2018년 사이 한국에서 기후위기에 따른 기온 상승으로 17만 명이 초과 사망했다(Vicedo-Cabrera et al., 2021). 이뿐만이 아니다. 세계적으로 700만 명 이상의 사망자를 낸 코로나19의 원인도, 2025년 3월 서울특별시의 1.73배에 달하는 면적을 소실시키고 33명의 목숨을 앗아간 전국 동시다발 산불과 2019년 한반도의 85%에 달하는 면적을 휩쓴 호주 산불, 캐나다 역사상 최악의 재난이었던 2016년 앨버타주 대형 산불의 원인도, 러시아의 밀 수출 제한을 불러와 시리아 내전을 촉발

르면, 2024년 이미 지구의 평균기온이 15.1도에 도달하여 산업화 이전보다 1.6도 상승하며, 사상 처음으로 1.5도 마지노선을 돌파했다(C3S, 2025).

하고 이슬람 극단주의 세력 IS를 탄생시킨 강력한 원인 중 하나도 모두 기후위기였다.

기후위기와 자본주의

사회에서 나타나는 모든 문제는 사회와 분리해 생각할 수 없다. 기후위기의 원인은 자본주의체제에 있는데, 이는 수십만 년 인류 역사에서 지금과 같은 기후 문제가 하필이면 자본주의와 거의 동시에 등장했다는 사실만으로도 확인할 수 있다. 사람 간의 관계는 소외되고 화폐 관계만이 전면에 나타나는 자본주의는 오로지 이윤을 목적으로 굴러가는 거대한 체제이다. 생명이나 다른 가치가 아닌, 오직 이윤만을 추구하는 자본주의의 끝없는 성장은 인간의 노동력을 착취하는 만큼 자연의 회복력과 지속가능성 역시 수탈한다. 최근 세계 최대의 온라인 판매 업체인 아마존은 팔리지 않은 재고품을 무단으로 매립하고 소각해 환경단체들의 비판을 받았다(연합뉴스, 2019). 이윤이 아닌 다른 가치가 우선시되는 사회라면 남는 재고품을 원하는 사람들에게 무료로 나눠줄 수 있을 것이다. 아니, 애초에 필요한 것 이상으로 상품을 생산하며 자연을 파괴할 일 자체가 없었을 것이다.

마르크스는 《자본》 1권에서 이미 "자본주의적 생산은 …… 토지와 인간 사이의 물질대사—즉 인간이 식품과 의류의 형태로 소비하는 토양 성분이 토지로 되돌아가는 것, 다시 말해 토지의 생산력을 지속시키는 항구적인 자연조건—를 교란

시킨다"(마르크스, 1867: 672)라고 이야기했다. 이 구절에서 '토지'를 '자연'으로 바꿔보라. 동시대의 화학자 리비히의 영향을 받은 마르크스는 자본주의적 생산양식이 자연의 순환을 파괴하며 환경 문제를 일으킬 수 있음을 경고했던 것이다.

이러한 자본주의의 문제에서 생겨난 기후위기는 자본주의를 지양하는 다음 단계의 사회에서만 근본적으로 해결할 수 있다. 엥겔스는 《자연변증법》에서 사회주의 사회에서는 다음과 같이 변해야 한다고 주장했다.

> 따라서 우리는 …… 자연의 외부에서 자연을 정복하는 것이 결코 아님을—반면, 우리의 살과 피, 뇌는 모두 자연에 속하며, 자연 한가운데 있으며, 우리의 자연에 대한 지배는 자연의 법칙을 다른 모든 생명체보다 더 잘 이해할 수 있고 정확히 적용할 줄 앎에 있음을 깨달아야 한다. (CW 25: 461)

기후 불평등

기후위기의 원인이 사회구조가 아닌, 인류의 과잉 때문이라는 주장은 흔히 볼 수 있다. 이는 1800년대 영국의 성직자이자 경제학자인 맬서스가 펼친 담론과 비슷하다. 맬서스는 식량의 산술급수적 증가는 기하급수적으로 증가하는 인구를 따라잡지 못하고, 결국 인구 과잉으로 수많은 사람이 굶어 죽을 것이라 생각했다. 따라서 맬서스는 더 이상 빈민을 구제하지 말고, 그들이 죽도록 내버려두자고 주장했다. 그러나 우리는

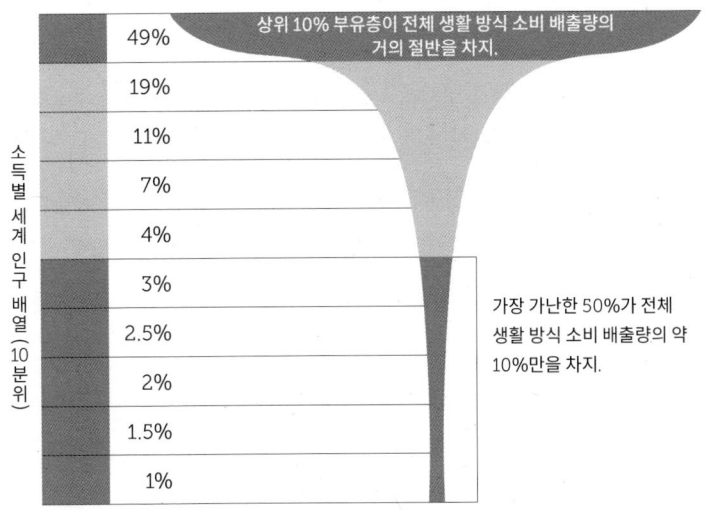

〈그림 1-1〉 세계 인구별 이산화탄소 배출량 비율

출처: Oudam

인류 과잉이 자원의 고갈을 낳는다는 이러한 주장이 얼마나 잘못되었는지 구체적인 수치를 통해 볼 수 있다.

〈그림 1-1〉(Gore, 2015)에서 볼 수 있듯, 세계 이산화탄소 배출량의 절반은 소득 상위 10% 계층이 배출하는 반면, 하위 50%는 10%의 이산화탄소를 배출한다. 계급에 따라 사용하는 자원 및 에너지의 양이 다르고, 기후위기에 끼치는 영향이 다른 것이다. 게다가 이렇게 이산화탄소를 많이 배출하는 선진국들은 대부분 고위도에 위치해 오히려 평균 기온의 증가로 농업생산량이 증가하는 등 경제적 이득을 보기도 하는 반면, 흔히 '글로벌 사우스Global South'라고 불리기도 하는 국가들은 대부분 저위도에 위치해 기후위기로 발생한 문제를 눈앞에

당장 맞닥뜨리고 있다.

맬서스의 주장에는 오류가 있다. 그는 빈민 등과 같은 하층계급이 살아남지 못하고 자연스럽게 도태된다면 식량 부족 등 자연이 주는 문제를 해결할 수 있으리라 생각했다. 그러나 맬서스가 주장한 대로 하층계급이 도태되더라도, 그래서 인류가 절반밖에 남지 않더라도 90%의 온실가스는 그대로 배출될 것이다. 이러한 오류는 현대에서도 계속 반복되고 있다. 1인당 평균 온실가스 배출량이라는 추상적 숫자는 계급 간 차이는 무시한 채, 모든 인간에게 동일한 책임이 있다며 사람들을 기만하며, 체제 변화가 아닌 인구 증가의 억제를 통해 기후위기를 해결할 수 있다고 믿도록 만든다.

> 더 읽어보기

사이토 고헤이《지속 불가능 자본주의》

　이 책은 역대 최연소로 아이작 도이처 기념상을 수상한 일본의 마르크스주의 생태학자 사이토 고헤이의 저작이다. 그는 자연을 무상으로 수탈하며 이윤을 얻는 자본주의의 성장 논리 속에서 기술발전, 혹은 개인의 실천만으로는 기후위기 해결이 불가능하다는 것을 지적하며 그 대안으로 '탈성장 코뮤니즘'을 제시한다.

　과거 마르크스주의는 성장만능주의로 여겨지며 생태주의와는 양립할 수 없는 것으로 생각되었다. 그러나 마르크스 역시 기후위기를 지속적으로 언급했다. 그는 독일의 화학자 유스투스 폰 리비히의 영향을 받아 자본주의적 농업이 이윤을 목적으로 지력을 갉아먹으며, 자본주의는 인간의 노동력뿐만 아니라 자연 역시 파괴하는 체제라고 비판했다(마르크스, 1867: 672~674). 이러한 마르크스주의의 재발견 혹은 재해석 속에서 적록동맹이라고 불리는 마르크스주의와 생태주의의 결합이 최근 활발하게 논의되고 있다.

　사이토 고헤이의 주장에 따르면 마르크스가 생각한 궁극적 목표는 시기에 따라 세 단계로 나눌 수 있다. 첫 번째 시기인 1840~1850년대는 경제성장만을 긍정한 '생산력 지상주의'를 주장했는데, 이는 역사발전의 동력으로 생산력의 발전을 강조한

《공산주의 선언》이나 영국의 인도 지배가 자본주의의 발달이라는 긍정적 효과를 만들기도 했음을 이야기한 '인도론' 등에서 나타난다. 두 번째 시기인 1860년대에는 경제성장과 지속가능성을 모두 긍정해 《자본》 1권 등에서 나타나듯이 생태사회주의를 주장했으며, 1870년대부터 사망할 때까지인 세 번째 시기는 〈고타 강령 초안 비판〉과 〈자술리치에게 보낸 편지 초안〉 등에서 나타나듯 경제성장을 부정하고 지속가능성만을 긍정한 탈성장 코뮤니즘을 지향했다는 것이 고헤이의 설명이다.

물론 자본주의는 자본의 끊임없는 순환을 통해 계속해서 성장해야 하는 체제인 반면, 공산주의자들은 성장이라는 자본주의의 논리를 부정해야 한다. 그러나 사이토 고헤이는 마르크스의 주장을 너무나 단순화했다. 그가 근거로 드는 〈자술리치에게 보낸 편지〉에서 마르크스는 러시아가 자본주의를 발전시키지 않고도 혁명이 성공할 수 있음을 긍정했다(*CW* 24: 370-371). 그러나 동시에, 편지의 초안에서 그는 그러한 혁명이 성공하려면 생산력이 발전한 서유럽에서의 혁명과 지원이 필수적이라고 언급했다(*CW* 24: 352-353). 마르크스가 〈편지〉에서 언급한, 공산주의 사회에서 이용할 수 있을 것이라 봤던 러시아의 공동체는 서유럽의 발달한 생산력이 뒷받침될 때 부차적으로 이용할 수 있는 수단이었다.

〈자술리치에게 보낸 편지 초안〉에 대한 자세한 내용과, 생산력이 뒷받침해주지 않은 상태에서 러시아에서 일어난 혁명이 초래한 결과에 대해서는 이후 4장 '마르크스주의 역사학'에서 스탈린의 《변증법적 유물론과 역사적 유물론》, 마르크스의 〈자술리치에게 보낸 편지 초안〉을 비교하며 더욱 자세히 알아볼 것이다.

7. 해결책

《공산주의 선언》, 《공상에서 과학으로》

프롤레타리아들은 공산주의혁명 속에서 족쇄 이외에
아무것도 잃을 것이 없다. 그들에게는 얻어야 할 세계가 있다.
만국의 프롤레타리아여, 단결하라!
—《공산주의 선언》(마르크스·엥겔스, 《선집》 1권: 433)

자본주의

앞에서 본 현대사회의 여러 문제들, 소외, 불평등, 차별, 정치위기와 전쟁, 기후위기는 모두 계급사회, 현 단계를 바탕으로 파악하자면 자본주의 사회에서 비롯된 문제들이었다. 이윤만을 좇으며 돌아가는 자본주의체제는 여러 문제를 만들며, 따라서 철폐되어야 한다. 이제 문제는 자본주의를 왜 바꿔야 하는가에서 어떻게 바꾸는가로 바뀐다.

과학적 사회주의

마르크스주의는 과학적 사회주의wissenschaftlicher Sozialismus로 불린다. '과학적'으로 번역된 독일어 wissenschaftlicher는 과학적scientific이라는 뜻도 있지만, 주요 의미는 학문적scholarly이다. 사회주의의 당위를 설파한 기존의 여러 사회주의 사상과는 다르게 마르크스는 자본주의를 체계적으로 분석해 자본주의의 다음 단계가 나타날 수밖에 없음을 설명했다. 그는 헤겔이 말한, '황혼이 지고서야 날개를 펼치는 미네르바의 부엉이'에 맞서, '동이 트기 전에 힘차게 우는 갈리아*의 수탉'을 이야기했다(《선집》 1권: 15). 헤겔은 철학이 이미 지나간 역사를 분석하는 역할에 그친다고 봤지만, 마르크스는 철학이 세계를 미리 분석할 수 있으며, 이를 바탕으로 변혁의 길잡이가 될 수 있다고 본 것이다.

이러한 과학적 사회주의에 대해 체계적으로 알아보기 위해 우리는 3장에서 마르크스가 사용한 이러한 세계를 분석하는 데 쓴 두 가지 도구인 유물론과 변증법에 대해 살펴본 후, 4장에서 이를 실제 역사에 적용하여 분석해볼 것이다. 이후 5장에서 마르크스가 과학적으로 분석한 역사의 현 단계, 즉 자본주의체제에 대해 알아보고 이를 바탕으로 6장과 7장에서 자본주의가 나아갈 길로서의 사회주의와 혁명에 대해 논의하며 이 책을 마칠 것이다. 그러나 그전에 살펴봐야 할 내용은 마르크스와 엥겔스의 삶과 마르크스주의가 탄생했던 당시의 시대적 배경, 그리고 마르크스 이전에 존재했던 사회주의들, 특히 생시몽과 푸리에, 오언의 공상적 사회주의에 관한 내용이다. 이 장은 마르크스가 포이어바흐의 책에 남긴 열한 가지 메모로 구성된 〈포이어바흐에 관한 테제〉 중 마지막 열한 번째 테

---

* 로마제국 시기 프랑스와 그 인근을 부르던 말. 수탉은 프랑스의 상징이다.

제를 살펴보며 마무리하고자 한다.

지금까지 철학자들은 단지 세계를 해석해왔을 뿐인데, 중요한 것은 세계를 바꾸는 것이다. (*CW* 5: 5)

2장

마르크스주의의 탄생

하나의 유령이 유럽을 배회하고 있다.
공산주의라는 유령이.
―
《공산주의 선언》
(마르크스·엥겔스,《선집》1권: 399)

1. 마르크스와 엥겔스의 삶과 주요 저작

철학자들은 버섯처럼 맨땅 위에서 솟아나는 것이 아니라
그 시대의, 그 환경의, 무엇보다도 철학적 조류의 산물이다.
—《라인신문》195호 기사(마르크스, CW 1: 195)

초기 마르크스

1818년 5월 5일 프로이센의 트리어에서 태어난 카를 마르크스는 자유주의 성향의 변호사인 하인리히 마르크스(1777~1838, 개명 전 이름은 허쉘 할레비)와 후에 네덜란드의 다국적기업 필립스를 창업하게 되는 상업 가문 출신의 헨리에테 프레스부르크(1788~1863) 사이에서 태어났다. 그의 어머니와 아버지는 모두 유대계였는데, 아버지 하인리히 마르크스는 집안 최초로 세속교육을 받은 사람으로서, 유대인은 변호사 개업을 할 수 없었던 당시의 법에 따라 마르크스가 태어나기 1년 전 루터교로 개종했다. 세속적 계몽주의자였던 그는 평생 칸트, 볼테르 등과 같은 자유주의 계몽철학자에 관심을 가졌다.

1835년 트리어에서 김나지움을 졸업한 마르크스는 본 대학교에 입학했다. 그는 철학을 전공하고 싶었지만, 아버지

젊은 시절의 마르크스.

의 뜻에 따라 법학을 공부하게 되었다. 처음에는 성적이 좋았던 그는 이후 시인 동호회에 가입해 정치적 토론을 나누고, 트리어 주막음주향우회에 가입해 나중에는 공동총재까지 지내게 되는 등 학업 외의 것에 관심을 보였다. 결국, 1836년 그의 부친은 그를 조금 더 학구적인 분위기의 베를린대학교에 보냈다. 한편 같은 해에 마르크스는 프로이센의 하급 귀족인 예니 폰 베스트팔렌(1814~1881)과 약혼하기도 했다. 둘은 이후 1843년 결혼식을 올렸다.

1836년 10월 베를린에 도착한 마르크스는 베를린대학교에서 학업을 이어나갔다. 그는 법학을 전공했으나, 관심은 늘 철학에 있었다. 특히 첫 학기 진보 헤겔학파 교수 에두아르트 간스(1797~1839)와 역사법학자 카를 폰 사비니(1779~1861)

의 강의를 수강하며, 헤겔의 사상에 심취했던 그는 헤겔 사상 토론 동아리 박사동호회에 가입했다. 루트비히 포이어바흐(1804~1872)와 브루노 바우어(1809~1882) 등 청년헤겔학파라고 불리는 헤겔 좌파 사상가들과의 교류 역시 이때 시작되었다.

1838년 부친의 사망 이후 스무 살의 마르크스는 법학에서 완전히 손을 뗐다. 아버지의 죽음으로 생활고를 겪기도 했다. 1841년, 신학은 철학에 자리를 내줘야 한다고 주장한 그의 논문은 보수적인 베를린대학교에서 논쟁을 불러왔고, 결국 그는 조금 더 진보적인 분위기의 예나대학교로 옮겨 그곳에서 철학 박사학위를 받았다(〈데모크리토스와 에피쿠로스 자연철학의 차이Differenz der demokritischen und epikureischen Naturphilosophie〉). 논문의 주제는 원자론을 주장한 고대 그리스의 두 철학자인 데모크리토스와 에피쿠로스의 자연철학의 차이에 대한 것이었다. 헤겔은 자신을 고대의 이성을 종합한 아리스토텔레스에 비유해 근대의 아리스토텔레스라고 이야기하곤 했다. 마르크스는 아리스토텔레스가 인간 이성을 종합한 이후, 인간을 둘러싼 자연을 분석한 고대 그리스의 자연철학자들처럼, 근대적 이성을 종합한 헤겔 이후 근대인을 둘러싼 제2의 자연인 근대사회를 분석하겠다는 의도로 두 자연철학자를 비교한 논문을 쓴 것이다.

데모크리토스와 에피쿠로스는 모두 원자설을 받아들이며, 만물이 물질로 구성되어 있음을 주장했다. 그러나 두 철학자 사이에는 미세한 차이가 있었다. 데모크리토스는 원자들이 무게를 지니고 있어 지상에 수직으로 떨어진다고 생각했다. 떨어지는 원자들이 서로 충돌하고 튀며 물질이 만들어지는 것이다. 그러나 모든 원자가 같은 속도로 평행하게 낙하하기만 한다면 충돌은 일어나지 않는다. 이 모순을 해결하기 위해 등장한 것이 에피쿠로스의 '클리나멘(편위)' 개념이다. 떨어지는 원자들은 조금씩 수직에서 비끼는 이탈 운동을 한다. 편위는 우연하게 일어나므로, 데모크리토스의 주장과는 다르게 원자론은 목적론이 아니다. 언제나 우연성이 개입할 수 있게 된 것이다. 마르크스는 이 논문을 통해 에피쿠로스의 유물론을 계승하는 한편, 기계적 유물론(데모크리토스)과 변증법적 유물론(에피쿠로스)의 비교라는, 이후 자신의 철학적 근간이 될 내용의 맹아를 드러냈다.

　졸업 이후 마르크스는 교수가 되고 싶었으나, 그의 급진적인 사상 때문에 이는 좌절되었다. 1842년부터 그는 자유주의 성향의 언론 《라인신문》에서 기고가로 일했고, 곧 편집장이 되었다. 마르크스가 편집하는 《라인신문》은 계속 성장해 1842년 정기 구독자 400명에서, 1843년 3400여 부를 찍는 신문사로 성장했다. 특히 이 시기 그는 '삼림도벌법'에 관한 기사를 쓰며 급진적 자유주의자에서 공산주의자로 변하게 된다. 이전까지 농민들은 주인이 없는 임야에서 장작을 구했다. 그러나 갑자기 프로이센 당국이 주인 없던 땅을 국유화해 개인에게 팔아넘긴 것이다. 이 땅들이 사유지가 되면서 농노는 나무를 베는 것은 물론, 떨어진 나뭇가지를 줍기만 해도 가혹하게 처벌받았다. 이 사건은 마르크스가 기존에 자신이 가지고 있던 헤겔적 국가관을 근본에서부터 재검토하는 계기가 되었다. 헤겔에 따르면 국가는 이성의 구현체로서 모든 이해관계로부터 초월해야 했다. 그러나 '삼림도벌법'에서 국가는 공익이 아닌 지배계급의 이익만을 보장했던 것이다. 또한 마르크스는 자유주의 사상가들의 말과는 다르게, 소유권은 천부인권이 아니며 국가의 폭력에 의해 보장된다는 사실 역시 확인했다.

프로이센 정부는 《라인신문》을 굉장히 위험하게 바라봤으며, 러시아 군주제를 비판한 기사 이후 동맹국 러시아의 요청으로 프로이센 당국은 이 신문을 폐간시켰다. 결국 1843년 10월, 결혼한 마르크스는 프랑스로 망명하며 새로운 급진 언론 《독불연보 Deutsch-Französiche Jahrbücher》를 창간했다. 《독불연보》는 독일 사회주의자와 프랑스 급진주의자를 합작시키기 위해 만든 언론이었지만, 독일 기고가들이 대부분이었으며 유일한 외국인은 러시아에서 프랑스로 망명한 아나키스트 미하일 바쿠닌(1814~1876)뿐이었다. 결국 프로이센과 프랑스의 영토 분쟁에 대한 글을 쓰기 위해 창간된 《독불연보》는 이 주제를 포기하는 대신 급진적인 사상 전반을 다루는 잡지가 되었다. 마르크스는 《독불연보》에 여러 글을 연재하며 프롤레타리아가 혁명의 주체라는 공산주의에 관한 자신의 사상을 세웠다. 그러나 곧 이 신문 역시 검열 때문에 발행에 어려움을 겪었고, 마르크스는 유일하게 검열을 받지 않던 《전진!Vorwärts!》에 기고를 시작했다. 《전진!》은 프랑스에 기반을 둔 기독교 사회주의적 비밀결사 단체인 의인동맹의 기관지였다.

마르크스와 엥겔스

1844년 8월, 마르스크는 프랑스 파리의 카페 드 라 레장스Café de la Régence에서 프리드리히 엥겔스(1820~1895)를 만나게 된다. 엥겔스는 독일 라인란트주 바르멘시에서 부유한 방직 공장주의 아들로 태어난 청년헤겔학파였다. 마르크스와 엥겔스는 이전에도 서로를 알고 있었다. 마르크스가 《라인신문》 편집장으로 있던 당시, 엥겔스는 영국의 특파원으로 신문에 글을 기고했던 것이다. 그러나 그 둘이 평생의 동지가 된 것은 프랑스에서였다.

엥겔스는 마르크스에게 자신이 최근 출간한 《잉글랜드 노동계급의 상태》를 보여주며 노동계급이 다가올 혁명의 주체가 될 것이라는 자신의 사상을 설파했다. 이는 앞으로 있을 마르크스의 사상에 큰 영향을 끼쳤는데, 진보적 헤겔주의자였던 그가 노동계급과 만나며 공산주의자로 변모하는 결정적 계기가 되었다. 곧 절친한 친구가 된 마르크스와 엥겔스는 함께 마르크스의 옛 친구였던 브루노 바우어를 공격하는 《신성가족》을 집필했다. 엥겔스와 함께 마르크스는 생각을 점점 구체화하며 막스 슈티르너(1806~1856)나 포이어바흐 등 청년헤겔학파와 구별되는 자신만의 사상을 구축해나갔다.

흔히 마르크스주의의 3대 요소로 꼽히는 독일의 철학, 프랑스의 사회주의, 영국의 정치경제학은 이 시기 마르크스의 머릿속에서 하나로 종합되었다. 그는 파리에 거주하던 이 시절 생시몽(1760~1825)과 샤를 푸리에(1772~1837) 등의 프랑스 사회주의 사상과 프랑스혁명사, 애덤 스미스(1723~1790)와 데이비드 리카도(1772~1823), 제임스 밀(1773~1836) 등이 발전시킨 영국의 정치경제학을 연구했다. 새로운 정치경제학을 정리할 필요를 느꼈던 그는 1844년 《경제학 철학 수고》를 썼는데, 이후 이 책에서 포이어바흐의 영향을 받았음을 깨달은 마르크스는 포이어바흐의 책을 읽으며 이를 비판하는 열한 개의 테제를 작성해 유물론에 대한 사상 역시 정리한다.

1845년, 프로이센 정부의 요청으로 프랑스 정부가 《전진!》을 폐간시켰다. 당시 프랑스의 내무부 장관이었던 프랑수아 기조(1787~1874)는 실업자가 된 마르크스를 추방했고, 마르크스는 정치경제학을 계속 연구하고자 벨기에의 도시 브뤼셀로 향했다. 그는 벨기에에서 현재의 정치에 관한 글을 쓰지 않겠다는 서약을 해야 했다. 벨기에에서 마르크스는 유럽 각지에서 망명 온 사회주의자들과 어울렸다. 엥겔스 역시 같은 해 4월 독일 바르멘에서 브뤼셀로 거처를 옮겼다.

1846년, 마르크스와 엥겔스는 브뤼셀에서 《독일 이데올로기》를 썼다. 이를 통해 자신들의 철학을 사실상 완성한 마르크스와 엥겔스는 의인동맹이 초계급적인 연대와 해방을 꿈꾸는 비밀결사가 아닌, 노동계급의 계급투쟁을 위한 하나의 대규모 계급 정당이 되어야 한다는 주장을 펼쳤다. 기독교 공산주의자 빌헬름 바이틀링(1808~1871)과의 주도권 싸움에서 승리한 마르크스와 엥겔스는 조직을 공산주의자동맹으로 전환한 후, "모든 사람은 형제다!"라는 기존의 구호 대신 "만국의 프롤레타리아여, 단결하라!"를 채택했다. 마르크스와 엥겔스는 새로 탄생한 의인동맹의 강령을 작성했는데, 이렇게 탄생한 글이 바로 《공산주의 선언》이다. 《공산주의 선언》이 출간된 바로 다음 날인 1848년 2월 22일, 프랑스를 시작으로 유럽 각지에서 공화주의혁명이 일어났다. 당시 책이 그렇게 빨리 전파되는 것은 불가능했으므로, 《공산주의 선언》이 프랑스의 혁명에 직접 영향을 끼쳤다고 할 수는 없을 것이다. 그러나 이후 혁명에 동요하는 사회 분위기 속에서 벨기에 정부에 의해 반란모의죄로 기소된 마르크스는 결국 혁명으로 성립된 프랑스 제2공화국으로 도망갈 수밖에 없었다.

이후 마르크스와 엥겔스는 공화주의 독일의 쾰른으로 돌아가 《신라인신문》을 발행하기 시작했다. 독일에서도 그는 여러 차례 기소되었으나 모두 무혐의로 풀려났다. 그러나 결국 1848년 혁명으로 수립되었던 프로이센의 의회 민주주의는 붕괴했고, 국왕은 사회주의자들을 탄압하기 시작했다. 마르크스와 엥겔스 역시 예외는 아니었다. 프로이센 국적을 박탈당한 마르크스는 파리를 거쳐 런던으로 망명을 떠났다. 엥겔스 역시 뛰어난 군사학 지식을 바탕으로 남부 독일에서 혁명군을 지휘하는 장군으로 잠시 활동하기도 했으나, 혁명군이 패배한 이후로는 마르크스를 따라 영국으로 향했다. 마르크스는 영국박물관 부속 도서관에서 경제학을 연구했는데, 《자본》을 작성하기 전 생각을 정리한 노트 《정치경제학 비판 요강》이나 1859년 출간한 《정치경제학 비판을 위하여》, 1867년 출간된 《자본》은 모두 이 시기에 쓴 글이다. 또한, 그는 생계를 위해 당시 세계 최대 발행을 자랑하던 진보 성향 신문사 《뉴욕 데일리 트리뷴》의 런던 특파원으로 활동하기도 했다. 마르크스는 원고 작성이 늦기 일쑤였고, 엥겔스가 자주 대필해주었다.

1861년 《뉴욕 데일리 트리뷴》은 대대적인 개편을 통해 보수화되었고, 1863년 마르크스는 해고됐다. 마르크스와 엥겔스는 1864년 국제노동자협회, 소위 제1인터내셔널에 참가했는데, 이는 1876년 해체되었으나 그 정신은 마르크스 사후 2차, 3차에 이어 4차까지 이어졌다. 마르크스는 제1인터내셔널에서 프루동주의와 블랑키주의* 등 여러 조류의 사회주의 사상과 논쟁을 벌였으며, 러시아의 아나키스트 바쿠닌을 상대로 한 투쟁의 승리 이후에는 본부를 런던에서 뉴욕으로 옮기며 인터내셔널의 헤게모니를 완전히 장악하게 된다. 인터내셔널 시기인 1871년 파리에선 최초로 노동자가 정치권력을 잡는 파리코뮌이 일어났고, 마르크스는 《프랑스 내전》을 쓰며 코뮌

---

* 프랑스의 혁명가 루이 오귀스트 블랑키(1805~1881)의 사상을 따르는 아나키즘의 한 분파. 프랑스대혁명 당시 활동했던 그라쿠스 바뵈프(1760~1797)를 계승하며 소규모 엘리트의 봉기와 혁명적 독재를 통해 자본주의를 지양할 수 있으리라 믿었다.

측을 옹호했다.

노년의 마르크스와 엥겔스는 아우구스트 베벨(1840~1913), 빌헬름 리프크네히트(1871~1919), 카를 카우츠키(1854~1938), 에두아르트 베른슈타인(1850~1932) 등 훗날 독일사회민주당의 지도자가 될 다음 세대의 활동가들과 교류하며 정치활동을 이어나갔다. 대표적으로, 당시 작성된 마르크스의 〈고타 강령 초안 비판〉이나 엥겔스의 〈에어푸르트 강령 초안 비판〉은 라살주의자*들과의 합당을 통해 탄생한 독일사회민주당에서 헤게모니를 잡기 위한 두 사람의 정치적 개입이었다.

그러던 1881년 12월, 마르크스의 아내 예니가 사망했다. 마르크스 역시 아내의 사망 이후 병을 얻었는데, 1883년 3월 요양차 방문한 알제리에서 세상을 떠났다. 마르크스의 시신은 런던 하이게이트 공동묘지에 흉상과, 《공산주의 선언》의 마지막 구절 **"만국의 프롤레타리아여, 단결하라!"** 및 〈포이어바흐에 관한 테제〉의 열한 번 테제 "지금까지 철학자들은 단지 세계를 해석해왔을 뿐인데, 중요한 것은 세계를 바꾸는 것이다"**가

---

* 페르디난트 라살(1825~1864)은 초기에는 마르크스와 엥겔스의 충실한 제자로 《자본》의 저술을 돕기도 했으며, 특히 영국에 망명한 마르크스와 엥겔스를 대신해 독일 현지에 마르크스주의를 소개하기도 했다. 라살은 독일의 노동자들 사이에서 인지도가 높아, 많은 노동자는 마르크스·엥겔스의 책은 한 권도 못 읽어봤어도 《획득권리의 체계》 등과 같은 라살의 저작들은 쉽게 구할 수 있었다고 한다. 그러나 국가기구를 통한 사회주의의 건설을 강조했던 그는 점차 마르크스주의와 멀어졌고, 이후 라살주의라는 새로운 조류를 만들어 마르크스와 경쟁했다.

** 마르크스가 작성한 원래 버전(CW 5: 5)이 아닌, 엥겔스가 "그러나however"

마르크스의 묘지.

쓰인 비석과 함께 안장되어 있다.

　마르크스의 사후에도 엥겔스는 열심히 활동을 이어나갔다. 정치적으로는 1889년에 제2인터내셔널의 설립에 참여하는 등 독일사회민주당과 제2인터내셔널의 공산주의자들을 지도했다. 한편, 마르크스의 대표작 《자본》 첫 권은 생전인 1867년 발간되었으나, 후속편으로 계획했던 원고들은 마르크스가 죽을 때까지도 발표하지 못했다. 마르크스의 사후 흩어져 있던 원고를 정리해 2권과 3권으로 발표한 것 역시 엥겔스였다. 엥겔스 역시 세상을 떠난 다음에는 마르크스와 엥겔스의 유고

를 추가한 버전이 쓰여 있다.

관리를 맡게 된 독일사회민주당의 카를 카우츠키가 원고 중 경제학설사에 관한 부분을 취합하여 《잉여가치학설사》로 발표했다. 프리드리히 엥겔스는 1895년 8월 5일 암으로 세상을 떠났으며, 유해는 그의 유언에 따라 화장되어 영국의 동남쪽 바닷가 이스트본에 수장되었다.

마르크스·엥겔스 주요 저작 목록

《데모크리토스와 에피쿠로스 자연철학의 차이》(마르크스의 박사학위 논문, 1841)

〈헤겔 법철학 비판 서설〉(마르크스, 1843)

《헤겔 법철학 비판》(마르크스, 1843)

《유대인 문제에 대하여》(마르크스, 1843)

〈제임스 밀에 대하여〉(마르크스, 1844)

《잉글랜드 노동계급의 상태》(엥겔스, 1844)

〈국민경제학 비판 개요〉(엥겔스, 1844)

《경제학 철학 수고》(마르크스, 1844)

《신성가족》(마르크스·엥겔스, 1844)

〈포이어바흐에 관한 테제〉(마르크스, 1845)

《독일 이데올로기》(마르크스·엥겔스, 1846/1932년 최초 출판)

《철학의 빈곤》(마르크스, 1847)

《임금노동과 자본》(마르크스, 1847)

〈공산주의의 원리〉(엥겔스, 1847)

《공산주의 선언》(마르크스·엥겔스, 1848)

《프랑스에서의 계급투쟁》(마르크스, 1850)

《독일 농민전쟁》(엥겔스, 1850)

《루이 보나파르트의 브뤼메르 18일》(마르크스, 1852)

《정치경제학 비판 요강(그룬트리세)》(마르크스, 1857)

《정치경제학 비판을 위하여》(마르크스, 1859)

《정치경제학 비판을 위하여 II》 초고(마르크스, 1861~1863/이 중 일부가 1905년 카우츠키에 의해 《잉여가치학설사》로 출판)

《임금, 가격, 이윤》(마르크스, 1865)

《자본 I》(마르크스, 1867)

《프랑스 내전》(마르크스, 1871)

〈주택 문제에 대하여〉(엥겔스, 1872)

〈권위에 대하여〉(엥겔스, 1873)

〈고타 강령 초안 비판〉(마르크스, 1875)

《반뒤링》(엥겔스, 1878)

《공상에서 과학으로》(엥겔스, 1880)

《자연변증법》(엥겔스, 1883)

《가족, 사유재산, 국가의 기원》(엥겔스, 1884)

《자본 II》(마르크스, 엥겔스 엮음, 1885)

《루트비히 포이어바흐와 독일 고전철학의 종말》(엥겔스, 1886)

〈에어푸르트 강령 초안 비판〉(엥겔스, 1891)

《자본 III》(마르크스, 엥겔스 엮음, 1894)

〈프랑스에서의 계급투쟁 재판본 서문〉(엥겔스, 1895)

《잉여가치학설사》(마르크스, 카우츠키 엮음, 1905)

> 더 읽어보기

루이 알튀세르 《마르크스를 위하여》

프랑스의 마르크스주의 철학자 알튀세르(1918~1990)는 마르크스가 헤겔의 영향을 받았으며 마르크스의 변증법은 헤겔 변증법의 단순한 전도라는 기존의 통념을 거부했다. 그에 따르면 성숙기의 마르크스는 헤겔의 문제설정에서 완전히 벗어났으며, 헤겔을 언급하는 초기 저작들의 경우에도 그저 헤겔에 대한 포이어바흐의 비판을 자신의 언어로 다시 쓰는 정도에 지나지 않았다. 알튀세르에게 이러한 초기와 성숙기 마르크스를 가르는 기점은 1845년인데, 마르크스는 1845년 〈포이어바흐에 관한 테제〉와 《독일 이데올로기》를 쓰며 문제설정의 변화를 겪는다. 그래서 알튀세르는 1845년 이후의 저작들이야말로 진정한 과학적 공산주의, 마르크스주의이며 이전 청년기의 주장은 마르크스주의로 봐서는 안 된다고 주장한다.

알튀세르가 이러한 주장을 펼친 것은 당대의 상황과 관련이 있다. 스탈린의 사후, 1956년 제20차 소련공산당대회에서는 스탈린을 격하하는 '흐루쇼프의 비밀 연설'이 행해진다. 이전까지 비밀에 부쳐졌던 스탈린의 범죄 행각을 흐루쇼프가 낱낱이 밝힌 것이다. 이후 서구 마르크스주의 학계는 스탈린주의 경제결정론에 맞서 '인간적인 마르크스주의'를 주장했다. 그들은 청년기 마르크스의 저작을 바탕으로 소외 개념을 강조하며, 인간다움을 되찾기 위한 과정으로 마르크스주의를 독해했다. 알튀세르의 주장 역시 스탈린의 경제결정론을 비판하는 서유럽 마르크스주의의 흐름 속에서 등장했다. 그러나 주목할 만한 점은 알튀세르가 스탈린만큼이나 서구 학계의 '인간적인 마르크스주의' 역시 비판했다는 것이다.

스탈린의 경제결정론은 제2인터내셔널의 오류의 반복에 불과했다. 마르크스, 엥겔스와 직접 교류했던 독일사회민주당의 후계자들이 중심이 되어 활동한 제2인터내셔널은, 헤겔의 변증법에서 정신에 해당하는 자리에 경제를 집어넣음으로써 마치 헤겔 철학에서 역사가 필연적으로 자유의 확대로 나아가듯이 공산주의 역시 경제의 발전에 따라 필연적으로 도달하리라 생각했다. 따라서 그들은 인간 주체의 직접적인 혁명을 부정하며 그저 자동붕괴만을 기다리는 '대기주의'에 빠졌다. 러시아의 혁명가 레닌은 이들을 비판하며 혁명을 일으켰으나, 레닌의 정치적 후계자인 스탈린 시대에 와서 제2인터내셔널의 '대기주의'는 변형된 모습으로 다시 나타났다. 스탈린은 조만간 자본주의 국가들이 붕괴할 것이라 생각해 그때까지 소련을 어떠한 방법을 써서든 유지시키기만 하면 된다는 '일국사회주의' 이론을 주장한 것이다. 알튀세르는 이러한 경제결정론에 맞서 '최종심급에서의 경제' 개념과 '과잉결정' 개념을 도입해 마르크스주의의 과학성을 스탈린과는 다른 방식으로 옹호했다. 알튀세르는 경제는 비록 결정적이지만, 그것은 최종심급*에서만 그러하며 역사적 사건은 경제뿐만 아니라 상부구조

---

*   재판에서 마지막 심급. 즉 한국의 사법제도에서는 대법원에 해당하는 심급

의 여러 문화적, 이데올로기적 요소들에 의해 과잉결정된다고 주장했다.

알튀세르는 또한 마르크스주의의 과학성을 방어하기 위해 프랑스 과학철학의 전통 속에서 '인식론적 절단' 개념을 가져온다. 프랑스의 과학철학자 가스통 바슐라르는 시간의 연속성 속에서 지식의 축적을 통해 과학이 발전한다는 기존의 과학관을 거부하며, 비연속적인 시간 속 특정 순간 혁명적인 단절이 일어나며 새로운 패러다임으로 세계를 해석하는 새로운 과학이 나타난다고 주장했다. 바슐라르는 이러한 과정을 '인식론적 파열rupture épistémologique'이라 명명했는데, 이를 계승한 것이 알튀세르의 '인식론적 절단coupure épistémologique'이다. 인간이 자신의 본질로부터 소외되는 자본주의와 이를 해결해 인간의 본질을 되찾는 공산주의라는 청년기의 인간학적 마르크스는 1845~1846년 〈포이어바흐에 관한 테제〉와 《독일 이데올로기》 두 편의 저작을 통해 기존의 이데올로기로부터 인식론적으로 절단되고, 이론적 반인간주의, 즉 '과학'으로 나아갔다는 것이다. 알튀세르에게 마르크스주의는 단순히 따뜻한 마음씨를 가진 철학이나 정치사상이 아니라, 역사라는 거대한 학문의 대륙에 과학적 방법론을 적용한 새로운 이론이었다.

을 의미한다. '최종 심급에서in letzter instanz'라는 표현은 '결국에는'을 의미하는 독일어 숙어로, 알튀세르는 엥겔스가 요제프 블로흐에게 보낸 편지를 직역하며 이 '최종심급에서의 경제 결정' 개념을 가져왔다.

2. 당시의 시대적 배경

《잉글랜드 노동계급의 상태》,《공산주의 선언》

하나의 유령이 유럽을 배회하고 있다 ― 공산주의라는
유령이. 옛 유럽의 모든 세력들이 이 유령의 성스러운 사냥을
위하여 동맹하였다.
―《공산주의 선언》(마르크스·엥겔스,《선집》1권: 399)

산업혁명

산업혁명은 18세기 말에서 19세기 초반 사이 영국에서 시작된 기술의 혁신과 새로운 제조 공정으로의 전환, 그리고 이로 인해 일어난 사회 및 경제 전반의 변화를 일컫는 용어이다. 초기 자본주의에서는 수공업에 기초한 매뉴팩처가 일반적이었지만, 증기기관의 발명 등으로 생산활동에 반자동화된 거대한 기계설비가 적용되면서 산업혁명이 시작되었다. 산업혁명 시기 새롭게 등장한 기계들은 공장제 수공업으로는 운영이 불가능했고, 따라서 노동자가 결집하는 대공장에서의 생산이 점차 일반화되었다. 이 시기에 이르러서야 드디어 지금과 같은 모습의 자본주의적 경제 관계가 확립된 것이다.

산업혁명은 영국에서 시작되었으나 인접한 국가인 프랑스와 독일을 비롯한 유럽, 이후에는 바다 건너 북아메리카 지

역과 아시아로까지 확산되었다. 마르크스는 상품 생산이 시작되며 자본주의의 맹아가 탄생한 16세기에 빗대어 산업혁명의 시기인 19세기를 두 번째 16세기라고 부르기도 했다.

자본주의의 발달과 공황

기계제 대공업의 발달로 자본의 순환과정이 더욱 거대해지고 느려지며 공황은 이전보다 가끔, 그러나 더욱 심각하게 찾아오기 시작했다. 경제의 순환과정이 거대해진 만큼 한 번 불균형이 찾아오면 이를 정정하는 데 더 큰 고통이 따랐던 것이다. 더군다나 이전까지의 공황은 국지적인 현상이었지만, 산업혁명을 통해 영국을 중심으로 전 세계적인 자본주의적 세계시장이 나타나 이제 영국의 공황은 세계적인 공황으로 이어졌다.

마르크스는 자본주의 사회에서 공황은 주기적으로 발생할 수밖에 없으며, 따라서 곧 세계적인 공황이 도래하리라 생각했다. 그리고 1857년 9월 대공황이 발생하며 마르크스의 생각은 사실이 되었다. 그러나 마르크스의 생각과는 다르게 공황은 곧바로 자본주의의 붕괴로 이어지지 않았다. 자본주의의 위기가 찾아왔지만, 그 위기를 극복할 의식적 주체들이 아직 형성되지 못했던 것이다. 마르크스는 이때의 경험을 바탕으로 자신의 경제 이론을 수정하고 더욱 정교하게 다듬을 필요를 느껴 본격적으로 자본주의 경제 분석을 시작했다. 이는 1867년 《자본》 1권으로까지 이어졌다.

노동운동

19세기 초중반 영국에서는 자본주의의 발달과 함께 대공업이 나타났다. 이러한 기계제 대공업의 등장과 함께 많은 노동자들은 서로 연결되었고, 동시에 산업예비군*이 등장하며 점차 비참한 처지로 내몰리게 되었다. 노동자의 밀집과 생활환경의 저하라는 이중의 조건은 노동운동을 촉발하기에 충분했다. 기계를 파괴한 러다이트운동과 노동계급의 정치권력 쟁취를 위한 차티스트운동 등이 대표적이다.

기계제 대공업의 등장으로 많은 노동자들이 실직으로 내몰리고, 동시에 착취와 노동강도가 증가한 것이 러다이트운동의 배경이 되었다. 이러한 상황에서 노동자들은 비밀결사를 조직하고 공장을 습격하여 자신들의 권익을 요구하며 기계를 부순 것이었다. 러다이트운동은 대공업 자본주의의 등장 이후 나타난 노동자계급 최초의 계급적 운동이라는 점에서는 의의가 있지만, 문제의 본질이 기계 자체에 있다고 오판했다는 한계도 존재한다. 마르크스는 《자본》에서 기계 그 자체는 문제가 아니며 잘 활용하면 오히려 높은 생산력을 통해 노동자

---

*   자본주의 사회에서 기술 발전과 함께 나타난 실업자, 반실업자 등의 '상대적 과잉인구'. 이러한 산업예비군의 존재는 노동자들에게 해고의 위협으로 다가와, 자본가가 임금을 저하시키거나 노동시간을 늘리는 등 노동조건을 악화시키는 데 적절하게 대응하지 못하도록 만들기도 한다. 산업예비군은 기업별 노동조합이 아닌 산업별 노동조합이 필요한 이유이기도 하다. 기업에 고용된 노동자와 아직 고용되지 못한 그 산업의 예비 종사자가 함께 단결할 때 자본에 효과적으로 대항할 수 있기 때문이다.

의 수고를 덜어줄 수 있다는 장점이 존재한다고 말하기도 했다. "그러나 자본주의적으로 사용되는 기계의 목적은 결코 그런 것이 아니다. 다른 모든 노동생산력의 발전과 똑같이 기계는 …… 잉여가치를 생산하기 위한 수단이다"(마르크스, 1867: 506-507). 마르크스는 이윤 극대화를 위해 자본가들이 생산을 통제하는 자본주의 사회에서는 기계의 자본주의적 사용이 노동 속도를 높이고 통제를 강화하는 등 노동자를 더욱 착취하도록 만든다고 지적한 것이다. 따라서 기계를 통한 생산력의 발전을 진정 노동자를 위해 사용하기 위해서는 우선 자본가의 이윤을 위한 생산이 아닌, 사회의 필요를 위한 생산으로 경제체제 자체가 바뀔 필요가 있었다.

한편 차티스트운동은 노동자들이 중심이 되어 보통선거, 의원의 재산 자격 폐지 등의 요구를 내건 정치적 운동인데, 운동이 한창이던 1845년 영국을 방문한 마르크스와 엥겔스 역시 차티스트운동의 지도자들을 만나기도 했다. 1838년부터 10년에 걸쳐 일어난 이 운동은 지도자 간의 분열과 지배계급의 탄압으로 1848년 최고조를 이룬 후 급격하게 쇠퇴했다.

내전과 혁명들

19세기에는 이러한 노동운동이 수차례 적극적인 혁명으로까지 나아갔다. 혁명의 중심지는 늘 프랑스였다. 1789년 프랑스대혁명을 시작으로 국왕 샤를 10세를 퇴위시킨 1830년의 7월혁명, 7월혁명 이후 권력을 잡아 점차 전제 군주로 변한 루이 필리프를 퇴위시키고 프랑스뿐만 아니라 전 유럽에 공화주의의 물결을 일으킨 1848년 2월혁명, 마르크스가 '보나파르트주의'라고 부른 나폴레옹 3세의 황제 권력을 무너뜨리고 세계 최초의 사회주의 정권을 탄생시킨 1871년 파리코뮌까지. 당시 프랑스는 혁명의 땅이었다.

　1792년과 1848년에 혁명을 통해 프랑스에는 공화정이 수립되었고, 그때마다 프랑스는 전 유럽과 전쟁을 벌여야 했다. 유럽 각국 지도자들은 공화주의의 물결이 자신들까지 휩쓸 것을 두려워했기 때문이다. 그러나 1871년 파리코뮌 이후 상황이 바뀌었다. 파리코뮌은 프로이센과의 전쟁에서 프랑스가 패배하며 나폴레옹 3세가 항복을 선언하자 이에 반대한 파리의 시민들이 일으킨 혁명이었다. 프로이센은 전쟁에서 패배한 나폴레옹 3세를 다시 황제로 인정할 수는 없었지만 그렇다고 사회주의 정부를 가만히 놔둘 수도 없는 노릇이었다. 결국, 그들은 방금까지 자신들과 싸웠던 프랑스의 정규군과 한편이 되어 파리의 시민들을 진압했다. 이후 프랑스에는 제3공화정이 들어섰는데, 이 정권은 '보수적 공화정'이었다. 공화정의 등장이 곧바로 유럽의 전쟁과 내전들로 이어졌던 이전까지의 양상들과는 다르게, 이 정권은 노동계급의 정치적 요구를 억압하며 기존 지배계급과 타협하는 보수적인 모습을 보였던 것이다.

> 더 읽어보기

에릭 홉스봄 '시대 3부작':
《자본의 시대》,《혁명의 시대》,《제국의 시대》

　영국의 마르크스주의 역사학자 에릭 홉스봄은 그가 주창한 장단기 시대 구분법으로 유명하다. 그는 단순히 100년으로 끊어지는 세기 개념 대신 흐름에 따라 구별하는 '장기 19세기'와 '단기 20세기'를 주장했다. 그에 따르면 장기 19세기는 1789년 프랑스대혁명부터 1914년 제1차 세계대전 직전까지로, 부르주아지의 부흥과 경제적 자본주의, 정치적 자유주의가 확산된 시기이며, 단기 20세기는 1914년 제1차 세계대전에서 시작해 1991년 소련의 몰락으로 끝나는 자유주의와 유럽 중심주의가 파괴되는 시기이다.

　홉스봄의 장기 19세기를 다룬 3부작은 1789년부터 1848년까지 부르주아가 정치·경제적 기반을 잡기 시작한 프랑스의 혁명 기간을 다룬 《혁명의 시대》와 1848년부터 1875년까지 자본주의와 부르주아 이데올로기 확대 시기를 다룬 《자본의 시대》, 마지막으로 1875년부터 1914년까지 자본주의가 절정에 달하고 유럽의 자본주의 선진국이 비유럽권 후발 국가들을 식민지화하는 제국주의 시기를 다룬 《제국의 시대》로 나뉜다. 그는 프랑스에서 일어난 혁명과 산업혁명이라는 이중혁명 속에서 부르주아 시대가 어떻게 형성되었는가를 구체적으로 살폈다. 마르크스주의자로서 홉스봄은 경제라는 하부구조와 이에 영향을 받아 형성되는 이데올로기라는 상부구조 모델을 중시했지만, 동시에 이를 단순한 인과관계로 보지 않고 하나의 거대한 유기체로 파악하며 19세기 역사를 분석했다.

    홉스봄이 파악한 '장기 19세기' 기간 동안 부르주아지는 산업에서 그리고 정치에서 이중혁명을 통해 정치적·경제적 권력을 획득하고('혁명의 시대'), 철도와 통신의 발달에 힘입어 전 세계적으로 자본주의를 발전시켰다('자본의 시대'). 이러한 자본주의의 발달은 결과적으로 자본주의의 끊임없는 확장인 '제국의 시대'로 이어져 제1차 세계대전이라는 비극을 통해 마무리되었다. 마르크스 역시 혁명의 시대 한가운데인 1818년에 태어나, 1848년 전 유럽을 휩쓴 혁명 등을 보며 자신의 사상을 쌓아나갔고, 부르주아지가 주도하는 자본주의의 확대와 이윤을 위한 식민지 침탈을 보며 자신의 경제 이론과 혁명 이론을 완성했다. 이러한 상황 속에서 홉스봄의 '장기 19세기' 3부작은 마르크스주의가 탄생한 당시의 시대적 분위기를 잘 보여주는 책이라고 할 수 있다.

3. 공상적 사회주의

《공상에서 과학으로》

> [공상적 사회주의자에 따르면] 진정한 이성과 정의가 지금까지 세계를 지배하지 못한 것은 …… 바로 천재적 개인이 없었기 때문인바. …… 그러한 천재적 개인은 500년 전에도 태어날 수 있었으며, 그랬더라면 인류는 그 천재적 개인 덕분에 500년에 걸친 오류와 투쟁과 고난으로부터 벗어났을 것이다.
>
> —《공상에서 과학으로》(엥겔스,《선집》5권: 436)

공상적 사회주의

자본주의의 발달로 이전까지와는 다른 새로운 질서가 나타났다. 이는 마르크스뿐만 아니라 당대를 살아가던 사람들이라면 누구나 느끼던 것이었다. 대공업이 발달하며 점점 더 심각해지는 노동 착취와 불평등 속에서, 많은 사람들이 평등한 유토피아를 꿈꾸었다. 대표적인 예시가 마르크스 이전, 객관적 조건이 아닌 인류의 이성을 통해 해방을 꿈꾸었던 이들의 사회주의, '공상적 사회주의'이다. 대표적인 공상적 사회주의자로는 엥겔스가《공상에서 과학으로》를 통해 그 의의와 한계를 살폈던(《선집》5권: 435-445) 프랑스의 생시몽과 푸리에, 그리고 영국의 오언 세 사람을 꼽을 수 있다.

생시몽은 프랑스의 공작 출신으로, 모든 사람이 생산에 참여하는 사회주의 사회를 꿈꿨다. 그가 보기에 귀족이나 왕족 등은 생산을 담당하지도 않으면서 사회에 기생하는 필요 없는 집단이었다. 따라서 생시몽은 사회 발전을 계획하고 관리할 과학자, 엔지니어, 산업가 등으로 구성된 중앙위원회가 산업화와 기술 진보를 사회 전체의 이익을 위해 활용하는 사회주의 사회가 도래하면 이러한 문제는 사라지리라 생각했다. 그는 협동과 상호부조의 원칙으로 전통사회를 대체하고, 또 개인이 자신의 능력을 최대한 발휘하여 생산에 기여한 대가로 이익의 일부를 받는 분업에 따라 사회를 조직하고자 했다. 이처럼 생시몽이 생각한 사회주의 사회는 자본가적 성격과 노동자적 성격이 공존하는 사회였다.

최초로 '페미니즘'이라는 단어를 사용하기도 한 푸리에는, 가족 단위에 기초한 사회 조직에는 결함이 있다고 봤다. 따라서 그는 '팔랑주phalange'라고 하는 새로운 형태의 공동체가 필요하다고 주장했다. 이 공동체의 구성원들은 함께 살며 음식, 주택, 노동력과 같은 자원을 공유하게 된다. 푸리에는 협동 생활이 개인의 행복과 성취감을 높이고, 사회를 더 조화롭고 효율적으로 이끌어줄 것이라고 믿어 사유재산을 완전히 폐지하는 집단 경제를 옹호했다. 푸리에가 생각하기에 이러한 공동체가 만들어진다면 그 속에서 살아가는 개인들은 자발적으로 즐기며 노동하게 될 것이었다.

영국의 산업가 오언은 자급자족 공동체의 연합에 의한 합리적인 사회 구축을 꿈꿨다. 그는 빈곤, 범죄, 불평등과 같은 사회의 병폐는 열악한 사회 조건의 결과이며 모범적인 공동체를 건설하여 해결할 수 있다는 점을 주장했다. 실제 자본가이기도 했던 그는 당시로는 획기적인 노동복지 환경을 갖춘 작업장 '뉴 라나크New Lanark'를 운영했는데, 이를 통해 유럽에서 경제적으로도 크게 성공하여 다른 여러 사회주의자들에게 귀감이 되었다. 이후 미국으로 건너간 그는 사람들이 함께 살고 일하며 자원과 이익을 공유하는 '뉴 하모니New Harmony'라는 이상적 공동체를 건설했으나, 이 실험은 실패하고 말았다. 결국 말년의 오언은 초기와 같은 급진적인 변혁은 포기하고, 협동조합운동을 진행해 이 분야에서 현대까지도 영향을 미치고 있다.

공상에서 과학으로

앞서 설명한 세 사람은 모두 당면한 사회·경제 조건에 따라 등장하는 혁명이 아닌, 인간의 이성을 통한 진보를 강조했다. 사유를 통해 하나의 이상적인 상태를 계획하고, 모든 사람이 계급을 초월해 이 사회주의 사회를 달성하기 위해 노력한다면 전 인류가 해방될 것이라는 게 그들의 생각이었다. 따라서 설득을 통해 사람들이 사회주의운동에 동참하도록 이끄는 것이 중요했다. 엥겔스가 《공상에서 과학으로》에서 지적하듯이 이 세 '공상적 사회주의자'들에 따르면, 인간해방과 사회주의는 인류 역사 속 언제라도, 고대 그리스나 로마에서도 등장할 수 있는 것이었다. 해방사회는 기존의 물질적 기반, 사회·경제적 기반에 상관없이 전 인류가 의지한다면 성취할 수 있는 것이기 때문이다. 다만 인류는 운이 없어 18세기가 되어서야 사회주의를 만났을 뿐이었다.

반면 유물론이라는 철학을 통해 세상을 바라보고자 했던 마르크스는 '계급'이라는 관점을 분명히 했다. 그는 사람들은 자신의 이득에 따라 움직이는 경향이 있다는 사실을 알았다. 그리고 자신의 이득이라는 것은 결국 자신의 계급적 기반, 즉 주어진 경제체제 내에서 차지하고 있는 상대적인 위치에서 비롯한다. 따라서 당시 발달하기 시작한 대공업에서부터 자본주의 이후에 나타날 사회주의의 주체인 노동계급을 발견한 마르크스에게 자본주의 없는 사회주의란 불가능했다. 노동자계급, 그중에서도 이제 막 등장한 대공업 노동자인 프롤레타리아만이 혁명을 통해 다음 단계의 사회를 건설할 수 있다. 그리고 노동계급이 자신의 이득에 따라 움직인다면 노동자 혁명은 필연적일 수밖에 없다. 자본주의가 발전할수록 노동자가 차지하는 사회적 역할은 점점 중요해짐에도 자본주의 사회에서 권력을 가진 자본가계급과 노동계급의 이익은 정확히 반비례한다. 따라서 체제를 바꾸는 노동계급의 혁명만이 노동자들에게 최대의 이득을 보장할 것이다.

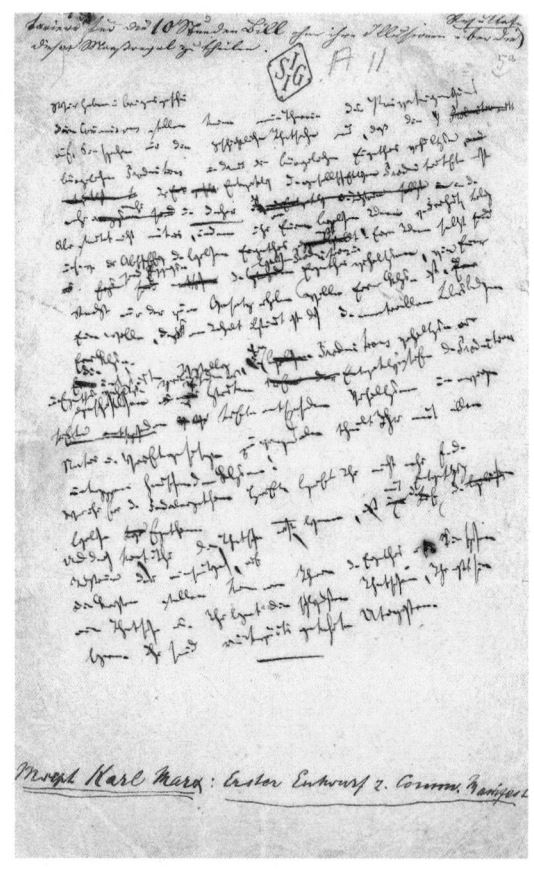

마르크스의 《공산주의 선언》 친필 원고 중 유일하게
현재까지 전해지는 페이지. 마르크스는 상당한 악필로,
그의 아내 예니와 동지 엥겔스만이 그 글씨를 알아볼
수 있었다고 한다.

더 읽어보기

표트르 크로포트킨 《빵의 쟁취》

　흔히 '무정부주의'로 번역되곤 하는 아나키즘은 대표적인 비非마르크스주의적 사회주의이다. 무정부주의라는 번역 때문에 아나키스트들은 단순히 정부나 국가로부터의 해방을 꿈꾼다고 생각하기 쉽지만, 사실 아나키즘은 국가를 포함한 모든 형태의 권위로부터의 해방을 꿈꾸는 사상이다. 이들 역시 마르크스주의자와 마찬가지로 대부분 자본주의에 반대하지만, 자본주의 사회와 앞으로 나타날 해방 세상 사이에 이행기로서 노동자 국가가 존재해야 함을 부정한다는 점에서 결정적으로 다르다. 아나키스트들이 보기에 노동자가 권력을 잡은 이행기 국가 역시 노동자의 이름으로 다른 계급들을 억압하는 폭력에 지나지 않기 때문이다.

　크로포트킨(1842~1921)의 《빵의 쟁취》는 아나키즘 이론서의 대표작으로 꼽힌다. 이 책에서 크로포트킨은 사회를 소수의 자본가와 다수의 노동자로 나누며 필연적으로 빈곤과 불평등을 초래하는 사유재산제도를 비판한다. 그가 대안으로 제시하는 사회는 자발적인 협동과 상호부조에 기초한 공산주의다. 이를 위해 크로포트킨은 국가를 파괴하고 모든 재산을 몰수하는 혁명이 필요하다고 말한다. 또한, 사람들은 게으르기에 물질적 보상 없이는 자발적으로 협동 노동을 하지 않을 것이라는 비판에 대해, 저명한 지리학자이자 생물학자이기도 했던 크로포트킨은 자연 속 여러 동물이 상호부조를 통해 공산주의적으로 생활하고 있음을 밝히며 자발적인 협동에 기초한 아나키즘 공산주의 역시 가능하다고 주장했다.

마르크스는 제1인터내셔널에서 크로포트킨과 바쿠닌 등 여러 아나키즘 사상가들과 내부 투쟁을 벌였다. 특히 제1인터내셔널에 참가하진 않았지만, 최초의 아나키스트라고 불리는 프루동(1809~1865)과 마르크스의 논쟁은 유명하다. 마르크스는 자본주의체제를 분석한 프루동의 《빈곤의 철학》을 패러디해 《철학의 빈곤》이라는 저서를 작성하기도 했다. 프루동은 평등이야말로 인류 역사를 초월하는 최고의 선이며, 역사 속에 존재한 모든 새로운 경제적 관계는 기존의 불평등을 제거하고 평등을 확대한다는 좋은 측면을 위해 발명되었다고 주장했다. 다만 항상 모순이 발생해 불평등이라는 나쁜 측면이 좋은 측면을 잠식한 것이다. 따라서 프루동에게 성취해야 할 목적은 역사에서 좋은 측면을 보전하고 나쁜 측면을 제거하는 것이었다. 반면 마르크스는 "투쟁을 발생시키며 역사를 만드는 운동을 생산하는 것은 바로 이 나쁜 측면이다"(CW 6: 174)라고 썼다. 생산관계의 변화는 평등을 위한 초계급적인 합의를 통해 이루어지지 않았으며, 오히려 "나쁜 측면"으로 인해, 즉 지배계급이 되고 싶었던 피지배계급의 투쟁으로 변혁이 일어났다고 주장한 것이다. 그는 또한 프루동의 설명이 자본주의의 모든 문제를 단순히 소유관계로 환원하기만 했다고 지적하기도 했다. 아나키스트들은 자본주의적 생산관계라는 역사의 특수한 관계를 보지 못하며, 초역사적으로 존재한 '소유' 자체를 문제 삼았다는 것이다.

3장

마르크스주의 철학

철학이 프롤레타리아트 속에서 그 **물질적** 무기를 발견하듯이, 프롤레타리아트는 철학 속에서 그의 **정신적** 무기를 발견한다.
—
《헤겔 법철학 비판 서설》
(마르크스, 《선집》 1권: 15)

1. 변증법

《반뒤링》,《자연변증법》

> 그러나 우리가 사물들을 그 운동 …… 속에서 고찰하자마자, 사정은 온전히 달라진다. 우리는 여기서 즉각 모순에 빠지게 된다. …… 그리고 이러한 모순이 부단히 정립되면서 동시에 해결되어가는 것이 곧 운동이다.
>
> —《반뒤링》(엥겔스,《선집》5권: 135)

변증법적 유물론과 역사적 유물론

비록 마르크스 본인이 정식화한 적은 없지만, 마르크스주의는 흔히 변증법적 유물론(유물변증법, 존재에 대한 이론 혹은 철학)과 역사적 유물론(역사유물론, 역사에 대한 이론 혹은 과학)이라는 두 가지 토대로 구성되어 있다고 이야기된다. 그중 역사과학 혹은 경제학에 해당하는 역사적 유물론은 4장 '마르크스주의 역사학'과 5장 '마르크스주의 경제학'에서 자세히 살펴볼 것이다. 그러나 이를 위해서는 우선 마르크스주의 철학에 해당하는 변증법적 유물론을 살펴봐야 한다. 우리는 이를 위해서, 우선 변증법과 유물론이 무엇인지 각각 알아볼 것이다.

변증법의 역사

변증법은 원래 고대 그리스에서 시작된 진리 탐구에 관한 방법론을 의미하는 말이었다. 흔히 정반합으로 이해되는 변증법의 역사에서 원래는 정과 반만이 존재했는데, 변증법의 창시자 제논이나 고대 그리스 최고의 변증술사 소크라테스는 한 가지 명제에 대한 반론을 통해 처음 명제에 모순이 있음을 밝히고, 이러한 과정을 반복함으로써 오류를 하나씩 배제하며 진리를 찾고자 했다. 이러한 변증법이 지금과 같은 의미를 얻은 것은 헤겔에 의해서였다. 헤겔은 명제에만 적용되던 변증법의 방법을 명제가 아닌 존재 그 자체에 적용했다. 헤겔이 보기에 모든 세계는 정과 반의 투쟁을 통해 구성된 것이었다.*

헤겔의 변증법을 제대로 이해하기 위해서는 우선 칸트를 알아야 한다. 칸트는 1781년 작성한 자신의 주저 《순수이성비판》에서 인간 바깥에 존재하는 세계의 사물 그 자체인 물자체 Ding an sich, things-in-itself와 인간의 인식을 분리했다. 인간이 세계를 어떠한 방법으로 인식하든, 세계 그 자체는 인간의 감각 밖에 독립적으로 존재한다는 것이다. 헤겔은 이러한 인간과 물자체의 분열을 운동을 통해 극복하고자 했다. 인간의 인식 밖에 있는 물자체가 어떠한 특성을 가졌든, 물자체들은 서로와, 그리고 이를 인식하는 인간과 상호작용한다. 따라서 인간은 운동을 통해 물자체의 존재를 파악할 수 있다. 인간과 세계 전

---

* 주의할 점은 헤겔 자신은 정반합에 관해 이야기한 적이 없으며, 오히려 이러한 도식화를 반대했다는 것이다. 정반합 개념은 이후의 학자들이 헤겔의 논리학을 해석하기 위해 도입한 개념이다. 그러나 이 개념이 헤겔의 변증법에 대해 쉽게 설명하여 대중적으로도 많이 사용되므로 이 글에서도 사용한다.

체는 상호작용하고 영향을 주고받으며 끊임없이 운동한다. 그리고 이 끝없는 운동은 앞에서 봤듯이 변증법적으로 정과 반의 투쟁을 통해 존재한다. 정과 반의 투쟁에서 다음 단계의, 새로운 존재인 합이 등장하고, 이 합은 다시 정이 된다. 이것이 헤겔에 의해 새로운 의미를 획득하게 된 지금의 변증법이다.

만물이 끊임없이 운동한다는 생각은 고대 그리스의 철학자 헤라클레이토스에게서 시작되었다. "같은 개울에 발을 두 번 담글 수 없다"고 이야기한 헤라클레이토스에게 세상은 끊임없이 움직이고 또 변하는 것이었다. 그러나 헤라클레이토스는 전체를 하나의 운동으로 파악할 수는 있었을지언정 그 전체를 구성하며 서로 영향을 끼치는 각각의 요소들은 정확하게 파악할 수가 없었다. 이를 파악하는 것은 자연과학의 임무였고, 이러한 분석은 아리스토텔레스를 지나 중세시대에는 아라비아인들에게서, 근대에는 서유럽의 과학자들에 의해서 이루어졌다.

그러나 이러한 자연과학자들은 개별 사물에 집중한 나머지 각 자연물을 정지한 상태로 파악하는 형이상학적** 오류를 저지르고 말았다. 비록 스피노자와 같은 예외는 있었지만, 이는 헤겔 이전까지의 상당한 많은 사상가들이 저지른 오류였

** 존재의 근본을 탐구하는 학문이라는 의미에서의 '형이상학'과 다르게 헤겔은 비변증법적인 모든 것을 '형이상학'이라고 불렀으며 마르크스 역시 이 용법을 따랐다. 앞으로 별도의 언급이 없다면 이 책에서 이야기하는 형이상학은 후자의 의미이다.

다. 헤겔은 서양 사상사에서, 2000년 만에 운동을 통해 존재하는 세계의 변증법적 존재 원리를 다시 밝혀낸 철학자였다.

변증법과 형이상학

각 객체를 단일하고 영원한 것으로 간주하는 형이상학적 오류는 저지르기 쉽다. 여기서 필자는 이러한 오류의 원인으로 인간의 언어 사용을 꼽아본다. 스페인의 알타미라 동굴에 있는 소의 벽화는 소를 굉장히 생동감 있게 묘사했다. 이는 역사시대 이후 나타난 고대 이집트의 소 그림이나 중세시대의 소 그림은 물론, 평범한 현대인의 그림보다도 훨씬 정교하다. 언어가 발달하기 전의 고대인은 소를 각 부분으로 나누어 보는 것이 아니라 소 전체를 하나의 유기체로, 즉 변증법적으로 인식할 수 있었다는 것이다. 그러나 이보다 훨씬 후대의 이집트인들은 이미 충분히 발전한 언어를 가지고 있었고, 따라서 벽에 소를 그린 것이 아니라 소의 '머리', '눈', '뿔', '다리' 등 언어를 통해 표현되는 각 개념을 따로 표현했다. 그리고 이러한 형이상학적 사고방식은 대다수의 현대인 역시 지배적으로 가지고 있다.

한국 진보운동의 대부로 불리는 신영복 교수는 통일혁명당 사건으로 옥살이를 하던 시절, 감옥에서 한 목수를 만났다. 목수는 신영복 선생에게 무언가를 설명하며 땅바닥에 집을 그렸다. 신영복 교수는 목수가 집을 그리는 모습을 보고 충격을 받을 수밖에 없었다. 지붕부터 그리는 대부분의 사람과는 다르게 주춧돌을 먼저 그린 다음 기둥, 들보, 서까래, 지붕의 순서대로, 즉 집을 짓는 순서대로 그림을 그린 것이다(신영복, 2010: 90). 집을 형이상학적으로 보는 이들과는 달리 직접 집을 짓는 그 목수는 집의 전체를 하나로, 변증법적으로 인식했던 것이다.

대부분의 사람들이 인식하기에, 눈은 눈이고 뿔은 뿔이다. 기둥은 기둥이고, 지붕은 지붕이다. 눈이 눈이 아니고 지붕이 지붕이 아닌 것은 생각할 수가 없다. 이는 형식논리학의 기본 3원칙인 동일률, 무모순율, 배중률에서도 나타난다. $A=A$이며, $A \neq \sim A$이고, $A=B$ or $\sim B$라는 것은 상식처럼 보인다. 그러나 이는 A가 하나의 고정된 대상이라고 생각했을 때 발생하는 오류이기도 하다. 지붕은 지붕처럼 보이지만 원래는 기와, 즉 지붕이 아닌 것이었다. 기와는 기와처럼 보이지만 원래는 흙, 즉 기와가 아닌 것이었다. 흙이 다시 어디에서 왔는지를 생각해보면, 지붕은 전 우주와 이어져 있음을 알 수가 있다. 이러한 의미에서 변증법은 '한 알의 모래 속에서 세계를 보는' 것이다. 흙이 기와가 되고, 지붕이 되는 변화를 보지 못한 채 '지붕' 하나에만 집중한다면 대상을 정확하게 파악할 수가 없다. 각 사물을 그 자체로 완성되어 움직이지 않는 개념으로 보던 형식논리학에 이처럼 과정 개념을 도입하여 A가 곧 $\sim A$가 되고, $\sim A$가 곧 A가 되는 변증법의 원리는 헤겔의 '주인과 노예의 변증법'에서 파악할 수 있다.

주인과 노예의 변증법

후일 마르크스가 차용해 계급투쟁을 주장하는 데 영향을 끼치기도 한 헤겔의 주인과 노예의 변증법은 자유에 대한 사고에서 출발한다. 태초에 목숨을 건 투쟁에서 자연을 정복한 소수는 주인이 되는데, 이는 정이다. 반면 목숨을 부지하려고 투쟁을 피한 다수는 노예가 되는데, 이는 반이다. 노예의 인정을 받는 주인은 노예의 노동을 통해 삶을 유지하는 반면, 주인의 인정을 받지 못하는 노예는 주인을 위해 일해야 한다. 이 관계가 지속되면, 하나의 역전이 일어난다. 주인은 노예의 노동 없이 살 수 없게 되는 것이다. 반면 노예는 노동을 통해 자연을 개척하고, 주인이 될 수 있는 조건을 마련하게 된다. 주인이 노예의 노예가 되고, 노예가 주인의 주인이 되는 것이다. 정이 정이 아닌 것이 되고, 반이 반이 아닌 것이 되며, 정과 반이 서로 영향을 주고받아 새로운 합이 되는 것, 이것이 헤겔의 변증법이다.

헤겔은 프랑스대혁명을 보며 주인과 노예의 변증법을 생각했다.* 하지만 마르크스는 이를 보며 부르주아 시대인 자본주의와 이를 지양하는 다음 단계를 생각해냈다. 중세 봉건제가 정이 되고, 그 속에서 나타난 부르주아지가 반이 되어 합인 자본주의 사회를 만들었다면, 다시 자본주의가 정이 되고 그

---

* 혹은, 수전 벅모스 등은 아이티혁명이 주인과 노예의 변증법의 역사적 기원이라고 주장한다. 벅모스(2005) 참고.

속에서 나타난 노동자가 반이 되어 합인 사회주의로 간다는 것이다. 이처럼 합이 새로운 정이 되며 끝없이 운동하는 변증법의 법칙을 '부정의 부정의 법칙'이라고 부르는데, 이는 변화의 동력에 관한 법칙인 '대립물의 투쟁과 통일의 법칙', 변화의 방법에 관한 '양질전환의 법칙'과 함께 엥겔스가 정리한 변증법의 세 가지 법칙 중 하나이다.**

대립물의 투쟁과 통일의 법칙

만물은 변화하며 그 변화의 동력은 모순이다. 서로 모순되는 것이 없으면 변화 역시 일어나지 않는데, 그런 상황은 존재할 수 없다. 이러한 변화는 외부의 힘이 아닌 내부의 동력에 의해 발생하기 때문에, 발전하는 모든 존재는 자신의 내부에 모순을 가지고 있음을 알 수 있다. 존재 내부의 각 대립물은 서로를 지양하는 투쟁을 펼친다. 대립물은 서로가 분리되어서는 존재할 수 없는 통일을 이루면서도 투쟁을 통해 서로를 배제하는 가운데 영향을 주고받으며 서로에게 침투한다.

세계 속에서 나타나는 자연과 인간사회, 헤겔이 파악한 주인과 노예, 자본주의 사회의 자본가와 노동자가 모두 이러한 대립물이다. 작용 없이는 반작용이, 자본가 없이는 노동자가 존재할 수 없다. 서로는 서로에게 모순되는 관계 속에서 서

** 다만, 많은 후대 마르크스주의자들은 사회를 변증법적으로 분석한 마르크스와 달리 이를 법칙화하며, 자연현상에까지 확대 적용한 엥겔스의 작업을 위험한 시도, 마르크스주의의 교조화로 평가하기도 했음을 주의하고 읽을 것.

로를 지양하고자 투쟁하지만, 대립물 중 하나가 사라지면 다른 하나 역시 사라진다. 대립물 간의 투쟁은 결국 두 대립물의 통일을 낳으며 다음 단계로 질적 도약을 펼친다. 이러한 대립물 간의 통일을 통한 질적 변화를 가능하게 하는 것은 양적 변화이다.

양질전환의 법칙

대립물 중에서 하나가 양적으로 성장하면, 상대 대립물을 지양하며 다음 단계로 도약한다. 마치 99도까지는 물로 존재하던 것이 마지막 1도가 높아지는 순간 기체로 변하듯이, 이러한 변화는 순식간에 일어난다.[*] 이러한 양질전환의 법칙은 계급투쟁에서 확인할 수 있다. 주인이 노예보다 더 큰 힘을 가지고 있을 때는 주인이 주인이 되고, 노예는 노예가 된다. 그러나 노예가 양적으로 성장하고, 이 성장을 통해 노예가 주인보다 더 큰 힘을 가진 순간이 되었을 때, 변화는 순식간에 일어난다. 노예의 힘의 양적 성장은 노예가 주인을 지양할 힘을 주고, 이때 사회의 변혁이 일어난다. 노예가 주인의 주인이 되는 순간 주인은 주인으로 존재하지 못한다. 노예 없이는 주인 역시 존재할 수 없기 때문이다. 결국 주인과 노예는 통일을 이루며, 전과는 전혀 다른 새로운 관계가 형성된다. 두 대립물이 통일을

---

[*] 그러나 앞선 각주에서도 언급했듯, 이러한 예시는 때때로 부적절한 것으로 비판받기도 한다. 백훈승(2003) 참고.

이루어 단순한 양적 변화가 아닌 질적 변화를 만드는 것이다. 이는 중세에서 자본주의로 도약할 때 일어났던 변화이고, 또한 자본주의에서 그다음 단계로 도약할 때 일어날 변화이기도 하다. 정과 반의 투쟁으로 합이 된, 한 번 일어난 변화는 다음의 정이 되어 다음의 반을 낳기 때문이다.

부정의 부정의 법칙

스피노자에게 있어 모든 규정하는 것은 부정이다 Omnis determinatio est negatio. 어떤 물체가 a라고 규정되었다면, 그것은 동시에 b와 c, d, ……를 부정하는 것이다. 그러나 a라는 물체가 다른 모든 것을 부정하며 고정된 것으로 규정된다면, 물체의 운동은 불가능하다. 헤겔이 변증법에서 과정의 개념을 도입해 형식논리학의 3대 법칙을 해체하듯, 스피노자의 부정 역시 부정된다. 정명제의 반인 부정이 다시 부정되며 정과 통합되어 지양되며, 기존의 정과 반을 모두 포함한 존재가 되는 것이다.

모든 존재는 모순을 가지고 있고, 이는 정과 반의 투쟁과 통일을 통해 새롭게 등장한 합도 마찬가지이다. 그 합 역시 내부의 모순을 통해 새로운 반을 만들어내고, 다시 한번 투쟁을 펼친다. 중세시대는 지주와 자본가의 대립을 통해 자본주의라는 다음 단계로 나아갔지만, 이 자본주의 속에도 여전히 모순은 존재하기에 언젠가 다음 단계로 다시 도약할 수 있다. 이는 자본주의 이전에도 마찬가지였다. 중세 이전에는 고대 노예제 사회가, 그 이전에는 원시공산제 사회가 있었다. 이 사회들은 내부에 계급투쟁이라는 모순을 가지고 있었기에 다음 단계로 나아갈 수밖에 없었던 것이다. 자본주의 이후에 올, 높은 단계의 공산주의 사회 역시 비록 계급모순은 존재하지 않을지 모르나, 여전히 다른 모순을 가지고 있을 것이다. 그리고 이는 공산주의 이후의 전혀 새로운 새 사회로 향하는 또 한 번의 질적 도약을 이끌 것이다.

2. 유물론

《헤겔 법철학 비판》,《독일 이데올로기》

변증법은 단지 그*에게서 거꾸로 서 있었을 뿐이다. 우리가 그의 변증법에서 신비화된 외피 속에 감추어진 합리적인 핵심을 찾아내려면 우리는 그것을 도로 뒤집어야만 한다.

—《자본 I》(마르크스, 1867: 61)

마르크스와 유물론

기존 철학에서 '유물론'은 주로 존재론적인 의미로 사용된다. 이 맥락에서 유물론은 실재론의, 즉 세계나 자연이 주체의 인식 여부와 무관하게 외부에 독립적으로 존재한다는 철학적 입장의 한 갈래로 구체적으로는 그 세계가 '물질'로 구성되어 있다는 입장이다. 유물론의 반대되는 개념으로는 관념론(혹은 유심론)이 있으며 이는 유물론과 다르게 관념 혹은 정신을 독립적 실재로 본다. 관념론은 또다시 객체를 인식 주체의 주관적 감각에 불과한 것으로 보는 주관적 관념론(유아론)과 각 개인의 주관을 초월하는 객관적 관념을 인정하는 객관적 관념론으로 나뉜다. 또한, 유물론·관념론과 구분되는 의미에

---

*   헤겔.

〈표 3-1〉

물질세계	정신세계
(심신)이원론: 물질세계와 정신세계는 독립적으로 존재한다. 기독교 철학, 데카르트, 칸트 등	
유물론: 물질만이 실재한다. 에피쿠로스, 스피노자❶ 등	관념론: 정신만이 실재한다. 버클리, 흄, 헤겔 등

❶ 스피노자는 연장(물질)과 사유(정신)를 신, 즉 자연(자연 그 자체)이라는 하나의 실체의 두 속성이라고 봤다. 따라서 엄밀한 의미에서 스피노자는 유물론과 관념론을 초월하는 일원론자라고 할 수 있다.

서, 물질 및 정신 모두 독립적으로 실재함을 인정하는 (심신)이원론이 존재한다.*

이상의 내용을 정리하면 〈표 3-1〉과 같다.**

반면 마르크스 철학에서의 '유물론'은 좀 더 협소한 개념으로 쓰인다.*** 마르크스 철학에서 유물론은 인간 의식(물론 인간의 의식 역시 뇌와 신경과 같은 물질요소들로부터 나오는 것이다) 바깥의 물질세계의 존재론적 우위를 주장하는 동시에 역

---

* 그러나 이 분류는 각 철학자의 입장마다, 구체적 맥락마다 다르게 사용될 수 있다.
** 그러나 이 분류는 각 철학자의 입장마다, 구체적 맥락마다 다르게 사용될 수 있다.
*** 엄밀하게 따지면 마르크스주의의 '유물론'은 기존 철학사에서의 용어와 다른 개념은 아니다. 레닌의 《유물론과 경험비판론》 및 이에 대한 해설서인 도미니크 르쿠르의 《레닌의 철학적 전략: (거울 없는) 반영에서 (주체 없는) 과정으로》 참고. 후자는 1995년 《유물론-반영론-리얼리즘》이라는 제목으로 번역되었다.

사발전에서의 물질의 관념에 대한 우위를 의미한다. 이는 《독일 이데올로기》에 나오는 모든 역사의 제1 전제, "인간은 '역사를 만들' 수 있기 위해서는 먼저 생활할 수 있어야 한다"(마르크스, 1846: 63)에서 잘 표현된다. 모든 역사적 활동은 무엇보다도 자신과 다음 세대를 재생산하기 위한 물질적 조건을 마련하는 데서 시작하며, 당대의 물질적·경제적 조건을 초월하여 존재할 수는 없다는 것이다. 따라서 이러한 마르크스의 유물론은 '역사유물론'이라고 명명되기도 한다.

물구나무를 선 철학자

칸트는 인간과 물자체의 근원적인 분리를 이야기하며, 인간은 물자체인 세계의 본 모습을, 따라서 신의 의지를 결코 알 수 없을 것이라고 생각했다. 이러한 칸트에게 명제에 대한 반론을 통해 진리에 다가간다는 변증법은 불가능한 것이었다. 세계를 구성하는 원리를 인간이 이해할 수는 없기 때문이다. 따라서 칸트는 물자체가 아닌, 그 물자체를 바라보는 존재인 인간의 이성을 연구하는 방향으로 나아갔다. 반면, 헤겔은 칸트가 멈춰선 여기에서 자신의 논의를 시작했다. 비록 인간은 물자체를 보지 못해 변증법을 구사할 수 없지만, 인간 이성을 초월하는 신의 의지, 즉 절대정신은 자신만의 변증법을 통해 역사를 구현해나간다는 것이다.

헤겔이 역사를 분석하며 도출한 절대정신은 바로 '자유'였다. 태초부터 존재한 자유라는 절대정신이 스스로의 내부에서 일어나는 정과 반의 투쟁, 대립물의 투쟁과 통일을 통해 인간의 세계 속에서 점점 자신을 세워나갔다. 헤겔이 보기에 역사는 마치 동쪽에서 서쪽으로 해가 떠오르듯이, 오직 한 사람의 황제만이 자유로웠던 아시아적 세계에서 노예를 소유한 소수의 시민이 자유로운 고대 그리스와 로마의 세계를 거쳐, 모두가 자유로운 게르만의 근대로 이동하는 것이었다. 이러한 역사는 이성의 간지*를 통해 자신의 의지를 관철해나간다. 카이사르가 아시아적 세계에서 로마를 세웠듯이, 혹은 그가 "말을 탄 세계정신"이라고 불렀던 나폴레옹이 "모든 인간이 자유로운" 근대 세계를 세웠듯이 절대정신은 자신의 의지를 역사적 인물에게 투영해 역사 속에서 자유를 확대하며 자신을 확립한다. 역사의 방향은 인간이 바꿀 수 있는 것이 아니었으며, 각 인간은 신의 의지에 따라 정해진 목적을 세상에 표현하는 장기말에 불과한 것이다.

따라서 헤겔은 절대정신의 구현이자 인류의 총체인 국가를 통해 역사를 파악했다. 그는 가족에서 시작하여 시민사회, 국가를 차례로 분석했다. 마르크스는 헤겔이 변증법을 통해 전체 사회를 고정된 것으로 보지 않고 능동적으로 파악한 점은 높게 평가했지만, 결정적으로 이 점에서 헤겔이 사회를 관념론적으로, 거꾸로 파악했다고 봤다. 그는 헤겔과 같이 머리로 선 관념론이 아닌 유물론으로 사회를 분석하며, 생산력에

---

* 奸智, 간사한 의지.

서 시작해 생산관계, 그리고 마지막으로 이 두 물질적 요소에 의해 규정되고 한계 지어지는 이데올로기적 형태들과 그 속에서 나타나는 투쟁의 장인 국가를 분석했다. 마르크스가 보기에 시민사회와 국가는 물질적인 생산력과 생산관계라는 기반 위에서, 이에 조응하는 형태를 가질 뿐이었다.

3. 포이어바흐에 관한 테제

《경제학 철학 수고》, 〈포이어바흐에 관한 테제〉

(포이어바흐를 포함한) 이전까지의 모든 유물론의 주된 결점은 현실대상 Gegenstand**, 현실, 감성이 오로지 객체, 혹은 사고의 형태로만 파악되고 있으며, 감성적인 인간 활동, 실천으로서, 주체적으로 파악되지 않았다는 점이다.**

—〈포이어바흐에 관한 테제〉(마르크스, *CW* 5: 3)

포이어바흐와 마르크스

1804년에 태어난 청년헤겔학파 루트비히 포이어바흐는 당시의 대표적인 유물론 철학자 가운데 한 명이었다. 인간과 물자체를 분리시킨 칸트에 맞서 헤겔은 기존과는 다른 변증법을 정립했다. 헤겔의 새로운 변증법 속에서 인간이 인식하는 바는 곧 존재와 동일해진다. 그러나 포이어바흐는 헤겔이 이야기하는 사유와 존재의 동일성이 단순히 사유 속에서 벌어지는 일임을 지적한다. 자기 자신을 이미 진리라고 확신하는 사유가 동어반복하는 말장난에 지나지 않는다는 것이다. 포이어바흐는 헤겔과 같은 사변철학이 아니라, 자연철학에서 시작할 것을 주장한다. 즉 관념이 아닌 물질이 근원이 되는 유물론을 말이다.

청년 시절의 마르크스와도 활발히 교류했던 그의 대표적

인 학문적 성과는 기독교 비판이다. 1841년 출간한 《기독교의 본질》에서 포이어바흐는 헤겔이 관념론적으로 사용했던 '소외' 개념을 사용해 신을 비판했다. 포이어바흐에 따르면 기독교의 신이란 이상화된 인간, 즉 유적 존재로서의 인간의 본질(인간다움)을 대상화하고 외화한 것에 불과하다. 신이란 외부에 실재하는 어떤 초월자가 아니며, 인간을 인간으로 만드는 마음, 의지, 사유라는 세 가지 속성이 객관화되어 형성된 것이다. 그러나 포이어바흐는 이러한 인간의 피조물인 신이 다시 인간을 지배하며 문제가 발생했다고 이야기한다. 신을 창조한 인간이 오히려 신의 피조물인 것처럼 전도되며, 종교를 통해 인간이 신의 노예가 되어 인간다움을 잃고 소외당하는 것이다.

마르크스 역시 1844년 《경제학 철학 수고》에서 포이어바흐의 이러한 도식을 차용하며 노동자의 소외를 설명했다. 상품을 생산한 노동자가 다시 자신의 생산물로부터 소외되고, 자본주의 경제에 의해 고통받는다. 이를 해결하기 위한 출발점은 마치 포이어바흐가 기독교를 비판했듯, 자본주의 '비판'을 통해 실은 노동자가 사물을 생산하는 존재라는 본질을 밝히는 것이다. 그리고 이 '비판'을 통해 본질과 유리되어 나타난 소외라는 현상을 개념에서부터 다시 노동자의 본질과 통일시키며, 잃어버린 노동자의 본질을 회복하는 것이었다.

흔히 마르크스는 헤겔의 변증법과 포이어바흐의 유물론을 계승했다고 이야기한다. 물론 마르크스가 이 두 위대한 철학자로부터 많은 영향을 받은 것은 누구도 부정할 수 없는 사실이다. 그러나 마르크스는 이 두 사상가의 철학을 단순히 종합하기만 한 것은 아니다. 1845년 작성한 짧은 글귀, 〈포이어바흐에 관한 테제〉는 기존과는 다른 '마르크스주의 철학'의 시작이었다. 놀랍게도 마르크스는, 이 글에서 자신이 불과 1년 전까지 《경제학 철학 수고》를 통해 견지했던 의견을 완전히 뒤집는다.

포이어바흐에 관한 테제

〈포이어바흐에 관한 테제〉는 마르크스가 포이어바흐의 《기독교의 본질》을 읽으며, 《독일 이데올로기》 제1장 초고 여백에 짤막하게 낙서한 11개의 수고이다. 《독일 이데올로기》와 마찬가지로 이는 마르크스의 생전에는 출간된 적이 없으며, 다만 엥겔스 역시 사망한 지 오래인 1932년 출간된 《독일 이데올로기》와는 다르게 1888년 엥겔스에 의해 약간의 수정을 거친 채 《루트비히 포이어바흐와 독일 고전철학의 종말》의 부록으로 처음 세상에 나왔다.

이 글에서 마르크스는 포이어바흐의 '낡은' 유물론을 비판한다. 말하자면, 포이어바흐는 그 자체가 비판의 대상이 될 뿐만 아니라, 또한 낡은 유물론을 완성한 철학자로서 기존의 모든 유물론자를 대표해 소환된 것이다. 그렇다면 기존의 유물론과 마르크스의 변증법적 유물론을 구분 짓는 특징은 무엇일까? 첫 번째 테제에서 그 단서를 찾을 수 있다.

(포이어바흐를 포함한) 이전까지의 모든 유물론의 주된 결점은 현실대상Gegenstand, 현실, 감성이 오로지 **객체,** 혹은 사고의 형태로만 파악되고 있으며, **감성적인 인간 활동**, **실천**으로서, 주체적으로 파악되지 않았다는 점이다. 이런 이유로, 유물론과 상반되게, **활동적** 측면은 관념론—이는, 물론, 실재를, 감성적인 활동 그 자체를 알지는 못한다—에 의해 추상적으로 전개될 수밖에 없었다. (CW 5: 3)

포이어바흐는 사유와 존재가 동일하게 되는 헤겔의 변증법에 맞서 존재를 바라보는 관조의 유물론을 주장했다. 하나의 본질이 그 존재 속에 있으며, 그 본질을 정확하게 꿰뚫어 보는 것만으로 문제를 해결할 수 있다는 사상은 포이어바흐의 기독교 비판뿐만 아니라 이에 영향을 받은 초기 마르크스의 소외론에서도 나타난 바였다. 그러나 이 사상에는 주체의 실천, 주체와 대상 간의 변증법적 관계라는 헤겔 변증법의 핵심이 빠져 있다. 포이어바흐는 구정물을 버리려다 욕조 속 아기까지 같이 버리고 말았다.

게다가 포이어바흐와 초기 마르크스가 주장하는 본질과 소외된 상태라는 이분법은 도대체 소외되지 않은 그 '본질'이 무엇인지 대답을 요구한다. 그러나 이는 절대 대답할 수 없는 질문이다. 역설적으로, 역사 속에서는 '본질'적인 상태가 존재했던 적이 없으며, 오직 예외적 상황이어야 할 소외된 상태만이 나타났기 때문이다. 여기에서는 인간이 인간적 본질로부터 소외되는 이유는 인간의 본질이 소외되는 것이기 때문이라는 동어반복적인 이야기밖에 가능하지 않다. 이는 6번 테제에서 잘 드러난다. 마르크스는 그곳에 "포이어바흐는 종교적 본질을 **인간적** 본질로 해소한다. 그러나 인간적 본질은 각 개인에게 내재하는 추상물이 아니다. 현실에 있어 그것은 사회적 관계들의 앙상블이다"(CW 5: 4)라고 쓰고 있다. 자신이 불과 한 해 전까지 썼던 것과는 다르게, 현존하는 사회적 관계 그 바깥에 애초에 따로 존재하는 본질이라는 것은 없었다는 말이다.

바로 직후 마르크스는 현실의 사회적 관계에 대한 비판까지 나아가지 못하고, 하나의 추상적인 인간을 수동적·감성적으로 관조함으로써 문제를 해결하고자 하는 포이어바흐를(그리고 어쩌면 한 해 전 자신을) 비판하며 실천의 유물론을 주장하고자 한다. 마르크스 이전까지의 유물론들은 소위 '기계적 유물론'이라 불린다. 즉 인간을 포함한 모든 존재는 물리적 존재이므로, 마치 정해진 방향대로 차례차례 움직이는 기계와 같이 모든 구성 요소의 초기 조건만 알면 그 결과를 예측할 수 있다는 결정론적 유물론이다. 비록 포이어바흐는 기존의 기계적 유물론자들과 자신을 구별 지으려 했으며, 인간학적 요소를 강조했으나 결정적으로 이를 관조하는 데 그쳐 종래의 유물론과 완전히 단절하지 못했다. 따라서 이들의 유물론에서는, 결과가 이미 정해져 있기에 인간의 실천이 들어갈 자리는 없었다.

그러나 9번 테제에서 마르크스는 실천적 활동을 파악하

지 못하는 기존의 유물론의 최고 정점은 기껏해야 개별 개인들과 부르주아 사회를 그저 바라보는 것에 그친다고 이야기하며, 실천적 유물론을 주장하고자 한다. 놀랍게도 이는 포이어바흐를 포함한 기존의 유물론자들이나 마르크스 이전까지의 고전 정치경제학자들에게만 해당하는 비판이 아니다. 현대 주류 경제학 역시 사회 전체가 아닌, 합리적으로 행동하는 개별 경제주체(호모 에코노미쿠스homo economicus)라는 가정에서 출발한다. 많은 주류 경제학자들이 드는 예시처럼, 무인도에 홀로 떨어진 로빈슨 크루소가 한정된 자원과 시간을 사냥에 투입할지, 집짓기에 투입할지, 여가에 투입할지 결정하는 데서부터 출발해 하나둘 사람이 많아지고 교환이 발생하며 경제학이 나타난다는 것이다. 이런 주류 경제학의 결론은 단순히 존재하는 사회적 현상을 분석(관조)하는 것에 그치며, 어떻게 이를 주체적으로 바꿔나갈지에 대한 이야기는 거의 하지 않는다.

마르크스가 10번과 11번 테제에서 각각 쓴 것처럼, "낡은 유물론의 관점은 [기껏해야] 부르주아 사회인 반면, [실천적·혁명적인] 새로운 유물론의 관점은 인간적 사회, 혹은 사회적 인류이다"(*CW* 5: 5). "지금까지 철학자들은 단지 세계를 해석해왔을 뿐인데, 중요한 것은 세계를 바꾸는 것이다"(*CW* 5: 5).

4장

마르크스주의 역사학

지금까지의 모든 사회의 역사[*]는 계급투쟁의 역사이다.

―

《공산주의 선언》
(마르크스·엥겔스, 《선집》 1권: 400)

* 원시시대를 제외한 글로 쓰인 역사만을 의미.

1. 계급과 국가의 탄생

《가족, 사유재산, 국가의 기원》

한마디로 말해서 씨족제도의 종말이 다가온 것이다. 사회는 나날이 커져 씨족제도의 울타리를 벗어나고 있었다. 눈앞에서 벌어지는 최악의 폐단조차 씨족제도는 억제하지도 제거하지도 못했다. 그러는 동안에 국가는 슬그머니 발전했다.

―《가족, 사유재산, 국가의 기원》(엥겔스, 1884: 197)

원시공산제

흔한 오해와는 다르게, 차별과 경쟁은 인류의 본성이 아니며 따라서 초기의 인류는 평등하고 평화로웠다. 300만 년이나 되는 인류 역사 중에서 계급이 존재했던 시기는 1만 5000년 정도로, 계급이 없었던 원시공산제 시기보다 훨씬 짧다. 실제로 한 인류학 연구에 따르면, 1956년 존재했던 590개의 사회 중 64%는 전쟁이 존재하지 않거나 비호전적인 사회였다(Fry, 2006: 97. 더마토, 2006: 331.에서 재인용). 계급의 탄생 조건은 잉여생산물인데, 원시시대의 미발달한 생산력은 계급을 뒷받침할 정도의 생산력이 되지 못했던 것이다. 이러한 상황에서는 공동체 구성원 전체에 의한 생산수단의 관리가 필수적이었다. 효과적인 생존을 위해서는 경쟁이 아닌 협력이 필요했다. 저장하거나 빼앗을 수 있는 잉여생산물이 부재하니 집단 간 전쟁 역시 드물었고, 따라서 국가권력도 불필요했다. 마르크스는 북아메리카 인디언의 한 부족인 이로쿼이족을 연구한 루이스 헨리 모건의 《고대 사회》를 읽으며 원시공산제에 대한 생각을 구체화했고, 이는 이후 엥겔스에 의해 《가족, 사유재산, 국가의 기원》에서 정리된다.

계급의 탄생

사람이 동물을 가축화하며 변화가 시작되었다. 목축 부족과 비목축 부족이 분리된 '최초의 커다란 사회적 분업'이 시작된 것이다. 동물이 가축화되며 동시에 농경이 급속도로 발전하고, 이에 맞춰 금속 가공 등의 기술도 발달했다. 이제 씨족공동체에 의해 공동으로 관리되던 농작물, 토지, 동물 등은 점차 각 가정의 사유재산으로 집중되었으며 이는 빈부격차를 낳았다. 처음으로 계급의 맹아가 생긴 것이다.

이 과정에서 '여성의 세계사적 패배' 역시 함께 일어났다. 이전까지의 원시공산제 사회에서는 성별에 따른 분업이 있었을지언정,* 그것이 지위의 차이로까지 나타나지는 않았다. 하지만 급격한 생산력의 발전을 가능하게 했던 가축은 남성의 관리하에 있었고, 결국 이를 통해 나타난 잉여생산물 역시 남성의 소유가 된 것이다. 남성과 여성의 자유로운 결합 관계 속

---

* 그러나 최근의 연구에는 원시시대 '수렵하는 남성과 채집하는 여성'이라는 구분은 존재하지 않았으며, 성별에 따른 분업 자체가 신화라는 주장도 있다. Anderson(2023) 참고.

에서 잉여생산물을 가지게 된 남성은 이를 확실한 자신의 자식에게 물려주고 싶다는 욕구를 가지게 되었고 이는 여성이 남성에게 종속된 일부일처제적 가부장제 가족을 탄생시켰다.

국가의 탄생

생산력의 발전은 생산관계를 바꾸었다. 빈부의 격차는 지배계급과 피지배계급을 낳았다. 계급투쟁이 시작되었고, 지배계급은 피지배계급을 통제할 필요가 있었다. 그들은 피지배계급에게 자신들의 지배를 정당화할 이데올로기를 생산했다. 이러한 과정들은 평등을 기반으로 하는 기존의 씨족제도 내부에서는 불가능했다. 국가가 탄생한 것이다.

엥겔스는 《가족, 사유재산, 국가의 기원》에서 아테네 국가의 탄생을 필두로** 국가 일반의 탄생 과정을 분석한다. 계급의 분화는 기존의 씨족공동체라는 틀을 낡은 것으로 만들었다. 군사기관이 등장했으며, 시민들이 참여하는 평의회는 과거의 씨족공동체처럼 민주적인 듯 보이지만, 빈부격차 및 노예제의 확대와 함께 피지배계급인 노예를 억압하는 수단이 되었다. 지배계급은 폭력을 전체 사회구성원에게서 빼앗아 국가에 예속된 것으로 만들었다. 국가는 군대 등의 억압적 장치를 통해 구성원들을 보호하고 치안을 유지하며 자신의 정당성을

** "아테네는 가장 순수하고 가장 전형적인 형태를 보여준다. 즉 거기에서는 국가가 씨족사회 자체 내부에서 발전한 계급 대립으로부터 직접 또는 주로 발생했다"(엥겔스, 1884: 293).

확보하지만, 그 본질은 피지배계급에 대한 억압이다. 지배계급의 헤게모니가 흔들려 피지배계급이 지배계급에 대항하는 결정적 순간, 국가장치는 기존의 질서를 지키기 위한 폭력으로 작동한다. 그리고 마르크스는 《공산주의 선언》에서, 그러한 투쟁은 "매번 사회 전체가 혁명적으로 개조되는 것으로 혹은 투쟁하는 계급들이 함께 몰락하는 것으로 끝난"(《선집》1권: 400)다고 이야기했다.

2. 전자본주의 단계

《독일 이데올로기》, 《가족, 사유재산, 국가의 기원》

대체로 말해 아시아적, 고대적, 봉건적 그리고 현대 부르주아적 생산양식이 사회의 경제적 발전의 진보를 나타내는 시대들로 규정될 수 있을 것이다.
—《정치경제학 비판을 위하여》(마르크스, *CW* 29: 263)

아시아적 생산양식

아시아란 고대 그리스에서 동방의 지역들을 가리키는 말로, 그 어원에 대한 의견은 분분하지만 메소포타미아어(아카드어)에서 동쪽을 뜻하는 단어 아수Asu에서 유래했다는 학설이 유력하다. 그 유래에서부터 지리적 개념으로서의 아시아는 그 자체로 특정 지역을 지칭하기보다는, 유럽과의 비교 속에서 동쪽 저 멀리 있는 유럽 이외의 땅을 가리키는 단어인 것이었다. 이러한 인식은 근대까지도 이어져 계몽주의 시대 많은 사상가는 지리적 개념인 '아시아'를 아직 계몽되지 않은 전근대적 사회를 나타내는 용어로 사용하기도 했다. 몽테스키외는 아시아 지역을 '동양적 전제주의'로 지칭하며, 아직 계몽되지 않아 전제정 치하의 인민들은 무권리 상태로 존재한다고 지적했다. 헤겔 역시 이러한 몽테스키외의 인식을 이어받았는

데, 그에게 동양은 고대 중국의 황제정과 같이 오로지 단 한 사람만이 자유로우며 그를 위해 나머지 모든 인민이 억압당하는 사회였다.

마르크스는 헤겔의 이러한 관점을 일부 수용했다. 그가 규정한 '아시아'는 전근대의 서유럽과는 다르게 개인이 법적 주체로서 존재할 수 없는 사회였다. 생산수단인 토지는 개인의 소유가 아닌 공동체(국가)의 독점 소유로 나타나며, 따라서 개인은 공동체와 분리된 상태로는 토지를 소유하거나 점유하는 생산 주체가 될 수 없는 것이다. 국가는 토지의 독점 소유를 바탕으로 강력한 정치력과 군사력을 확보하는 한편, 주기적인 치수 사업을 통해 토지에 대한 통제력을 유지한다. 이 과정에서 세습적 전제 군주는 공동체의 유일한 주권자로서 세금을 통해 인민들의 잉여가치를 수탈한다.

초기의 마르크스에게 아시아적 생산양식은 타파해야 할 부정적 사회였다. 아시아적 생산양식에는 자립된 개인이 존재하지 않기에 계급투쟁을 통한 역사발전이 불가능하며, 변화는 외부의 충격을 통해서만 가능하다. 그러나 이 장의 '더 읽어보기' 파트에서 볼 수 있는 〈자술리치에게 보낸 편지〉 등과 같은 후기의 저작에서는 다른 관점이 나타난다. '아시아적 생산양식 〉 노예제 〉 농노제 〉 자본주의'라는 단선론적 도식에 따라 아시아적 생산양식을 가장 미개한 단계로 사고하는 대신, '노예제 〉 농노제 〉 자본주의'를 거친 서유럽과는 다르게 동양에서는 아시아적 생산양식이라는 전혀 다른 사회가 존재했으며,

따라서 자본주의로의 이행이 아닌 새로운 역사가 진행되었을 가능성이 있었다고 인정하는 것이다.* 그리고 마르크스주의 해석에 있어 전자 대 후자라는 논쟁은 아직 끝난 것이 아니다. 스탈린 시기 소련은 아시아적 생산양식을 전자의 의미로 이해하며 아시아의 역사를 해석하는 데는 부적절한 개념으로 규정했다. 반면 20세기 초 일본의 마르크스주의자들은 이를 후자로 규정하여, 마르크스주의의 틀 속에서 아시아적 생산양식에 긍정적인 의미를 부여하고자 하기도 했다. 이러한 흐름은 이 책의 1장 6절에서 살펴본, 동시대의 일본 마르크스주의자 사이토 고헤이 등에게까지 이어지고 있다.

고대 노예제

마르크스와 엥겔스의 연구에서, 서유럽에서 노예제는 고대 그리스와 로마에 존재했다. 그리스와 로마 내부에도 농민들이 존재했지만, 그들은 본인과 가족들의 삶의 재생산을 위해 농산물을 생산했을 뿐이었고 따라서 농민이 창출하는 잉여가치는 사회 전체의 잉여가치 중에서 매우 적은 비율만을 차지했다. 고대 시기의 잉여가치의 원천은 대부분 도시의 시민 혹은 귀족들이 소유한 노예였다.

농노, 혹은 이후의 다른 피지배계급들과 구분되는 노예만

---

* 물론 서유럽에서 나타난 자본주의가 세계를 시장경제로 재편하며 아시아적 생산양식의 잠재력은 사라졌다고 봐야 할 것이다.

의 특징은 주인에 의한 완전한 예속이다. 노예는 지배자의 개인적 소유물이었다. 노예에게 자신의 노동생산물에 대한 소유는 불가능했으며, 따라서 재산을 축적해 생산수단을 구할 가능성도 없었다. 상업을 통해 부르주아가 될 수 있었던 중세시대 농노와 다르게 계급 이동의 가능성이 원천부터 차단되었던 것이다. 또한, 노예는 하나의 인격체가 아닌 재산으로 취급되었기에 각 노예의 재생산은 오로지 주인의 몫이었다. 마르크스는 이러한 점 때문에 노예계급은 처음부터 스스로를 해방할 힘이 없었으며, 아시아적 생산양식과 마찬가지로 노예제 사회 역시 오로지 외부로부터의 충격에 의해서만 바뀔 수 있었다고 파악하기도 했다.

고대 노예제 사회는 그 사회 바깥의 비-노예제 사회의 존재를 필연적으로 요구했다. 다음 세대의 노예를 재생산하고, 노동이 가능한 수준까지 키우기 위해서는 많은 투자가 필요했는데, 이는 노예제 사회 외부의 농민들을 노예화함으로써 가능했기 때문이다. 고대 그리스는 전쟁 포로를 노예화하거나, 신용제도를 바탕으로 채무를 갚지 못하는 농민들을 채무노예로 만드는 등의 방법을 통해, 로마는 전쟁을 통해 외부의 소농들을 정복노예로 전락시키며 이를 가능하게 했다. 어떠한 방법을 쓰든, 노예제 사회가 지탱되기 위해서는 끊임없는 확대가 필요했다. 그러나 당연히 무한한 확대는 불가능했고 이러한 모순은 노예제 사회의 붕괴를 불렀다.

중세 봉건제

그리스와 로마제국이 번영하던 당시, 제국 바깥에는 또 다른 사회구성체를 가진 게르만족과 갈리아족 등이 존재했다. 그들은 게르만적 생산양식이라고 불리는, 독립된 가족이 촌락 공동체의 소유하에 있는 일정한 농지를 점유해 가족의 재생산을 영위하는 생산양식을 가지고 있었다. 게르만족이 내부 모순으로 취약해진 서로마제국을 점령한 이후, 두 생산양식은 하나로 합쳐져 서유럽의 봉건제를 탄생시켰다.

로마 말기의 모순들과 게르만족의 침략은 로마가 전성기 시기에 꽃피웠던 생산력을 퇴보시켰다. 이는 인구 감소로 이어졌으며, 봉건적 소유와 토지에 예속된 소농을 탄생시켰다. 영주로부터 일정한 땅을 위임받은 소농은 노예와는 다르게 생산활동에 있어 일정 정도 자치권을 부여받았으며 생산물 중 일부를 자신과 가족을 위해 사용할 수 있었지만, 여전히 신분적으로는 예속되어 있었고 생산물 중 일부를 지주에게 바쳐야만 했다. 사회에서 생산되는 잉여가치, 즉 자신과 가족의 삶을 재생산하는 데 필요한 필요노동을 제외한 나머지 노동은 모두 각 지역을 다스리는 봉건 영주와, 그 정점에 존재하는 군주에게 귀속된 것이다. 그래도 주인의 소유물로 간주되었던 노예와는 다르게 지주-농노 관계는 명분상으로나마 상호 계약에 의한 관계였으며(영주는 땅과 보호를, 농노는 생산물을 제공한다) 소농의 경영권이 보장되었다. 봉건제 사회는 어떠한 의미에서는 노예제 사회보다 진보한 형태였다.

중세의 각 지역은 서로 고립적으로 존재했다. 따라서 독일 농민전쟁과 같이 농촌에서 시작된, 지배계급에 맞선 여러 반란이 존재했으나 이는 다른 지역으로 퍼지지 못하고 실패했다. 이러한 현상은 시장의 발달로 자본주의의 맹아가 싹트며 변화를 맞았다. 상품시장의 확대는 기존에는 존재하지 않았던 상인계층을 만들었다. 그들은 영주가 다스리던 농촌에서 벗어나 도시를 탄생시켰다. 항해술과 해외 무역이 발달하며 이러한 상품시장이 커지자 분업이 확장되어 각 도시는 연결되었다. 각 도시의 상인들이 농촌 귀족에 맞서 하나로 연대하며 공통의 이해관계를 가진 하나의 계급, 시민계급을 탄생시켰다. 부르주아계급의 등장이었다.

> 더 읽어보기

이오시프 스탈린 《변증법적 유물론과 역사적 유물론》 & 카를 마르크스 〈자술리치에게 보낸 편지 초안〉

이오시프 스탈린(1878~1953)의 가장 대표적인 저서 《변증법적 유물론과 역사적 유물론Dialectical and Historical Materialism》(일명 DIAMAT)은 흔히 스탈린주의라고 불리기도 하는 마르크스-레닌주의의 교리문답집이다. 마르크스주의 역사학 하면 생각나는 역사발전의 5단계설, 즉 역사가 원시공산제, 고대 노예제, 중세 봉건제, 자본주의를 거쳐 궁극적으로 사회주의로 이행한다는 이론은 마르크스의 저서 《정치경제학 비판을 위하여》 서문에서 처음 그 얼개가 등장했지만, 하나의 법칙으로 정식화된 것은 스탈린의 《DIAMAT》에서였다.

스탈린의 이러한 역사발전 5단계설은 독일과 소련 등에서 현실 정치에 있어 여러 오류를 낳기도 했다. 스탈린이 보기에 앞의 네 단계가 역사에서 필연적으로 도출되었듯이, 자본주의 이후 단계인 사회주의 역시 기다리면 자동으로 등장하는 체제였다. 따라서 스탈린에게 가장 중요한 과제는 혁명의 수출이 아니라 소련의 보위였다. 다른 자본주의 국가들 역시 언젠가는 무너져 사회주의화될 것이 분명했기에, 괜히 다른 나라의 혁명을 돕기보다는 이미 만들어진 소련을 그때까지 확실히 방어하는 게 더욱 중요했던 것이다. 이러한 결론에 도달한 스탈린은 미국과의 체제 경쟁에서 승리하기 위해 소련의 경제개발에 전력을 쏟았고, 이는 권위적인 중공업 우선의 경제개발 5개년 계획을 낳았다. 노선은 달랐지만, 독일사회민주당 역시 이러한 단선론적 사고로 자본주의의 자동 붕괴와 사회주의의 필연성을 맹신하다가, 원내 일당이 되고도 우유부단한 태도를 보여 급격하게 성장한 히틀러의 파시즘에 권력을 그대로 넘겨주기도 했다.

　러시아의 혁명가 자술리치는 마르크스에게 러시아에서의 혁명의 가능성에 관해 묻는 편지를 보냈다. 결국 자술리치에게 보내지는 못했던 마르크의 답장 초안은 스탈린과 같은 이러한 단선론적 사고를 부정한다. 편지에서 그는 봉건제를 거쳐 자본주의로 나아가는 자신의 역사관은 서유럽의 역사만을 분석한 것이며, 이미 지나간 서유럽사를 후술한 것에 불과하지 인류의 모든 역사가 기필코 이 단계를 따른다고 이야기한 것은 아니라고 강조한다. 헤겔의 영향을 받은 마르크스는 '아시아적 생산양식'이라는, 서유럽의 봉건제와는 전혀 다른 생산양식의 존재를 인정했다. 또한, 공동으로 경작하는 러시아의 촌락공동체 미르를 언급하며, 러시아가 자본주의를 거치지 않고도 서유럽의 은행과 철도 제도 등을 수입했던 것처럼 사회주의혁명 역시 자본주의를 거치지 않고 가능하다고 이야기하기도 했다. 국내적으로는 이미 존재하는 공산共産 공동체를 기반으로 하는 한편 서유럽에서 높은 생산력을 수입하여 곧바로 사회주의로 나아가면 된다는 것이다. 다만, 마르크스는 이때에도 러시아의 사회주의혁명을 유지하기 위해서는 발전된 생산력을 가진 서유럽의 혁명이 뒤따라주어야 할 것이라고 덧붙였다.

3. 자본주의의 시작

《독일 이데올로기》,《공산주의 선언》,《자본 I》

이 생산수단들 및 교류 수단들의 특정 발전 단계에 이르러, …… 봉건적 소유관계들은 이미 발전한 생산력들에 더 이상 조응하지 않게 되었다. …… 그것들은 분쇄되어야 했으며, 분쇄되었다.

—《공산주의 선언》(마르크스·엥겔스,《선집》1권: 405)

자본주의와 전자본주의 단계의 차이

자본주의는 광범위한 상품시장의 등장과 함께 시작되었다. 이전까지와는 다르게 사람들은 본인이 사용하기 위해서가 아니라 교환하기 위해서 공산품을 만들기 시작했다. 전자본주의 단계인 중세시대에 농민들은 본인과 가족의 재생산을 위해서, 혹은 지주에게 바치기 위해서만 농산물을 생산했고, 장인들은 우선 주문을 받은 후 기구들을 만들었다. 그러나 해외 무역의 발달과 함께 상품시장이 등장하며, 우선 생산하고 나중에 파는 자본주의적 상품 생산이 시작된 것이다. 이러한 상품시장 속에서의 경쟁은 자본의 순환과 확대를 낳았고, 결국 소규모 매뉴팩처 단계를 지나 기계제 대공업으로까지 이어졌다.

마르크스는 《자본》 1권에서 자본주의와 전자본주의 단계의 차이를 생산과 소유의 측면에서 정리한다.* 이를 정리하면

〈표 4-1〉

	전자본주의	자본주의
생산	개인적 노동	사회적 노동
소유	개인적인 사적 소유	자본주의적 사적 소유

〈표 4-1〉과 같다.

자본주의가 이전 시대들과 다른 점 중 하나는 협업과 분업**을 통한 사회적 생산이 시작되었다는 것이다. 애덤 스미스 역시 그의 저서 《국부론》에서 설명했듯 자본주의의 사회적 생산과 분업은 생산력의 기하급수적 확대를 불렀다. 그러나 생산의 이러한 변화에도 불구하고, 사적 소유라는 형식은 크게 바뀌지 않았다. 분업을 통해 늘어난 생산량을 모두 자본가가 가져가게 된 것이다. 그리고 이를 가능하게 하기 위해서는 한 가지가 필요했다. 마르크스가 《자본》 1권의 마지막 편에서 '자본의 본원적 축적'이라 부르며 설명한 역사적 과정 말이다.

자본의 본원적 축적

대공업은 프롤레타리아를 필요로 했다. 자신의 노동력을

---

* 자본주의 이후의 단계는 7장 '마르크스주의 정치학' 중 2절 '혁명 이후의 모습'에서 다시 알아볼 것이다.
** 협업은 단순히 여러 노동자가 한 작업장에 모여 생산하는 것을, 분업은 생산 과정을 나누어 각 노동자에게 분배하는 것을 의미한다.

상품으로 판매하며 살아가는 프롤레타리아는 마르크스가 '이중의 자유'라고 부르는 두 가지 조건에서만 나타날 수 있는 계급이다. 두 가지 자유란 토지로부터의 속박에서 벗어나 자본가와 개인적으로 계약할 수 있는 자유, 즉 신분적 자유와 생산수단으로부터의 자유, 즉 생산수단으로부터의 박탈 혹은 '굶어 죽을 자유'를 의미한다. 이는 사회의 대다수를 차지했던 소농들을 토지에서 분리시키고, 국유지 및 공유지를 개인의 사유지로 전화시킴으로써 가능했다.*** 마르크스는 《자본》 1권에서 "교회령의 강탈, 국유지의 사기적 양도, 공유지의 약탈, 횡탈적이고 무자비한 폭행에 의해 이루어진 봉건적 소유와 씨족적 소유의 근대적 사유****로의 전화"(마르크스, 1867: 986-987) 등을 그 방법으로 꼽았다. 가장 대표적인 사례로는 영국에서 양모산업의 확대로 촉발되었던 인클로저운동을 들 수 있다. 당시 상업의 발달로 세계시장이 연결되고, 영국의 양모가 다른 나라에 수출되기 시작하며 가격이 폭등하자 귀족들은 기존의 경작지를 목양지로 전환했다. 자신의 땅에 울타리를 치는 인클로저운동이 시작된 것이다. 기존의 농경지에서 쫓겨난

*** 《자본》 1권의 첫 문장에서 볼 수 있듯이, "자본주의적 생산양식이 지배하는 사회에서 부는 하나의 '거대한 상품집적'으로"(마르크스, 1867: 87) 나타난다. 즉 이전까지는 공공의 부였던 재화가 특정 개인이 소유하는 상품이 된 것이다. 데이비드 하비 등이 지적하듯이, 소위 '신자유주의 시대' 이후 세계적으로 만연해진 민영화 흐름 역시 오늘날 또 다른 형태로 나타나는 수탈을 통한 자본축적으로 볼 수 있다.

**** 私有, 사적 소유.

농민들은 새롭게 발달하기 시작한 도시로 흘러들어갔다. 그곳에서 이미 자리를 잡고 있던 시민계급, 즉 성벽 안에 살던 부르주아지들은 이렇게 유입된 농민들을 싼 가격에 노동자로 부려먹을 수 있었다. 잉여인구를 자본주의에 복종하는 노동자로 탈바꿈시키는 이러한 과정에서는 구빈원이나 감옥 등의 폭력적이면서도 동시에 "생산적"*인 새로운 기관들이 역할을 하기도 했다. 봉건적 생산양식에 익숙해 도시에서 부랑민이나 빈민으로 지내던 사람들을 폭력을 통해 규율화된 자본주의적 노동자로 만든 것이다. 후에 미셸 푸코와 같은 학자들이 구체적으로 분석하기도 했던 이 상황을 마르크스는 《자본》에서 다음과 같이 언급하고 있다.

> 봉건가신단의 해체를 통하여, 그리고 충격적이고 폭력적인 토지 수탈을 통하여 내쫓긴 사람들[즉 보호받을 길 없는 이들 프롤레타리아트]은 너무도 급속하게 만들어져서 이제 막 성장하고 있던 매뉴팩처로는 모두 흡수될 수 없었다. 어찌 보면 자신들이 익숙해 있던 생활궤도에서 갑자기 쫓겨난 사람들로서는 곧바로 새로운 상태의 규율에 익숙해질 수도 없었다. 그들은 무리를 지어 걸식을 하거나 도적이 되기도 했으며 부랑자가 되기도 하였다. 그 일부는 성향 때문이기도 하지만,

---

* 푸코는 권력이 억압적 기능과 함께, 사회를 형성하고 유지하고 생산적 기능도 가지고 있음을 지적했다.

대개는 상황에 의해 강제된 것이었다. 그리하여 15세기 말과 16세기의 전 기간 동안 서유럽 전역에 걸쳐 부랑인에 대한 피의 입법이 이루어졌다. 오늘날 노동자계급 조상들은 자신들에게 강요된 부랑민화와 궁핍화에 대하여 또다시 벌을 받았던 것이다. 입법은 그들을 '자유의지'에 의한 범죄자로 취급하였다. (마르크스, 1867: 987)

농촌에서 끊임없이 밀려오는 잉여노동력을 바탕으로 양모 매뉴팩처는 더 성장할 수 있었고, 이는 다시 양모 가격의 상승과 경작지의 목축지로의 전환을 불렀다. 상품시장의 확대를 통해 전국 단위의 시장경제가 형성됨에 따라, 과거에는 자급자족을 통해 생활을 영위하던 농촌의 소농들 역시 이제는 시장을 통해서만 재생산이 가능해졌다. 사회에서 생산되는 잉여가치의 원천은 농업에서 산업과 상업으로 이동하며, 귀족계급의 경제적 권력은 점차 줄어드는 반면 부르주아지의 권력은 늘어났다. 그렇게 부르주아의 힘이 봉건귀족의 권력을 양적으로 압도하는 순간 사회 자체의 변화라는 질적 도약이 일어났다. 경제적 권력의 이동이 정치·사회적 권력의 이동으로 이어진 것이다. 이렇게 부르주아지는 혁명을 통해 중세 봉건제를 무너뜨리고 자본주의 사회를 탄생시켰다.

물론 이렇게 부르주아혁명을 통해 탄생한 자본주의는 봉건사회보다 어느 정도 진보된 형태가 맞았다. 최소한 명목상으로는, "자유, 평등, 박애"가 사회의 기본 이념이 된 것이다.

대대로 세습되던 왕족과 귀족의 권력은 선거를 통해 선출되는 인민의 대표들에게로 넘어갔다. 그러나 이 자유와 평등은 실은 유산자들의 자유와 평등에 불과했다. 프롤레타리아와의 연합을 통해 봉건 세력을 물리칠 수 있었던 부르주아지는 권력을 잡자마자 곧바로 프롤레타리아를 공격했다. 부르주아지와 프롤레타리아트의 연합으로 프랑스에서 왕정을 무너뜨린 1848년 2월 이후, 여전히 바뀌지 않은 현실에 그해 6월 노동자들이 저항하자 부르주아지가 이들을 학살한 것이 대표적인 예시이다. 독일에서는 심지어 프롤레타리아의 저항이 강성해지자, 부르주아지는 다시 전제정으로 되돌아가는 것을 택하기도 했다. 노동자의 단결과 저항은 "자유와 인권선언에 대한 침해"(마르크스, 1867: 995)로 규정되었다. 마르크스의 지적처럼, "자본은 머리끝에서 발끝까지의 모든 털구멍에서 피와 오물을 흘리면서 태어난다"(마르크스, 1867: 1019).

> 더 읽어보기

데이비드 하비 《모더니티의 수도, 파리》

　데이비드 하비는 영국 출신의 마르크스주의 지리학자다. 그는 자신의 전공을 십분 활용해 도시화를 통한 자본축적을 분석하는 등 마르크스 경제학에 공간적 요소를 도입했다. 하비의 이 책은 1830년부터 1871년 파리코뮌 시기까지 파리의 근대적 도시화 과정을 설명한다. 왕정을 다시 한번 끌어내린 1848년 2월혁명 이후, 여전히 바뀌지 않는 작업 환경에 분노한 노동자들이 봉기를 일으킨 1848년 6월혁명은 이 기간 중 가장 큰 변곡점이 되었다. 봉기를 일으킨 노동자들이 진압된 이후 실시된 선거에서, 혼란을 수습할 프랑스 최초의 대통령으로 나폴레옹 3세가 선출되었다. 나폴레옹 3세는 프랑스대혁명 이후인 1804년에서 빈체제가 성립되기 직전인 1814년까지 황제를 지냈던 나폴레옹 1세의 조카였다. 나폴레옹 3세는 자신의 삼촌과 마찬가지로, 대통령에 선출된 지 얼마 지나지 않은 1852년 12월 친위 쿠데타를 일으키며 프랑스의 황제로 즉위한다. 이후 그는 오스만 남작을 파리 시장으로 임명하며, 도시 개조 작업을 일임한다.

　오스만은 자신의 도시 개조 작업은 합리적이고 과학적이며, 이전의 전근대적 시대와는 근본적으로 단절하는 것이라고 주장했다. 그러나 하비는 오스만의 이러한 주장이 자신과 나폴레옹을 포장하기 위한 것이며, 새로운 정권에 필수적인 정당성 확보에 지나지 않는다고 이야기한다. 오스만의 도시 개조 정책의 진짜 목적은 다른 곳에 있었던 것이다.

 1848년, 자본주의의 과잉축적으로 인한 자본과 노동의 잉여 속에서 등장한 오스만은 파리를 강제로 근대성으로 몰아넣었다. 파리는 "자본이 만든 메트로폴리스"가 된 것이다. 오스만의 계획에 따라 도시 중심부의 구불구불하던 골목은 하나의 대로로 통합되었고, 철도, 하수도, 기념물, 공원 등이 건설되었다. 길의 정비나 철도 건설과 같은 교통의 발달은 시공간 압축을 통해 자본의 빠르고 원활한 순환을 가능하게 했다.

 생시몽주의자였던 페레르 형제가 설립한 은행 '크레디 모빌리에Crédit Mobilier'는 이러한 건설의 자금줄이 되었다. 액면가가 낮은 회사채를 발행해 많은 소액 투자자가 자본을 댈 수 있는 "금융의 민주화"를 이루어냈고, 덕분에 막대한 자본축적이 가능해진 것이다. 금융산업이 발달하고, 자본주의화가 가속되며 토지 가격이 상승하자 부르주아의 부동산 투기가 나타났다. 높은 임대료에 부를 수탈당하던 노동자계급과 농촌에서 새로 유입된 노동력은 결국 대로의 뒷길, 임대료가 낮은 변두리 지역으로 쫓겨났다. 이들이 늘어남에 따라 파리는 점점 더 커지고, 도심과 외곽 사이에는 양극화가 나타났다. 행정·금융의 허브가 된 도시의 중심부에는 거대한 백화점이 들어서 외국에서 찾아온 관광객들이 유효 수요를 더해준 반면, 변두리에 있던 노동자들은 "산다는 것은 죽지 않는다는 것"(하비, 2003: 305에서 재인용)이라 말할 만큼 비참한 삶을 살았다. 오스만의 정책에 따라 가공업이나 화학공업 같은 인기가 없거나 유해한 산업은 도시의 변두리로 밀려났으며, 이에 따라 노동계급의 정치권력 역시 약해졌다. 결국 1870년경 "제국의 수도"에는 사치품과 같은 "파리의 간판 품목"들만이 존재했다.

재편된 도시는 계급투쟁의 성격 역시 바꾸었다. 프랑스에서 일어난 이전의 혁명들은 바리케이드 투쟁으로 대표된다. 좁은 골목 속 저항 세력은 바리케이드를 쌓아 지배계급의 군대가 혁명군을 진압하는 것을 늦췄고 결과적으로 혁명을 성공시켰다. 그러나 오스만에 의해 도로가 '합리적'으로 재편되며 바리케이드를 쌓는 것은 어려워졌고, 군대는 신속하게 도착할 수 있었다. 오스만 이전의 여러 도시계획은 외부의 적으로부터 도시를 방어하는 것이 목적이었다면, 오스만의 계획은 내부의 적, 지배계급에게 위협이 되는 피지배계급을 막는 것이 목적이 되었다. 이러한 사실 때문이었을까. 1871년 일어난 프랑스의 마지막 혁명, 파리코뮌은 결국 실패로 끝났고 이후의 계급투쟁은 프랑스에서 독일로, 거리에서 의회로 그 장소를 옮겼다.

마르크스의 큰딸 예니가 작성한 〈문답집〉❶

예니의 질문		마르크스의 답변	엥겔스의 답변
가장 좋아하는 덕목은?		단순함	유쾌함
	남성	강함	자기 일을 열심히 하는 것
	여성	약함	일을 잊지 않는 것
당신의 특징은?		단일한 목적	만사에 대해 절반쯤 아는 것
좋아하는 일		네첸 바라보기 (예니 앨범 속)	농담 주고받기
가장 싫어하는 악		굴종	위선
가장 피하고 싶은 악		속는 일	어떤 일이든 과도한 것
행복함이란?		싸우는 것	샤토 마고 와인 1848년 산
비참함이란?		굴종하는 것	치과에 가는 일
당신이 혐오하는 자		마틴 터퍼❷	여자에 빠져 헤어나지 못하는 자
싫어하는 성격		-	스펄전❸
당신의 영웅(남자)		스파르타쿠스❹, 케플러❺	없음
당신의 영웅(여자)		그레첸❻	한 사람만 고르기엔 너무 많음
가장 좋아하는 시인		아이스킬로스❼, 셰익스피어, 괴테	〈여우 라이네케Reineke de Vos〉❽, 셰익스피어, 아리오스토❾ 등
가장 좋아하는 산문가		디드로	괴테, 레싱❿, 자멜손 박사Dr Samelson
가장 좋아하는 꽃		디프네	블루벨
가장 좋아하는 색		-	아닐린 빼고 전부
가장 좋아하는 음식		생선 요리	찬 건 샐러드, 따뜻한 건 아일랜드 스튜

당신의 격언	인간의 일 중 내게 낯선 것은 없다 Nihil humani a me alienum puto⑪	무소유
당신의 좌우명	모든 것을 의심하라 De omnibus dubitandum⑫	쉬엄쉬엄하자

- ❶ CW 42: 569; 43: 541. 백승욱·김영아(2021), 122쪽에서 재인용.
- ❷ 영국 시인이자 소설가 마틴 터퍼Martin Tupper(1810~1889)는 빅토리아 여왕이 가장 좋아하던 시인 중 한 명으로 당대 베스트셀러 작가였다. 《자본》 1권에서 마르크스는 제러미 벤담을 비판하면서 덩달아 마틴 터퍼도 비판했다.
- ❸ 영국 침례교 목사 찰스 해던 스펄전Charles Haddon Spurgeon(1834~1892). 당대의 영국 사회의 대표적 보수적 복음주의 설교자였기 때문에 싫어했던 듯하다.
- ❹ 고대 로마에서 노예제에 대항해 싸웠던 노예 출신의 전사.
- ❺ 행성의 궤도가 원이 아니라 타원이라는 사실을 밝힌 독일의 천문학자 요하네스 케플러 Johannes Kepler(1571~1630).
- ❻ 괴테의 《파우스트》에 나오는 마르가레테를 말한다. 그의 애칭이 그레첸이다.
- ❼ BC 525(?)~BC 456. 소포클레스와 에우리피데스와 함께 고대 그리스의 3대 비극 시인 중 한 명.
- ❽ 고대부터 시작된 동물 우화와 민담이 발전해 중세에 여러 언어로 개작과 발전을 거듭해온 이야기를 괴테가 서사시로 개작한 작품. 엥겔스는 "부르주아 사회의 위선과 권력자의 탐욕을 동물 우화 형식으로 풍자"한다는 점에서 이 작품을 높이 샀다.
- ❾ 이탈리아의 르네상스 문학의 거장 루도비코 아리오스토Ludovico Ariosto(1474~1533). 르네상스 시기 인간의 다채롭고 자유로운 개성을 가감 없이 표현한 영웅 서사시 《광란의 오를란도》가 대표작이다. 엥겔스는 편지에 아리오스토를 언급하곤 했다.
- ❿ 18세기 독일 국민문학의 선구자로 칭송받는 고트홀트 레싱Gotthold Lessing(1729~1781).
- ⑪ 고대 로마시대 작가 푸블리우스 테렌티우스 아페르Publius Terentius Afer(BC 195/185~BC 159)의 희곡 《고행자Heauton Timorumenos》에 나오는 경구.
- ⑫ 데카르트가 한 말로 알려졌으나, 마르크스는 헤겔의 《철학사 강의》에서 이 말을 가져왔을 걸로 판단된다.

5장

마르크스주의 경제학

자본주의적 생산양식이 지배하는
사회에서 부는 하나의 '거대한 상품집적'
으로 나타나고, 하나하나의 상품은
이러한 부의 기본형태로 나타난다.
그래서 우리의 연구는 상품의 분석부터
시작한다.
―
《자본 I》(마르크스, 1867: 87)

1. 마르크스의 경제학

《정치경제학 비판을 위하여》,《자본》

나는 부르주아 경제체제를 다음과 같은 순서로
검토하고자 한다. **자본, 토지 자산, 임금노동, 그리고 국가,
해외 무역, 세계시장.**
—《정치경제학 비판을 위하여》(마르크스, *CW* 29: 261)

경제학, 정치경제학, 정치경제학 비판

마르크스의 대표적인 경제학 저서 《자본》의 부제는 '정치경제학 비판'이다. 또한 우리는 《자본》 이전의 저작들에서도, '정치경제학 비판'이라는 용어를 볼 수 있다. 따라서 마르크스주의 경제학을 제대로 살피기 전, 먼저 이 애매한 용어에 대한 정리부터 하고 넘어가는 것이 좋을 것 같다.

우선, '정치경제학'에 대해 먼저 알아봐야 한다. 정치경제학political economy은 용법에 따라 1776년 애덤 스미스의 저서 《국부론》에서 시작해 19세기 말 '한계혁명'이라는 방법론적 전환이 일어나기 전까지의 고전 경제학을 모두 지칭하기도, 그중에서 특히 마르크스 경제학을 의미하기도 한다. 특히 '정치경제학'이 후자의 의미로 사용되는 경우, 한국에서는 마르크스의 이름을 직접 거론하기 힘들었던 독재정권 시기에 검열

을 피하고자 하는 의도가 있기도 했다.

'경제학economics'이라는 용어는 집을 의미하는 고대 그리스어 오이코스oikos와 관리를 의미하는 노미아nomia의 합성어 오이코노미아oikonomia에서 유래했다. 이는 가정을 꾸리는 데 필요한 기술을 총칭하는 말로 돈벌이(고대 그리스에서 크레마티스티케chrematistike라고 불렀다)를 포함하지만, 이보다는 훨씬 더 넓은 의미의 단어였다. 오이코노미아는 근대 시기 가정이 아닌 국가 단위의 생산과 분배를 관리하는 학문이 생기며 '정치적인 살림학', 즉 political economy로 이어졌다. '정치경제학'이 '경제학'으로 바뀌게 된 것은 19세기 말이다. 부르주아 경제학자들은 사회변혁을 주장한 마르크스의 경제학과 준별되는 의미에서, 가치판단과 정치적 개입을 배제하고 경제 현상을 객관적으로 살펴봐야 한다고 주장하며 '정치'를 제외한 '경제학'을 만들었다.

따라서 마르크스가 썼던 '정치경제학 비판'은 사실 '경제학 비판'이라 번역해도 상관이 없다. 실제로 당시의 정치경제학은 지금 우리가 생각하는 경제학 일반을 가리키는 용어였다는 점을 근거로 후자의 번역을 주장하는 한국의 학자들도 더러 존재한다.* 그러나 이 책에서는 부르주아 학자들의 주장과는 다르게, 경제는 정치와 분리될 수 없으며 특히 마르크스의

---

* 한편, 정치경제학政治經濟學이라는 번역을 처음 도입했던 일본에서는 오늘날 '정치경제학' 대신 '사회경제학'이라는 용어를 활용하는 추세이다.

경제학은 정치적 의도를 숨기지 않고 공공연히 드러내는 경제학이므로, '정치경제학'이라는 표현을 고수할 것이다.

다음으로 알아봐야 할 것은 '비판'의 의미이다. 앞서 서술했듯이, 《자본》의 부제는 '정치경제학 비판'이다. 마르크스의 경제학은 자본주의의 작동 방식을 드러내는 새로운 '정치경제학'인 동시에, 무엇보다도 기존 부르주아 정치경제학자들의 이론을 낱낱이 비판하는 '정치경제학 비판'이다. 허상을 폭로하며 인민의 계몽을 목표로 했던 청년 마르크스의 정치 비판과 이데올로기 비판이 1846년 《독일 이데올로기》를 지나 정치와 이데올로기 이면에 존재하는 경제 비판으로 이어진 것이다. 이 정치경제학 비판은 단순히 고전 정치경제학자들을 부르주아로 매도하는 정치적 비판에서 그치는 것이 아닌 철저한 이론적 비판이었다.

앞서 〈포이어바흐에 관한 테제〉에서도 살펴봤듯, 고전 정치경제학은 자본주의 사회를 당연히 주어진 것 혹은 인간의 본성에 부합하는, 따라서 가장 진보한 인류 사회의 최종 형태로 전제했다. 그리하여 그들은 자본의 입장에서 현존 사회를 정당화하는 경제학을 서술할 수밖에 없었다. 그러나 마키아벨리는 산을 그리기 위해서는 산 아래로 내려가야 한다고 말했다(마키아벨리, 1532: 14). 비슷한 의미에서 마르크스는 자본을 비판하기 위해 노동의 견지에서 자본주의의 여러 모순을 파헤친다. 마르크스의 정치경제학 비판은 자본주의 사회를 정당화하는 부르주아 정치경제학자들에 대한 이론적 비판인 동시에 자본주의 사회 그 자체에 대한 비판이었던 것이다.

'자본주의'라는 용어

본격적인 마르크스주의 경제학으로 들어가기 전 살펴봐야 하는 용어가 또 하나 있다. '자본주의capitalism'가 그것이다. 우리가 쉽게 사용하곤 하는 이 단어는 생각보다 그 역사가 길지 않다. 12세기경부터 사용된 '자본capital'이나 자본주의가 태동한 16세기부터 사용된 '자본가capitalist'와 다르게, 자본주의라는 용어가 등장한 것은 19세기 중후반이며 지금처럼 광범위하게 사용된 것은 그보다도 수십 년 이후인 20세기 초였다. 따라서 루이 블랑이나 프루동 등과 같은 당대의 몇몇 사회주의자들과는 다르게, 마르크스 본인은 '자본주의'라는 용어를 좋아하지는 않았다. 《공산주의 선언》이나 《임금노동과 자본》, 《정치경제학 비판을 위하여》, 심지어는 《자본》에서조차 마르크스는 '자본Kapital'이나 '자본가Kapitalist', '자본주의적 생산양식kapitalistische Produktionsweise'은 사용했지만 '자본주의Kapitalismus'를 언급한 적은 거의 없다.* 다만 필요에 따라 이를 '부르주아 사회bürgerlichen Gesellschaft', '부르주아 시대bürgerlichen Epoche' 등으로 불렀을 뿐이다.

그럼에도 마르크스 이후의 마르크스주의자들과 사회과

---

* 마르크스가 자본주의라는 단어를 아예 사용하지 않은 것은 아니지만, 마르크스의 대표 저작으로 꼽히는 《공산주의 선언》에는 아예 등장하지 않으며 《자본》에서는 세 권을 모두 통틀어 2권에서 단 한 번 (아마도 우연하게) 언급된다.

학자들은 자본에 고용된 노동자를 착취하여 잉여가치를 전유하는 자본주의적 생산양식이 일반화된 사회를 '자본주의'라고 부르기 시작했다. 몇몇 비마르크스주의 학자들은 마르크스에 의해 선취된 자본주의라는 용어는 너무 광의의 개념이며 부정적인 의미를 내포하고 있어 학술적으로 사용될 수 없다고 봤던 반면, 20세기 이후 세계적인 체제 경쟁의 시대 속에서 '자본주의'는 '사회주의·공산주의'의 안티테제로서 '자본주의자'들에 의해 새로운 의미를 얻기도 했다.

이 책에서는 '자본주의'가 비록 마르크스 본인에 의해 사용된 적이 없는 용어일지라도, 마르크스의 사후 일반적으로 사용되었듯이 자본주의라는 용어를 사용할 것이다.

마르크스의 '플랜'과 자본

마르크스는 본격적으로 자본주의를 분석한 첫 저작인 《정치경제학 비판을 위하여》 서문을 다음과 같이 시작한다.

> 나는 부르주아 경제체제를 다음과 같은 순서로 검토하고자 한다. **자본, 토지 자산, 임금노동, 그리고 국가, 해외 무역, 세계 시장.** (CW 29: 261)

소위 '플랜Plan'이라고 불리는 이 계획에 대해서는, 과연 마르크스가 이를 완성하지 못하고 검토하겠다고 한 6가지 중 하나인 《자본》의 첫 번째 권만 출간할 수밖에 없었던 것인지 혹은 시간이 지남에 따라 계획 자체가 바뀌게 된 것인지 논쟁의 여지가 있다. 그러나 비록 엥겔스의 도움으로 출간된 《자본》의 나머지 권들과 기타 저작들에서 국가론을 포함한 여러 이론을 제시했지만, 자본 및 화폐와 임금노동에 관한 이론에 비교했을 때 상대적으로 플란의 나머지 부분은 단편적으로 다뤄져 체계성이 떨어진다.

마르크스가 처음으로 분석하고자 한 '자본'은 자기 증식한다는 점에서 다른 재화들과는 다르다.* 물론 자본 그 자체가 자신의 힘으로 증식하는 것은 아니지만 자본은 이를 소유한 사람, 즉 자본가가 다른 노동자를 고용할 수 있도록 해주고, 고용된 노동자가 상품을 생산하고 이를 다시 판매하는 순환과정을 통해 처음보다 더 큰 가치로 증식된다. 이렇게 생산된 상품과 그 상품의 교환과정은 다시 자본주의의 전체 순환과정의 모습을 담고 있는데, 따라서 마르크스는 우선 자본에서 시작하여 자본주의 경제체제를 분석하고자 한 것이다. 상품에 대한 분석으로 시작하는 마르크스의 《자본》을 한마디로 요약하자면, 상품 생산에 내재해 있는 자본주의의 비밀인 '착취'를 밝혀나가는 과정이라고 요약할 수 있다.

---

* 더욱 엄밀히 말하자면, 자본은 '재화'가 아닌 '관계'이다. 《자본》 1권 7편 25장에 쓰인 '불행한 필 씨'의 사례(마르크스, 1867: 1026)처럼, 충분한 화폐가 있더라도 자본주의적 생산관계가 없다면 이는 자본이 되지 못한다. 이것이 자본을 조달된 화폐(순자산)로 보는 주류 경제학적 관점과의 차이다.

2. 사용가치와 가치

《임금노동과 자본》,《임금, 가격, 이윤》,《자본 I》

상품에 들어 있는 노동은 사용가치와 관련해서는
질적인 의미만 인정되지만, 가치 크기와 관련해서는
…… 양적인 의미만 인정된다. 전자의 경우에는 노동의
방법과 내용이 문제가 되지만, 후자의 경우에는 양,
즉 그 시간의 길이가 문제가 된다.

—《자본 I》(마르크스, 1867: 101)

상품의 두 가치

자본과 자본주의에 대해 알기 위해서는 우선 자본주의에서 처음으로 일반화된 새로운 재화, 상품에 대해 알아봐야 한다. 스스로 소비하기 위해 생산되었던 이전의 재화들과 다르게 오로지 시장에서 다른 재화와 교환할 것을 목적으로 생산되는 상품은, 질적으로 상이한 두 가지 종류의 유용성을 가지고 있다. 그것을 사용하는 사람이 얻을 수 있는 유용성과, 시장교환을 통해 얻을 수 있는 유용성이다. 우선, 상품은 그것이 인간이 삶을 영위하고 윤택해지게 한다는 점에서, 즉 생활 속에서 활용할 수 있다는 점에서 의미가 있다. 이는 필연적으로 상품의 사용이 발생해야지만 충족되는 가치다. 그 상품을 사용함으로써 우리의 삶이 개선되는 정도는 구체적 맥락에 따라 달라지는데, 이를 사용가치라고 부른다.*

그러나 각 상품의 사용가치는 질적으로 다르다. 또한, 사용가치는 굉장히 높지만, 무료에 가까운 비용으로 구할 수 있는 공기나, 생산비용은 굉장히 크지만 이에 비해 사용가치는 비교적 낮은 다이아몬드처럼 사용가치와 시장에서 거래되는 비용이 항상 일치하는 것도 아니다. 질적으로 서로 상이한 특징을 가진 여러 상품 간의 교환을 가능하게 하기 위해서는 각 상품에 공통으로 내재한 양적 차이로 환산될 수 있는 무언가로 이를 측정할 수 있어야 한다. 마르크스는 이를 가능하게 해주는 것을 가치라고 부른다. 이러한 가치는 상품 속에서, 구체적으로 다양한 상품이 교환되는 양적 비율인 교환가치라는 현상형태로 표현된다.** 초역사적으로 존재하는 사용가치와 다르게, 교환가치와 가치는 상품이 시장에서 광범위하게 거래되는 특정한 사회에서만 나타난다.

가치의 근원

그러나 상품이 이러한 가치를 가지게 해주는 요소는 무엇일까? 질적으로 상이한 상품들이 시장이라는 특수한 제도를

---

* 부르주아 경제학에서 이야기하는 효용과는 다르다. 상품을 사용하는 소비자의 주관적 느낌에 불과한 효용과 달리 사용가치는 객관적으로 존재하기 때문이다.
** 교환가치와 가치를 혼동하기 쉬워, 상품이 가진 두 종류의 가치를 '사용가치와 가치'가 아닌 '사용가치와 교환가치'라 설명하는 경우도 많이 볼 수 있다. 그러나 이는 틀린 개념인데, 교환가치와 가치를 쉽게 이야기하자면 현상형태로 표현되는 교환가치는 36.5℃, 100℃ 등의 온도계에 찍히는 숫자 그 자체에, 교환가치의 본질인 가치는 그러한 온도를 가능하게 해주는 분자의 떨림에 비유할 수 있을 것이다.

통해 교환가치라는 양적 차이로 환원되기 위해서는 비교 가능한 공통의 요소를 가치의 근원으로서 가지고 있어야 할 것이다. 이 세상에 존재하는 모든 상품 사이의 차이를 하나씩 소거해나가면, 결국 공통으로 가지고 있는 특징은 하나밖에 남지 않는다. 모든 상품은 노동의 산물이라는 사실이다. 한 상품을 생산하기 위해서는 일정한 정도의 노동이 필요하다. 목수가 나무를 가공해서 만드는 의자나 책상은 물론이고, 자연상태 그대로 시장에서 교환되어 가공이 필요 없는 석유와 같은 상품도 최소한 그것을 찾기 위한 노동은 수행되어야만 한다. 또한, 완전히 자동화되어 인간 노동 없이 오로지 기계만을 통해 생산되는 상품이 있다고 하더라도, 결국 기계를 만든 것은 인간의 노동이며 따라서 각 상품은 어느 정도의 인간 노동을 분유分有한다. 사실 조금만 생각하면 이는 당연하다는 것을 알 수 있는데, 공기와 같이 누구나 아무런 노동 없이 그 자리에서 구할 수 있는 재화라면 시장에서 구매할 필요가 없기 때문이다.

  이러한 특징 때문에 상품 생산에 필요한 노동시간은 상품교환의 척도가 된다. 상품교환의 척도는 흔히 화폐라 생각하기 쉽지만, 화폐는 노동시간을 표현하는 하나의 단위에 불과하다. 그러나 상품교환의 척도가 노동시간이라고 한다면, 바로 반론이 제기된다. 같은 상품을 게으르거나 서툰 사람이 만들어 더욱 오랜 노동시간이 투입되었다면, 이는 더 큰 가치를 가지는 것인가? 마르크스는 《임금, 가격, 이윤》에서 이에 대해 다음과 같이 답했다.

만약 한 상품의 가치가 **그것의 생산에 들인 노동량**에 의해 결정된다면, 게으르거나 서투른 사람일수록 상품을 완성하는 데 필요한 노동시간이 길어지기 때문에 그의 상품은 더 큰 가치를 지니는 것으로 보일 수도 있다. 그러나 이는 지독한 잘못이다. 여러분은 내가 '**사회적 노동**'이라는 말을 사용했음을 기억할 것이다. '**사회적**'이라는 규정에는 많은 뜻이 포함되어 있다. 한 상품의 가치는 그 속에 투여되거나 결정화한 노동량에 의해 결정된다고 말할 때, 그것은 주어진 사회 상태에서, 특정한 사회적 평균 생산조건에서, 주어진 사회적 평균 노동강도와 평균 노동 숙련도를 사용하여 그 상품을 생산하는 데 **필요한 노동량**을 뜻한다. (《선집》 3권: 89)

가치를 정하는 노동시간은 상품을 생산하는 데 필요한 구체적 노동시간이 아닌, 사회적으로 평가된 추상적 노동시간이다. 한 상품을 만드는 데 필요한 사회의 평균 노동시간이 예를 들어 10시간이라면, 특정 생산자가 그 물건을 천천히 만들었다고 20시간의 가치로 교환할 수는 없다. 혹은, 베테랑 목수가 10시간 동안 만든 책상은 목공 경험이 없는 사람이 100시간 동안 만든 책상과 같은, 혹은 어쩌면 더 높은 가격으로 판매될 것인데, 베테랑 목수의 숙련에 필요한 노동시간 역시 가치 계산에 포함되며 베테랑 목수의 노동이 초보 목수의 노동보다 시장에서 더 큰 가치로 인정받기 때문이다.

노동가치론

이처럼 가치의 근원이 인간의 노동이라는 학설은 '노동가치론'이라 불린다. 주의해야 할 점은, '가치'라는 단어가 노동이 가장 귀중하다는 당위를 내포하는 용어는 아니라는 점이다. 노동가치론은 노동이 가장 가치 있다는 의미가 아니라, 자본주의 사회에서 각 상품이 가지는 가치의 근원이 노동이라는 의미로 이해되어야 한다. 이와 같은 노동가치론은 마르크스뿐만 아니라 애덤 스미스, 데이비드 리카도 등 고전 정치경제학자는 모두 공유하던 생각이었다. 그러나 현재 경제학 학계에서는, 우리가 흔히 배웠듯 수요와 공급이 상품의 가격을 결정한다는 '효용가치론'이 주류 의견이다.

그러나 마르크스 역시 이러한 수요와 공급에 대해 몰랐던 것이 아니다. 예를 들어 그가 1847년 진행한 강연을 엮어 만든 저서인 《임금노동과 자본》을 살펴보면, 2장의 내용 전체가 이러한 수요와 공급에 관한 것이다. 그는 상품의 가격을 결정하는 세 가지 요소로 ① 판매자들 사이의 경쟁, ② 구매자들 사이의 경쟁, ③ 구매자와 판매자 사이의 경쟁을 꼽는다. 조금이라도 더 팔려는 판매자들끼리의 경쟁을 통해 가격이 낮아지고, 상품을 꼭 사고자 하는 구매자들 사이의 경쟁을 통해 가격이 높아지며 마지막으로 조금이라도 비싸게 팔고자 하는 판매자와 싸게 사고자 하는 구매자 사이의 경쟁을 통해 가격이 결정된다는 것이다. 그러나 이 중 판매자의 경쟁이라는 요소는 다시 다른 요소에 의해 제약을 받는다. 그는 다음과 같이 말했다.

한 상품의 가격이 그 생산비 이하로 떨어지면, 자본들은 이 상품의 생산에서 손을 뗄 것이다. …… 자본들의 이 같은 도피는 그 상품의 공급이 수요에 상응하게 될 때까지 따라서 그 가격이 생산비 수준으로 다시 오를 때까지 아니 오히려 그 공급이 수요 이하로 떨어질 때까지, 즉 그 가격이 다시 생산비 이상으로 올라갈 때까지 그 상품의 생산, 즉 공급을 떨어뜨릴 것이다. (《선집》1권: 552-553)

혹은, 또 다른 저서 《임금, 가격, 이윤》에서도 웨스턴의 주장에 반박하며 다음과 같이 말한다.

노동이든 다른 어떤 상품이든 그 가치가 궁극적으로 공급과 수요에 의해 결정된다고 생각한다면 그것은 전적으로 오류일 것이다. 공급과 수요는 단지 시장가격의 일시적 **변동들**을 규제할 뿐이다. 공급과 수요는 어떤 상품의 시장가격이 왜 그것의 **가치** 이상으로 올라가거나 그 이하로 내려가는지를 설명하지만, **가치** 자체는 결코 설명할 수 없다. …… 공급과 수요가 서로 평형을 이루는 순간, 그래서 작용하지 않는 그 순간, 상품의 **시장가격**은 그 **실제 가치**, 즉 시장가격이 그 주위를 동요하는 기준 가격과 일치한다.* 그러므로 그 **가치**의 본

---

* 그러나 뒤에서 다시 살펴보겠지만, 현실에서 상품의 가격과 "실제 가치"가 정확히 일치한다는 이러한 설명은 《자본》 3권에서 바뀌게 된다. 마르크스가 이 텍스트에서 "기준 가격"이라 설명한, "시장가격이 그 주위를 동요하는" 것은 가치가

성을 연구하는 데 있어, 우리는 공급과 수요가 시장가격에 미치는 일시적인 영향은 전혀 고찰할 필요가 없다. (《선집》 3권: 82)

쉬운 예시로 설명하면 다음과 같다. 아무리 공급이 수요를 초과하더라도, 자동차가 100원에 팔리는 상황은 오지 않을 것이다. 자동차를 생산하는 데 드는 노동시간이 100원의 가치보다 훨씬 크기에, 부르주아는 자동차가 100원 훨씬 이상의 가격에 팔릴 때만 만들기 때문이다. 우리는 이러한 사실을 통해 상품의 가격이 단기적으로는 수요와 공급의 영향을 받을지언정, 장기적으로 살펴보면 노동시간을 통해 결정된다는 것을 알 수 있다.

한편으로는, 마르크스가 상품 생산에 투입되는 여러 요소 중 노동만을 특권화하는 오류를 저질렀다는 비판이 존재하기도 한다. 이들은 마르크스의 주장을 희화화하는 '땅콩가치론'을 주장하는데, 상품을 만드는 데 필요한 수만 가지의 요소 중 땅콩과 같은 노동이 아닌 임의의 요소를 가치의 근원으로 치환해 설명해도 아무런 문제가 없다는 설명이다. 만약 노동이 아닌 땅콩이 가치의 근원이라면, 착취당하는 것은 노동자가

아닌, 비용에 평균이윤을 더한 생산가격이다. 자세한 내용은 이 장의 5절 참고. 그러나 그 이유를 지금 설명하기 위해서는 더 많은 개념이 도입되어야 하므로, 우선 지금은 시장교환의 결과로 가격과 가치가 일치하게 된다고 이해하고 넘어가도 좋다.

아니라 사실은 땅콩이었다는 결론도 가능해진다. 그러나 이는 마르크스에 대한 오독이다. 마르크스는 사용가치가 아닌 가치의 측면에서, 초역사적인 법칙이 아니라 시장경제가 일반화된 자본주의라는 특수한 사회의 규칙에 대해 분석했다. 상품에 내재하는 유용성인 사용가치의 측면에서 살펴본다면, 땅콩버터의 원재료가 되는 땅콩이나 이를 가공하는 노동자의 노동력이나 모두 동일하게 사용'가치'를 생산한다. 그러나 가치는 그 상품이 거래되는 특정한 사회적 관계에 따라 다르게 규정된다. 그리고 마르크스에 따르면, 투입된 노동의 크기에 따라 상품의 가치가 달라지는 자본주의에서는 가치의 실체가 곧 노동임을 전제할 수밖에 없다. 만약 상품 생산에 투입된 땅콩의 양이 곧 가격이 되는 사회가 나타난다면 또 모르겠지만.*

---

* 가치의 실체는 정확히는 노동이 아니라 추상노동이다. 하지만 입문서의 성격상 구체노동과 추상노동 간의 구분은 본서에서 생략했다.

3. 잉여가치

《임금노동과 자본》,《임금, 가격, 이윤》,《자본 I》

다음과 같은 것이 증명되었다. 불불不拂 노동**의 전유가 자본주의적 생산방식의 기본 형태이자 이 생산방식을 통해 완성되는 노동자 착취의 기본 형태라는 것.
―《공상에서 과학으로》(엥겔스,《선집》5권: 454)

가치의 구성 요소

앞선 내용을 다시 정리해보자. 마르크스는 상품의 가치가 그 생산에 필요한 평균 노동시간으로 결정된다는 사실을 발견했다. 다시 말해, 하나의 상품을 만드는 데 그 사회에서 평균적 숙련도를 가진 노동자가 투입한 노동시간(이하 '노동시간')의 가치와 동일하다는 것이다.

상품은 시장을 통해 자신의 가치대로 팔린다. 만약 한 농부가 10시간의 노동을 통해 쌀을 생산했다면, 시장에서의 교환으로 농부는 10시간만큼의 화폐를, 소비자는 같은 만큼의 쌀을 얻을 것이다. 시장에서의 거래는 기본적으로 등가교환이

** 노동자가 자본가의 통제에 따라 수행한 노동 중 그 가치가 임금으로 지불되지 않아 자본가의 잉여가치로 전유되는 노동, 잉여노동.

다. 이는 당연해 보인다. 그러나 조금만 더 생각한다면 우리는 이상한 사실을 발견할 수가 있다.

자본주의는 역사적으로 공황 등 잠깐의 하강 국면을 거쳤을지언정 장기적으로는 계속해서 성장해왔다. 시장에서 거래되는 가치가 점점 늘어난 것이다. 그러나 시장에서의 등가교환을 가정한다면 이를 설명하기는 쉽지 않다. 설사 농부가 10시간만큼의 노동 가치를 가진 쌀을 12시간만큼의 가치로 속여 판매했다고 하더라도, 누군가는 2만큼의 손해를 봐야 한다. 단순히 원래 가치보다 비싸게 파는 것만으로는 경제가 성장할 수 없다는 이야기다. 게다가 이는 자본가에게는 더욱 큰 문제다. 만약 자본가가 농부를 고용했다면, 그래서 1년간 열심히 일한 농부에게 노동의 가치에 해당하는 임금을 준 후 역시 1년간의 노동의 가치인 쌀의 판매 수익을 가져갔다면, 그 자본가는 1년을 날린 셈이다. 다른 사회였다면 이는 아무런 문제가 되지 않을지 모르지만, 끊임없는 이윤 추구를 통해 자본을 축적해야 하는 자본주의 사회에서는 이러한 자본가는 망할 수밖에 없다. 자본주의 사회의 자본가에게는 농부에게 정당한 임금을 지불하고도 자신이 더 가져갈 수 있는, '잉여가치'가 필요하다. 한 우화를 통해 이를 살펴보자.

시장에서 술을 파는 남자가 있었다. 더운 여름날 등에 술통을 짊어지고 시장을 떠돌다보니, 남자는 점차 목이 말라왔다. 그때, 타는 듯한 갈증을 해결하고 싶다고 생각하던 그 앞에 술통을 짊어진 또 다른 장사꾼이 나타났다. 남자는 그에게서 술 한 잔을 샀다. 잠시 후, 역시 목마름을 느꼈던 장사꾼 또한 남자에게서 술을 샀다. 또 몇 분 후에는 다시 남자가, 또다시 몇 분 후에는 다시 장사꾼이 술을 샀다. 이를 몇 번 반복하다보니 두 사람은 모두 자신이 짊어진 술을 다 팔게 되었다. 그러나 당연하게도, 두 사람은 그날 한 푼도 벌지 못했다.

이 이야기에서 볼 수 있듯 시장에서의 교환만을 통해서는 잉여가치를 생산할 수가 없다. 이를 분석하기 위해서는 교환과정 이면에 존재하는 생산과정을 분석할 필요가 있다. 따라서 이제 우리는 가상의 상품 A를 생산하는 과정을 분석하며 가치의 구성 요소와 잉여가치의 원천에 대해 알아볼 것이다. 우선 상품의 가치를 구성하는 세 가지 요소를 분석해보자.

가치는 다음과 같은 식을 통해 나타낼 수 있다.

〈식 5-1〉

교환가치=불변자본 C+가변자본 V+이윤 S

모든 상품의 가치는 이 세 가지 요소들로 구성되어 있다. C는 Constant Capital, V는 Variable Capital, S는 Surplus Value의 약자이다.* 잉여가치 S의 경우, 잉여가치를 뜻하는 독

---

* 이하 총자본의 관점에서 서술할 때는 대문자로, 개별자본의 관점에서 서술

일어 단어 Mehrwert에서 따 M으로 표시하기도 한다. 불변자본은 흔히 이야기하는 생산수단을 의미하는데, 이는 생산과정을 통해 자신이 가진 가치를 생산물에 그대로 이전할 뿐이다. 옷을 만드는 데 필요한 실을 생각하면 쉽다. 만약 10만 원어치 실을 사 10벌의 옷을 만든다면, 각각의 옷은 1만 원분의 실을 가치로 포함하고 있을 뿐 실이 추가로 생산한 '잉여가치'는 없다. 이는 기계와 같은 생산수단이 감가상각을 통해 가치를 이전하는 것에 있어서도 마찬가지다. 반면 노동력은 가변적인데, 자본주의 사회에서 노동자는 불변자본과는 다르게 자신이 받은 임금을 초과하는 가치를 생산할 수 있다는 의미에서 그렇다. 마지막으로 잉여가치는 노동자가 초과 생산한 가치를 말하며 이는 자본가의 몫으로 돌아가거나, 혹은 다음 상품 생산에 재투자된다.

상품 A의 가치를 구성하는 가상의 c값과 v값, s값을 구해보자. 우선 c는 파악하기 쉽다. 모든 생산수단은 시장에서 자신의 가치만큼 거래되고 있기 때문이다. 자본가는 시장에서 정해진 가치를 지불하고 불변자본을 구매한다. 상품 A를 만들기 위해 1000 노동시간만큼의 가치를 가진 기계가 필요하며, 감가상각에 따라 100개의 A를 만들면 새 기계를 사야 한다고 가정하자. 이때, 상품 A 한 개를 만들기 위해 필요한 c는 10이다. 이제 v와 s에 대해 알아보자.

할 때는 소문자로 쓴다.

임금

앞선 《임금, 가격, 이윤》의 인용문에서 잠깐 살펴봤듯, 자본주의 사회에서는 노동력 역시 다른 상품과 마찬가지로 시장에서 상품으로 거래된다. 따라서 노동력의 가치인 임금 역시 다른 상품들의 가치와 마찬가지로 노동력을 생산 혹은 재생산하는 데 하나의 사회에서 평균적으로 필요로 하는 노동시간에 따라 결정된다.

마르크스는 《임금, 가격, 이윤》에서 다음과 같이 썼다.

다른 모든 상품의 가치와 마찬가지로 노동력의 가치도 그것의 생산에 필요한 노동량에 의해 결정된다. 한 인간의 노동력은 오직 그의 살아 있는 개체 속에서만 존재한다. 한 인간이 성장하고 삶을 유지하려면 특정한 크기의 생필품이 소비되어야 한다. 그러나 인간도 기계와 마찬가지로 마모되며, 다른 사람으로 교체되어야 한다. 인간은 **자기 자신**의 생존을 위해 필요한 크기의 생활필수품 외에, 노동시장에서 자기를 대체하고 노동자 종족의 대를 이을 일정한 수의 자녀를 양육하는 데 필요한 다른 액수의 생활필수품도 필요로 한다. 더구나 그의 노동력을 계발하고 어떤 기술을 습득하는 데도 또 다른 액수의 가치가 지출되어야 한다. (《선집》 3권: 95)

즉, 임금은 노동의 가치가 아닌 노동력의 가치, "노동력을 생산하고 발전시키고 유지하고 영속화하는 데 필요한 **생활필**

수품의 가치"(《선집》 3권: 96)인 것이다. 자본주의 사회에서 만약 임금이 노동력의 가치 이상으로 오른다면 노동력의 공급 역시 증가해 수요를 초과하며, 반대의 경우에는 반대의 일이 벌어져 장기적으로는 임금의 수준이 노동력의 가치에 따라 유지된다.* 이처럼 노동이 아닌 노동력의 가치에 따라 결정되는 임금은 노동자의 실제 노동시간과는 다를 수 있다. 자본가가 가져가는 잉여가치를 알기 위해서는 이를 이해하는 것이 중요하다.

상품 A 하나를 만드는 데 한 사회의 평균적 노동자의 10시간 노동이 필요하다고 가정하자. A를 생산하는 노동자는 하루 10시간 근무하며 상품 A를 하나 만든다. 반면, 그 노동자의 노동력을 생산·발전·유지·영속화하는 데 필요한 가치는 하루 평균 5 노동시간이다. 즉, 그의 하루 일당은 5 노동시간만큼의 가치를 가진다.

잉여가치

앞선 내용을 표로 정리해보자. 상품 A의 가치는 〈표 5-1〉과 같이 구성된다.

---

* 이러한 노동력의 가치는 물리적 한계에 의해 결정되지만 동시에 계급투쟁의 결과이기도 하다. 노동자가 단결하여 더 많은 것을 요구한다면 그 사회에서 노동력의 재생산 비용은 기존보다 높게 측정될 수 있다. 한 문화권에서는 자동차가 노동자들을 위한 생활필수품으로 간주되어도, 비슷한 경제적 규모를 가진 다른 문화권에서는 그렇지 않을 수도 있는 것처럼 말이다.

〈표 5-1〉

	불변자본 c	가변자본 v	잉여가치 s
상품 A 100개	1000	500	?
상품 A 하나	10	5	?

그런데 우리는 앞서 상품의 가치는 상품을 생산하는 데 필요한 사회적 노동시간임을 살펴봤다. 이를 정리하면 〈표 5-2〉와 같다.

〈표 5-2〉

	생산수단이 이전한 가치	노동자가 일한 노동시간
상품 A 100개	1000	1000
상품 A 하나	10	10

즉, 〈표 5-3〉과 같은 사실을 알 수 있다.

〈표 5-3〉

	불변자본 c	가변자본 v	잉여가치 s
상품 A 하나	10	5	5

잉여가치의 원천은 노동자의 노동이다. 다른 말로, 자본가는 노동자의 노동시간 중 일부를 빼앗음으로써, 즉 노동자를 착취**하며 잉여가치를 얻는다. 이는 앞서 말했듯 노동자의

** 이러한 '착취'는 용어는 다를지언정, 주류 경제학에서도 인정하는 개념이다.

임금은 노동의 가치가 아닌 노동력의 가치에 따라 정해지기에 발생하는 일이다. 노동자가 노동력을 재생산하는 데 필요한 만큼의 가치 노동은 필요노동이라 부르며, 자본가가 잉여가치로 착취하는 나머지 노동은 모두 잉여노동이라 부른다.

절대적 잉여가치와 상대적 잉여가치

다른 조건이 같을 때, 필요노동이 늘면 잉여노동이 줄고 필요노동이 줄면 잉여노동은 늘어난다. 즉, 자본가와 노동자의 관계는 한쪽의 몫이 늘면 다른 쪽의 몫은 줄어드는 모순적 관계일 수밖에 없다. 마르크스는 이를 《임금노동과 자본》에서 다음과 같이 표현했다.

> **자본의 몫, 이윤은 노동의 몫, 일당이 떨어지는 것과 같은 비율로 올라가고, 그 반대의 경우도 마찬가지이다.**
>
> ······
>
> 따라서 우리는 ······ **자본의 이해관계와 임금노동의 이해관계가 정면으로 대립한다**는 것을 발견한다. (《선집》1권: 562-564)

월급을 받는 직장인은 최소 월급의 세 배로 일해야 한다는 주장은 쉽게 찾을 수 있다. 유일한 차이점은, 마르크스 경제학은 이러한 착취를 없애야 한다고 주장하는 반면 주류 경제학에서는 이를 노동자의 '당연한 덕목'으로 본다는 사실이다. 《LA중앙일보》(2004), 《매일경제》(2023), 《헤럴드경제》(2023) 등 참고.

따라서 자본가는 필요노동, 임금의 양을 줄임으로써 잉여가치를 늘리기 위해 노력한다. 이는 절대적 잉여가치와 상대적 잉여가치로 구분된다.

절대적 잉여가치 생산은 노동시간을 늘림으로써 달성할 수 있다. 노동자가 하루에 노동하는 시간이 늘어난다고 해서 노동력 재생산 비용이 비례해서 늘어나는 것은 아니기 때문이다. 하루 6시간 일하는 노동자가 20평짜리 집에서 세 끼를 먹는다고 해서 12시간 일하는 노동자가 40평짜리 집과 여섯 끼 식사를 요구하는 것은 아니다. 따라서 자본가는 노동시간을 늘리고자 정치인과 결탁하고 법을 제정하려 하는데, 이는 노동계급의 투쟁에 의해 저지되기도 한다. 10시간 노동제 쟁취를 위한 차티스트운동이나 8시간 노동제 쟁취를 위한 시카고 총파업 등이 역사 속에서 나타난 그러한 투쟁이다.

상대적 잉여가치 생산은 기계의 도입이나 노동력의 개편 등으로 생산력이 발전하면 달성될 수 있다. 생산력이 발전한다면 생필품의 가격이 상대적으로 줄어들 것이고, 따라서 노동력의 재생산 가치인 실질임금* 역시 줄어들기 때문이다. 자

---

* 화폐로 표시되는 명목임금이 줄지 않더라도, 화폐의 가치가 하락하면 실질임금은 줄 수 있다. 예컨대 저축된 퇴장화폐가 유통에 다시 등장하거나 화폐의 유통속도가 빨라지는 등, 혹은 정부가 화폐를 초과 발행하는 등으로 인플레이션이 발생해 1 노동시간의 화폐적 표현Monetary Expression of Labor Time(줄여서 MELT라 표기한다)이 1만 원에서 2만 원으로 바뀐다면, 10시간을 일한 노동자의 임금이 5만 원에서 8만 원으로 늘었다고 하더라도 착취율(s/v) 역시 100%에서 150%로 늘어난다.

본주의의 탄생 이후 단순 협업과 분업으로, 더 나아가 기계제 대공업으로 계속해서 혁신할 수 있는 동력은 상대적 잉여가치 때문이었다. 그러나 이 상대적 잉여가치 역시 결국은 자본가와 노동자 간의 투쟁을 통해 규정되는데, 두 계급의 역관계에 따라 상품의 가격이 싸질 때 동시에 노동자의 생활수준이 증가하여 실질임금은 변동이 없거나 줄어드는 비율이 미미할 수도 있다.

더 읽어보기

낸시 프레이저 《좌파의 길》

현재 세계의 좌파 진영은 크게 두 부류로 나눌 수 있다. 흔히 '구좌파'라고 불리는 정통 마르크스주의와, 1968년 프랑스에서 시작된 68운동을 기점으로 서구에서부터 시작된 '신좌파'가 이 두 진영이다. 구좌파는 마르크스주의의 전통에 따라 노동문제를 중요하게 보고 계급투쟁을 가장 중시하는 반면, 신좌파는 성차별이나 인종차별, 기후위기 등 다양한 문제에 관심을 가져 노동계급의 당파적 이익을 위한 계급투쟁이 아닌, 평등이라는 당위에 의거한 반자본주의 투쟁을 강조한다.

프레이저는 이 책에서 구좌파와 신좌파를 연결할 하나의 다리를 놓았다. 마르크스가 《자본》에서 상품 분석을 통해 생산과정이라는 숨겨진 장소에서 발생하는 착취를 밝혔던 것처럼, 프레이저는 생산과정을 분석하며 그 이면에 숨어 있는 장소, 그리고 그곳에서 벌어지는 수탈을 밝혔다. 노동력에 대한 '정당한' 대가를 지급하며 합법적 틀 내에서 잉여노동시간을 빼앗아버리는 착취와 다르게, 수탈은 노동력에 대한 정당한 대가 자체를 지불하지 않는 것을 의미한다.

앞서 마르크스주의 경제학의 잉여가치 부분에 대해 살펴보며, 우리는 자본가가 임금으로 지불하는 비용을 줄이기 위해 노력한다는 사실을 알아봤다. 이러한 시도는 여성 억압의 원인이 된다. 남성 노동자가 일을 하는 동안 그의 재생산 비용 중 일부를 가정에, 가사노동을 담당하는 여성에게 전가하는 것이다. 자본가는 이러한 노동에 정당한 대가를 지불하지 않아 수탈이 발생한다. 이러한 수탈은 국가와 국가 간의 관계, 사회와 자연 간의 관계에서도 나타난다. 자본주의 국가는 생산비용의 일부를 비자본주의 혹은 반#자본주의 개발도상국에 그대로 전가하며, 자본주의 사회는 자연마저도 수탈의 대상으로 삼는다. 이에 대한 정당한 비용 역시, 여성이 담당하는 사회적 재생산 비용과 마찬가지로, 지불되지 않는다.

낸시 프레이저는 이러한 자본주의를 "식인 자본주의"로 명명한다. 영단어에서 식인cannibalism을 동사형cannibalize으로 쓸 경우, 사람을 잡아먹는다는 원래의 의미 말고도 두 가지 의미를 더 가지고 있다. 우선 이는 '어떤 설비에서 부품을 떼어내 다른 설비를 만들거나 유지하는 데 쓴다'는 파생적 의미를 가진다. 식인 자본주의란 자본주의 사회가 자신을 유지·확대하기 위해 주변의 비자본주의적 영역을 끌어쓰는 점을 의미하는 단어인 것이다. 또한, 동사형에는 '블랙홀이 다른 물체를 흡수한다'는 의미도 있는데, 이는 식인 자본주의의 중심부 자본이 주변부를 끊임없이 빨아들이는 것을 의미하기도 한다. 이러한 점에서 식인 자본주의는 자신의 꼬리를 잡아먹으며 자멸하는 신화 속 뱀 '우로보로스'를 닮았다.

마르크스는 자본주의 아래에서 착취당하는 노동계급이 자본주의를 지양할 보편계급이 될 수 있다고 봤다. 낸시 프레이저는 《자본》에서 이야기한 착취로부터 수탈을 분석하며, 노동계급뿐만 아니라 자본주의 주변부의 수탈당하는 이들 역시 보편계급이 될 수 있음을 밝혔다. 프레이저는 이러한 식인 자본주의에 대항하려면 기존 마르크스주의에서 강조했던 노동계급의 계급투쟁뿐만 아니라, 자본주의체제 '접합 부위'에서 벌어지는 '경계투쟁' 역시 함께해야 한다고 봤다. 식인 자본주의라는 틀을 통해 자본주의 사회에서 벌어지는 착취와 수탈을 동시에 조명한 낸시 프레이저는 억압받는 모든 피지배계급·젠더·인종이 함께 연대해야 한다고 말한다.

4. 물신성

《자본 I》,《자본 II》,《자본 III》

그러므로 생산자들에게는 그들의 사적 노동 사이의 사회적 관계가 …… 오히려 사람들 간의 물적 관계 또는 물적 존재들 간의 사회적 관계로서 나타난다.

—《자본 I》(마르크스, 1867: 135)

자본의 순환

자본은 일반적으로 다음과 같은 순서를 통해 한 차례 순환을 거친다.

〈식 5-2〉

M-C-M′

이러한 공식을 마르크스주의 경제학에서는 '자본의 일반공식'이라고 부른다. 이 식에서 M은 화폐Money, C는 상품Commodity을 의미한다. 독일어로 표시할 경우 화폐는 Geld에서 따 G, 상품은 Ware에서 따 W로 쓰기도 한다.

자본가는 자신이 초기 가지고 있던 화폐 M을 통해 상품 C를 구매하며, 생산과정을 거쳐 다시 시장에서 화폐로 교환한다. 그러나 교환과정의 마지막에 나타나는 화폐는 M이 아닌 M'이다. 사용가치가 목적이 되어 상품에서 시작해 C-M-C로 이어지는 단순상품유통 사회*와는 다르게, 자본주의 사회에서는 화폐에서 시작해 화폐에서 끝난다. 따라서 처음의 M과 마지막의 M'는 질적으로는 동일하며 오로지 양적인 차이만 존재한다. M'는 더 많은 화폐, 즉 더 큰 가치인 것이다. 만약, 처음에 자본가가 가진 화폐가 모두 소비로 지출된다면 이는 더 큰 가치로 증식되지 않고 따라서 자본이 아니다. 순환을 거쳐 나타난 화폐 M"는 M+m**이어야 한다. 이 M'는 다시 자본이 되어, 다음 단계에서는 더 큰 화폐량인 M", 즉 M+m1+m2로 나타날 것이다. 자본의 순환은 다른 조건의 변화가 없다면 이론적으로는 무한히 반복될 수 있다.

자본의 일반공식을 풀어쓰면 다음과 같이 된다.

〈식 5-3〉

$$M-C(Lp, Mp) \cdots P \cdots C'-M'$$

---

* 마르크스는 C-M-C의 예시로 성경책을 팔아 브랜디를 사는 사례를 들기도 한다. 이처럼 C-M-C에서 시작되는 상품과 마지막에 나타나는 상품은 질적으로 상이하다. 단순상품생산(유통) 사회에서는 각각의 소생산자가 특화된 상품을 생산하며 시장을 통해 다른 상품들과 교환한다. 이 사회에서 생산의 목적은 자본주의와 같은 이윤 증대가 아닌, 사용가치의 생산이다.

** m은 처음보다 늘어난 화폐량. 소문자라고 해서 더 작은 가치를 의미하는 것은 아닌데, 경우에 따라 M 〉m일 수도, M 〈 m일 수도 있다

Lp는 노동력Labor power을 의미하며 Mp는 생산수단Means of Production을, P는 생산Production을 의미한다. 자본가는 화폐 M을 통해 생산수단과 노동력을 구매하며, 이들의 생산과정을 통해 처음의 M보다 더 큰 가치를 가진 상품 C′가 생산되고, 이를 판매해 이윤을 획득한다. 독일어로 작성할 경우 Lp와 Mp는 각각 A와 Pm으로 표시된다.

자본가의 종류

자본의 일반공식은 다음과 같이 끊어 표현할 수 있다.

(1) M-C
(2) C···P···C′
(3) C′-M′

첫 번째 과정은 화폐자본이 생산자본으로 전화하는 것으로, 이는 금융자본*에 의해 매개된다. 두 번째 과정은 생산의 영역으로, 생산수단이 노동력과 만나 물리적으로 변형되며 새로운 상품이 출현하는데 이는 산업자본에 의해 매개된다. 마지막 과정에서 상품은 다시 화폐자본으로 전화되는데, 이는 상업자본의 역할이다. 자본의 순환과정에서 상업자본가는 유

---

* 레닌이 《제국주의》에서 이야기한 은행과 산업자본의 결합을 의미하는 finance capital이 아닌 financial capital, 즉 은행 등을 의미.

통을 전문적으로 담당하며 순환의 속도를 빠르게 만들어주는 역할을 한다. 한 번 순환할 때의 이윤율이 같다면, 순환의 속도가 빨라질수록 연간 이윤율은 높아지기 마련이기에 상업자본가는 연간 이윤율을 높여주는 역할을 한다. 또한, 금융자본가는 신용제도를 통해 더 큰 투자를 가능하게 만들어 한 사회의 총잉여가치를 늘려준다(다만, 개별 자본가의 입장에서는 레버리지 효과를 통한 이윤율의 증대로서 나타난다). 이 세 자본가는 모두 산업자본가가 상품 생산을 통해 노동자에게서 착취한 잉여가치 중에서 투하한 가치량에 비례하는 평균이윤율에 해당하는 몫을 나누어 가진다. 잉여가치는 오로지 산업자본가에게서 생산됨에도(물론 정확히 말하면 산업자본가에게 고용된 노동자의 노동에서 나온다), 각 자본가는 마치 주식 소유량에 따라 배당금을 나눠 가지는 주주들처럼 사회에서 투여된 총자본 중에서 자신이 투자한 비율만큼의 잉여가치를 나누어 가지는 '자본주의라는 주식을 소유한 주주'가 되는 것이다.

물신성

자본주의 사회에서, 여러 종류의 자본가는 자신이 가진 자본을 투자해 이윤의 형태로 더 큰 가치의 자본을 얻는다. 따라서 그들에게는 화폐가 화폐를, 자본이 자본을 낳는 것처럼 보인다. 그 이면의 잉여가치의 원천인 노동은 사라지며 이윤이라는 현상만이 나타나게 되는 것이다. 이처럼 자본주의 사회에서 인간과 인간 간의 관계가 사물과 사물 간의 관계로 전도되어 나타나는 현상을 마르크스는 물신성fetishism이라 부른다. 많은 마르크스주의 경제학자들은 《자본》 1권 1편 1장 4절에서 소개되는 물신성을 단순히 1장 4절에서 그치는 것이 아닌, 《자본》 전권을 관통하는 가장 중요한 개념으로 꼽는다.

우리는 흔히 '페티시즘'이라 하면 성적 페티시즘을 떠올린다. 어떤 사람이 특정한 물건이나 생식 활동과 무관한 특정 신체 부위에 성적 욕망을 느끼는 것 말이다. 이러한 성적 페티시즘에서는 각 개인이 욕망하는 물건 혹은 신체 부위가 구체적으로 특정된다. 반면 자본주의 사회의 물신성은 특정 사물이나 인물과만 관계되지 않는다. 자본주의 사회를 살아가는 모든 사람은 물신성에 빠질 수밖에 없으며, 물신성은 물질의 구체적 특징에 상관없이 모든 종류의 상품에서 나타난다.

자본주의 사회에서의 물신성은 상품물신성에서 시작한다. 자본주의는 '무정부적'인 생산활동이 이루어지는 체제로서, 사회구성원들에게 자신의 삶을 재생산하기 위해 시장에서 상품을 구매하도록 강제한다. 이 과정에서 오로지 겉으로 보이는 시장에서의 교환, 상품 간의 관계만을 숭배하게 된다. 시장에서의 교환활동 또한 본래는 상품 생산자들 사이의 사회적 관계이지만, 이들은 뒷전으로 밀려나며 상품 생산자로부터 자립한 물건들 사이의 사회적 관계인 양 나타나는 것이다. 이러한 상품물신성은 상품의 가치를 표현해주는 가치척도인 화폐가 반대로 상품을 지배하게 되는 화폐물신성으로 이어진다. 화폐란 상품의 일반적 등가물, 즉 다종다양한 상품들의 가치를 표현해주는 수단에 불과하다. 그러나 화폐물신성의 단계에 오면, 이제는 오히려 화폐가 처음부터 다른 모든 상품들의 능력을 지니고 있었던 것처럼 보이게 된다. 다르게 표현해보자. 앞선 2절에서 살펴봤듯 모든 상품은 두 가지 상이한 가치, 즉 사용가치와 가치를 동시에 지니고 있다. 그러나 화폐라는 상품의 특이한 점은, 화폐는 질적으로 상이한 모든 상품들과 교환이 가능하다는 것이다. 그 결과 화폐는 무한한 사용가치를 지닌 것처럼 보이게 된다. 이것이 바로 마르크스가 이야기한 화폐물신성이다. 그러나 여기에서 모순이 발생한다. 개인이 소유할 수 있는 화폐의 양은 언제나 제한되어 있는데, "화폐의 양적인 제한과 질적인 무제한 사이의 이런 모순은 화폐축장자를 끊임없는 축적이라는 시시포스의 노동으로 몰아넣는다"(마르크스, 1867: 207). 필요한 상품을 구매하기 위한 수단에 지나지 않았어야 할 화폐가 그 자체로 목적이 되며, 마르크스가 "아무리 새로운 국가를 정복하여 국토를 넓혀도 여전히 새로운 국경에 맞닥뜨리게 되는 세계 정복자"(ibid.)라고 표현한 사람처럼 자본주의 사회의 구성원들은 무한한 화폐 축적의 욕구에 사로잡히게 되는 것이다.

화폐물신성은 더 나아가, 자본주의 사회에서 자본가의 화폐 축적을 가능하게 해주는 잉여가치의 원천이 노동임을 망각하고 자본 그 자체를 숭배하게 되는 자본물신성으로 이어진다. 자본주의 사회에서 부르주아는 화폐를 통해 노동자에게 정당한 "노동력의 가치"를 임금으로 지급하고도 잉여가치를 얻을 수 있다. 즉 노동과 노동력의 차이로 인해, 시장의 원리인 등가교환의 법칙을 따르고도 추가로 잉여노동을 수취할 수 있는 것이다. 결국 자본주의 사회를 지탱하는 착취라는 본질은 잘 보이지 않게 된다. 더 나아가, 자본주의가 발달하며 사회적 노동의 생산력이 증대될 때, 이것 역시 물신성을 통해 자본의 힘으로 포섭된다. 모든 사회 발전은 자본의 신비한 능력 덕분인 것으로 포장되며, 그 과정에서 자본의 노동에 대한 지배는 더욱 강화된다. 상품들 사이의 교환이 증가하며 등장한 화폐가 시간이 지남에 따라 거꾸로 다른 상품들을 지배하는 신비한 존재로 전도되는 것처럼 말이다. 스스로 노동하지 않는 계급이 가져가는 잉여가치를 정당화해주는 물신성은 단순히 자본가와 노동자 사이의 관계에서만 나타나지는 않는다. 마르크스는 노동자, 자본가와 함께 지주를 자본주의 사회의 3대 계급으로 꼽았다. 노동자는 노동시장에서 임금을, 자본가는 화폐시장에서 이윤(혹은 이자)을, 지주는 토지시장에서 지대를 얻음으로써 자신의 삶을 재생산할 수 있다. 그러나 앞서 살펴봤듯 각 계급의 수익의 원천은, 자본가의 이자뿐만 아니라 지주의 지대 역시도 모두 노동자의 노동을 통해 생산된 가치이다. 하지만 물신성은 스스로 노동하지도, 노동자를 착취하지도, 심지어는 자본가와 같이 파산의 위험을 부담하지도 않는 지주계급 역시 정당한 대가를 얻는 것처럼 보이게 만드는데, 지주가 수취하는 잉여가치인 지대는 토지라는 자연요소에서부터 직접 발생하는 것처럼 은폐된다(마르크스, 1894: 1107). 더 나아가 물신성은 1장에서 살펴본 자본주의 사회에서의 소외의 원인이 되기도 한다.

자본주의의 물신성은 상품들 혹은 화폐 사이의 단순한 양적 관계라는 베일로 자본주의 사회의 실제 모습을 은폐한다. 이는 과학과 합리성을 무기로 종교적 세계관을 비판하며 근대 사회를 태동시켰던 계몽주의 철학자들의 주장을 정면으로 반박한다. 계몽주의 철학자들이 '합리적'이라고 생각했던 근대 자본주의 사회 역시 사실은 일종의 환상을 계속해서 생산하는 것이다.

그러나 물신성을 분석할 때 주의해야 할 점이 있다. 물신성이 자본주의 사회에서 사실은 인간과 인간 간의 관계로 표현해야 할 현상이 전도되어 상품들 사이의 관계로 나타나는 현상이라 해서, 단순히 그릇된 환상에 불과할 뿐이라고 생각해서는 안 된다는 점이다. 물신성은 분명히 자본주의 사회의 이면에서 실제로 일어나는 일을 감추는 환상이지만, 동시에 물질성을 지녀 사회적 관계 속에서 실제로 힘을 발휘하기도 한다. 상품물신성과 화폐물신성은, 필요한 누구나 사용해도 되는 상품을 시장에서 화폐를 통해 구매해야만 사용할 수 있도록 강제하는 그릇된 관계를 만든다. 그러나 동시에 자본주의 사회가 지속되는 이상 그 사회 속 구성원들은 화폐를 주고 상품을 구입하는 것 외에는 대안이 없다. 시장에서 판매 중인 물건을 화폐를 지급하지 않고 사용하는 행위는 자본주의 사회에서 절도로 규정되며 처벌의 대상이 되기 때문이다. 따라서 고유한 물질성을 가지고 있는 물신성은 이를 단순히 가상적 관계라고 비판하는 것만으로는 없앨 수 없으며, 실천을 통해 자본주의 사회 자체를 전복했을 때에만 진정으로 벗어날 수 있다.

더 읽어보기

칼 폴라니《거대한 전환》

20세기 초중반 활동한 헝가리 출신 정치경제학자 칼 폴라니(1886~1964)는 1980년대 신자유주의의 확대 이후, 신자유주의에 대한 비판과 대안을 모색한 학자로서 마르크스와 함께 가장 많이 언급되는 이들 중 한 명이다. 그는 이 책 《거대한 전환》을 통해, 자기조정 시장경제라는 주류 경제학의 주장이 얼마나 근거 없는 것인지를 낱낱이 밝혔다.

자기조정 시장이란 각 상품의 가격이 수요와 공급에 따라 자동으로 조정되는 시장을 말하며, 이러한 시장경제가 사회 속에 깊숙이 내재되어 구성원들의 삶에 절대적인 영향을 미친다는 의미를 내포한다. 물론 시장은 문명의 탄생 이후 인류 역사에서 항상 존재했다. 그러나 부르주아 학자들의 주장과는 다르게, 그러한 시장은 인류의 본성에 의해 자연스럽게 도출된 것이 아니었으며, 시장경제가 국가권력의 필요에 따라 인위적으로 이식된 자본주의 이전까지는 시장이 각 사회구성원의 재생산에 차지하는 비율 역시 적었다. 인류 역사의 대다수에서, 공동체 내에서의 식료품 등 생활필수품의 분배는 주로 상호성에 입각한 선물 혹은 공권력에 의한 재분배 등을 통해 이루어졌으며, 공동체 간의 대외무역을 제외한, 한 공동체 안에서의 마을장터라는 것은 주로 어쩌다 한 번씩 생기는 남는 재화들을 교환하는 장소에 지나지 않았다.

　　전국 어디에서나 동일한 화폐로 동일한 상품을 구매할 수 있는 전국적 시장은 국민국가가 등장한 16세기 이후 중상주의 시대에, 공권력의 인위적 개입으로 시작되었다. 국가와 자유시장의 대립이라는 애덤 스미스의 주류 담론과는 다르게, 자유시장의 등장은 역설적으로 국가의 개입을 필요로 했다는 것이다(이는 사실 시장경제체제를 만드는 것뿐만 아니라 그것을 지속적으로 유지하는 데도 마찬가지다). 게다가 전국적 시장이 막 등장한 그때까지도 인구의 대다수는 농촌에서 자급자족을 통해 생활을 영위했다. 시장경제가 사회구성원들의 재생산을 전적으로 담당하는 자기조정 시장은 산업혁명 이후에야 나타났다.

　　이전까지의 시장은 사회구성원들의 생존과는 크게 관련이 없었으며, 거래는 우연히 일어났기에 상품의 가격은 상인의 말재주에 달려 있기 일쑤였다. 그러나 시장경제가 깊숙이 자리 잡은 이후에는 상황이 바뀌었다. 농기구도, 곡물도, 옷도 상호성에 입각해 이웃끼리 선물하거나 빌릴 수 있는 것이 아니라 시장에서 구매해야 할 상품이 되었다. 이러한 시장경제에서는 밀가루 가격이 오르면 빵 가격이 덩달아 뛰고, 결국 생활비의 상승으로 노동자의 임금도 오르는 등 연쇄적인 반응이 일어나기에 시장은 장기적으로 균형을 유지한다. 최소한 주류 경제학자들이 설명하는 바는 그렇다.

　　이러한 자기조정 시장은 모든 재화는 시장에서 거래되며, 모든 소득은 시장에서 나온다는 의미를 함축한다. 따라서 어떠한 시장이든 그것의 형성을 금지해서는 안 된다. 여기에서의 '어떠한 시장'이란 산업의 결과 나타나는 재화를 판매하는 시장뿐만 아니라, 산업 그 자체의 조건이 되는 토지시장과 노동시장, 화폐시장 역시 포함한다. 그리고 마르크스가 《자본》 3권 7편에서 분석했듯이, 토지·노동·화폐시장이 존재하는 자기조정 시장경제에서는 토지시장에서 소득을 얻는 지주, 노동시장의 노동자, 그리고 화폐시장의 자본가 이렇게 3대 계급이 형성된다.

그러나 자기조정 시장이 작동하기 위해 상품화가 필수적인 노동과 토지, 화폐는 사실 본래 상품이 될 수 없는 것이었다. 따라서 자본주의의 물신성과 상품이 될 수 없는 것들의 상품화는 자본주의적 시장경제를 유지하기 위해 필수적이지만, 다시 시장경제를 왜곡하며 위험을 초래한다. 노동은 인간 활동의 다른 이름일 뿐이며 토지는 인간이 살아가는 자연 그 자체이다. 화폐 역시 구매력의 징표일 뿐이다. 이 세 가지는 상품화될 목적으로 생긴 것이 아니며, 다른 재화들처럼 생산량을 임의로 조절할 수도 없다. 결국, 자본주의 시장경제는 허구적인 상품에 전적으로 의존하고 있는 것이다.

인간과 자연환경의 운명이 시장의 원리에 따라 좌우될 때, 사회는 폐허가 된다. 인간의 노동은 헐값에 사고 팔리며 자연은 파괴된다. 이는 결국 국가 간의 분쟁을 부르고 군사적 위기를 촉발한다. 폴라니는 자기조정 시장의 형성이 사회를 파편화시키고 1930년대 대공황 같은 위기를 촉발할 때, 사회가 자기보호를 위해 반작용을 일으킨다고 봤다. 그는 자기조정 시장과 사회의 자기보호의 충돌이라는 끊임없는 이중운동 속에서 자본주의의 위기에 대응한 세 가지 조류가 나타남을 분석했다.

독일의 파시즘과 소련의 사회주의, 미국의 뉴딜은 모두 자본주의의 위기에 대응한 각자의 방식이었다. 독일의 파시즘은 비록 야만적인 방법이지만 산업과 정치에서의 민주주의를 파괴하며 시장제도를 개혁했고, 소련의 사회주의는 경제위기에 대응하기 위해 중앙집중화된 관료계층이 결정하는 지역적 계획경제 모델을 구축했다. 미국의 뉴딜을 파시즘과 사회주의와 동일한 맥락으로 파악했다는 점에서 당시 폴라니의 주장은 충격적이었다. 그러나 폴라니는 무엇보다도 미국의 뉴딜을 가장 이상적인 해결책으로 봤다. 국가로부터 떨어져 홀로 존재하는 자기조정적 시장이 아니라, 국가의 개입을 통해 적절하게 통제되는 시장을 통해 완전한 민주주의를 달성할 수 있다고 믿은 것이다.

이러한 점에서 폴라니는 자기조정 시장이라는 허상과 상품이 될 수 없는 것들의 상품화에 대한 통렬한 비판을 통해 자본주의의 확대 경향을 적절하게 분석했지만, 국가를 자본주의적 계급관계에서 독립된 중립적 존재로 보는 오류를 범하기도 했다. 국가기구는 중립적으로 존재할 수 없으며, 지배계급과 인적·경제적 밀접한 관계를 가진다. 국가가 외부에서의 개입을 통해 자본주의의 물신성과 자본의 끊임없는 확대 경향을 억제해줄 것이라는 생각은 환상에 불과하다. 결국, 대안 사회 건설의 주체는 한 줌의 선량한 엘리트가 휘두르는 국가권력이 아니라, 직접 가치를 생산하는 집단적 노동계급이 되어야 할 것이다.

5. 재생산

《자본 II》

생산과정은 그 사회적 형태와 상관없이 연속적이어야 한다. 즉 주기적으로 똑같은 과정을 계속해서 통과해야만 한다. …… 그러므로 모든 사회적 생산과정을 하나의 연속적인 관련 속에서 …… 바라본다면, 그것은 곧 재생산과정이기도 하다.
―《자본 I》(마르크스, 1867: 777)

재생산

지금까지 우리는 자본의 순환과정에서 자연과 사회가 변하거나 고갈되지 않음을 전제했다. 그러나 현실은 그렇게 단순하지 않다. 생산과정의 사회적 형태를 차치하고, 모든 생산과정은 생산조건, 즉 자연과 사회에 대한 재생산과 함께해야 한다. 노동력의 재생산이 전제되어야 다음 날에도 노동자가 노동할 수 있듯이, 자연과 사회가 재생산되어야 생산과정이 반복될 수 있는 것이다.

재생산은 단순재생산과 확대재생산으로 나눌 수 있다. 단순재생산은 자본의 순환과정을 통해 나타난 모든 생산물과 가치가 다 소비되어 다음 생산과정에서도 전대와 같은 규모로 생산이 반복되는 것을 말하며, 확대재생산은 잉여가치 중 일부가 축적되어 생산의 규모가 전대보다 커지는 재생산을 의미한다.

마르크스는 《자본》 2권에서 표식을 통해 단순재생산과 확대재생산이 이루어지는 예시를 들었다. 그는 이 표에서 I부문의 생산과 II부문의 생산을 나누어 각 부문에서 어떻게 재생산이 이루어지는지를 보였는데, I부문은 생산수단에 대한, II부문은 소비수단에 대한 (재)생산과정을 나타낸다.

단순재생산

자본주의 사회에서 잉여가치가 축적되지 않고 모조리 소비되는 단순재생산은 〈표 5-4〉와 같은 형태로 이루어진다.

〈표 5-4〉

I부문: $4,000C_1 + 1,000V_1 + 1,000S_1$

II부문: $2,000C_2 + 500V_2 + 500S_2$

t년의 전체 생산은 다음과 같이 이루어졌다. I부문과 II부문은 똑같은 잉여가치율($s_1/c_1+v_1 = s_2/c_2+v_2 = 20\%$)과 똑같은 착취율($s_1/v_1 = s_2/v_2 = 100\%$)을 가지고 있다. 그리고 그 정의에 따라, 이윤율과 착취율이 같다면 자본의 유기적 구성*은 당연

---

* 자본의 구성이란 생산과정에 있어 생산수단과 노동력의 비율을 의미한다. 엄밀하게는 생산수단과 이를 작동시키는 노동자의 비율인 '자본의 기술적 구성', 불변자본과 가변자본의 가치 비율을 나타낸 '자본의 가치구성', 기술적 구성의 변화를 반영하는 가치구성인 '자본의 유기적 구성'을 모두 구분해야 하지만, 이 책에서는 편의상 다른 언급이 없는 경우 불변자본을 가변자변으로 나눈 값인 '자본의

히 같을 수밖에 없다($c_1/v_1=c_2/v_2=4$). 그러나 현실에서는 산업별로 자본의 유기적 구성이 다를 수밖에 없는데 이에 대한 논의는 다음 절에서 다시 살펴볼 것이다. 또한, 표에서는 I부문이 II부문보다 규모가 큰 것을 알 수 있는데, 이는 자본의 유기적 구성이 1보다 크기 때문이다. II부문이 I부문보다 더 크게 설정해도 똑같은 표식을 완성할 수 있지만, 현실에서는 자본주의가 발전할수록 자본의 유기적 구성이 높아져** 이 표식에서는 그렇게 전제했다.

물론 현실은 훨씬 더 복잡하지만, 논의를 단순화하기 위해 모든 상품은 12월 31일 한 번에 완성되어 시장에 나오며, 나오는 즉시 모두 팔린다고 가정하자(설명을 간단하게 하기 위한 전제일 뿐, 이 전제 없이도 표식은 성립한다). t년의 12월 31일 I부문에서는 6000만큼의 가치를 지닌 생산수단이, II부문에서는 3000만큼의 가치를 지닌 소비수단이 시장에 나왔다.

우선 I부문의 노동자는 자본가에게서 받은 임금 1000으로 소비수단을 구입한다. 이 소비수단은 I부문의 노동자들이 t+1년 동안 자신의 노동력을 재생산하기 위해 사용한다. 동시에 I부문의 자본가는 1000만큼의 가치를 이용해 자신이 t+1년 동안 사용할 소비수단을 구입한다. 이제 시장에는 1000만

가치구성'을 '자본의 유기적 구성'이라 부르겠다. 각 자본의 구성들 간 구체적인 차이 및 각 구성의 의의는 파인 & 새드-필호(1975, 8장) 및 류동민(2009, 7장) 참고.

** 자본주의에서는 상대적 잉여가치 생산을 위해 편향적 기술진보가 일어나며, 이에 따라 자본가는 노동력을 재편하고 기술을 발전시키므로. 이에 대한 자세한 설명은 이 장의 7절 '이윤율 저하 경향의 법칙'에서 다룬다.

큼의 가치를 지닌 소비수단이 남았다.

Ⅱ부문의 자본가는 소비수단을 구입한 Ⅰ부문의 자본가와 노동자에게서 받은 대금 2000을 통해 t+1년 사용할 생산수단을 구입한다. Ⅰ부문의 자본가는 임금으로 지급한 1000과 자신의 소비수단으로 Ⅱ부문의 자본가에게 지불한 1000을 그대로 돌려받았다. 다시 말해, 자신이 t+1년 동안 사용할 소비수단 1000을 아무런 대가를 지불하지 않고 얻은 것이다.

Ⅱ부문의 자본가 또한 노동자에게 500만큼의 임금을 지불하고, 노동자는 이를 통해 t+1년 동안 쓸 소비수단을 구매한다. 동시에 Ⅱ부문의 자본가들은 서로에게서 t+1년 동안 쓸 소비수단을 구매한다. 이러한 과정을 통해 Ⅱ부문의 자본가 역시 아무런 대가를 지불하지 않고 t+1년 동안 사용할 500만큼의 소비수단을 얻었다.

이제 시장에 남은 것은 4000만큼의 생산수단인데, 이는 Ⅰ부문의 자본가들이 다시 서로에게서 구입한다. 이러한 과정을 통해 12월 31일 t년 한 해 동안 생산된 6000만큼의 생산수단과 3000만큼의 소비수단이 모두 팔렸다. 노동자들은 이때 구매한 소비수단을 통해 t+1년에도 같은 노동을 반복할 것이며, 자본가들은 이때 구매한 생산수단으로 노동자를 고용해 t+1년에도 같은 생산을 반복하는 한편, 사실상 아무런 대가도 지불하지 않고 구매한 소비수단을 가지고 (아마도 노동자보다 풍요로울) 자신의 삶을 t+1년에도 영위한다.

위 내용을 정리하면 다음과 같다.

⟨식 5-4⟩

$$4{,}000C_1 + 1{,}000V_1 + 1{,}000S_1 = 4{,}000C_1 + 2{,}000C_2$$

⟨식 5-5⟩

$$2{,}000C_2 + 500V_2 + 500S_2 = 1{,}000V_1 + 1{,}000S_1 + 500V_2 + 500S_2$$

즉, 이는 다시 다음과 같이 표시할 수 있다.

⟨식 5-6⟩

$$C_1 + V_1 + S_1 = C_1 + C_2$$

⟨식 5-7⟩

$$C_2 + V_2 + S_2 = V_1 + S_1 + V_2 + S_2$$

위 ⟨식 5-6⟩과 ⟨식 5-7⟩ 양변을 각각 정리하면 다음과 같은 하나의 식이 나온다.

⟨식 5-8⟩

$$C_2 = V_1 + S_1$$

이 식은 단순재생산의 기본조건이라 불린다. 생산 규모와 관계없이, 이 조건만 만족한다면 단순재생산은 성립한다.

확대재생산

그러나 현실에서는 모든 잉여가치가 소비되어 단순재생산이 이루어지는 경우는 없다고 봐도 무방하다. 모든 잉여가치가 산업자본가의 손에 떨어지며 이는 모두 소비된다는 단순화된 가정과는 다르게, 현실에서는 잉여가치 중 일부가 배당금이 되어 투자자(소액주주를 포함하는)의 손에 들어가기도 하며 또 일부는 세금으로 징수되기도 한다.* 그러나 무엇보다도, 현실에서는 잉여가치 중 일부분이 축적되어 다음번 생산에 사용된다. 즉 확대재생산이 일어나는 것이다.

논리적으로 가능한 재생산은 단순재생산과 확대재생산, 그리고 축소재생산이다. 그러나 공황의 시기를 제외한다면 자본주의 사회에서 반복되는 것은 확대재생산뿐이다. 물론 역사적으로 자본주의에서 세계시장의 경제성장률은 해마다 편차는 있었을지언정 보통 5% 내외를 넘지 않았기에, 이 정도의 오차는 무시하고 단순재생산만을 통해 자본주의 사회의 재생산을 설명할 수도 있다. 5%의 오차는 대출 등 신용제도를 통해 설명할 수 있기 때문이다. 그러나 자본주의 사회에서 확대재생산이 반복되는 한, 단순재생산 표식을 설명했던 것과 마찬가지로 확대재생산 표식 역시 설명할 필요가 있다.

확대재생산 표식은 〈표 5-5〉와 같다.

---

* 노동자가 받는 배당금이나 세금을 통한 복지는 노동자가 받아야 할 임금의 한 형태로 볼 수 있다. 이는 노동자의 노동력 재생산 비용, 즉 임금을 줄이는 역할을 할 수 있기 때문이다.

〈표 5-5〉

Ⅰ부문: $4,000C_1+1,000V_1+1,000S_1$

Ⅱ부문: $1,500C_2+750V_2+750S_2$

〈표 5-5〉 역시 〈표 5-4〉와 마찬가지로 두 부문이 같은 착취율(100%)을 가지고 있다. 그러나 우선 주목해야 할 것은 두 산업의 자본의 유기적 구성비(Ⅰ부문에서는 4, Ⅱ부문에서는 2)가 다르다는 것인데, 이에 따라 두 산업의 잉여가치율 역시 다르게 나타난다. 실제로 단순재생산 표식에서는 두 부문의 자본의 유기적 구성과 잉여가치율이 같다고 가정했지만, 현실에서는 그렇지 않다. 역사적으로 대부분의 경우, 생산수단을 생산하는 Ⅰ부문은 소비수단을 생산하는 Ⅱ부문보다 높은 자본의 유기적 구성을 지닌 경향을 보였다. 우리는 우선 확대재생산 표식이 어떻게 작동하는지를 살펴본 후, 자본의 유기적 구성에 대한 자세한 설명은 추후에 다시 할 것이다.

Ⅰ부문의 자본가들이 잉여가치 중 절반을 사용하고, 나머지 반은 다음 생산에 추가로 투자한다고 가정해보자. 잉여가치 중에서 불변자본에 투자하는 부분을 SC, 가변자본에 투하하는 부분을 SV, 자본가가 소비에 사용하는 잉여가치를 SK라고 하면 t+1년 〈표 5-5〉는 〈표 5-6〉과 같이 바뀐다.

〈표 5-6〉

Ⅰ부문: $(4,000C_1+400SC_1)+(1,000V_1+100SV_1)+500SK_1$

이 중 Ⅱ부문의 소비재와 교환되는 부분의 가치는 $1000V_1+100SV_1+500SK_1=1600$이다. 이에 따라 Ⅱ부문의 자본가 역시 소비재 판매 대금으로 받은 1600만큼의 가치로 생산재를 구매하며 균형을 이루는데, 따라서 SC_2는 100이 된다. Ⅱ부문의 자본의 유기적 구성에 따라 $C_2/V_2=(C_2+SC_2)/(V_2+SV_2)=2$이므로, SV_2는 50이 된다. 결론적으로 t+1년의 Ⅱ부문의 가치는 〈표 5-7〉과 같이 구성된다.

〈표 5-7〉

Ⅱ부문: $(1{,}500C_2+100SC_2)+(750V_2+50SV_2)+600SK_2$

즉 Ⅰ부문의 생산재 중에서 1600만큼은 Ⅱ부문의 소비재와 교환되며, 나머지 4400은 Ⅰ부문의 자본가들이 다시 사용한다. Ⅱ부문 역시 Ⅰ부문과 교환된 1600을 제외한 나머지 1400만큼의 소비재는 Ⅱ부문 내에서 교환된다. 다른 조건이 같을 때, t+1년의 총생산물은 〈표 5-8〉과 같이 구성된다.

〈표 5-8〉

Ⅰ부문: $4{,}400C_1+1{,}100V_1+1{,}100S_1$
Ⅱ부문: $1{,}600C_2+800V_2+800S_2$

이러한 과정이 다음 해에도 반복될 경우 t+2년의 총생산물은 〈표 5-9〉, 〈표 5-10〉과 같이 구성된다.

〈표 5-9〉

I 부문: $(4,400C_1+440SC_1)+(1,100V_1+110SV_1)+550SK_1$
II 부문: $(1,600C_2+160SC_2)+(800V_2+80SV_2)+560SK_2$

〈표 5-10〉

I 부문: $4,840C_1+1,210V_1+1,210S_1$

II 부문: $1,760C_2+880V_2+880S_2$

위로부터 알 수 있는 확대재생산의 조건은 다음과 같다.

〈식 5-9〉

$$C_2+SC_2=V_1+SV_1+SK_1$$

재생산 표식의 변형[*]

우리가 살펴본 단순재생산 표식과 확대재생산 표식은 몇 가지 가정을 통해 간단히 한 것으로, 실제 사회는 훨씬 더 복잡하게 진행될 것이다. 이 장의 마지막 절에서 설명하겠지만 자본주의 사회에서 자본의 유기적 구성은 증가하며 동시에 착취율도 증가해 이윤율은 증가와 감소의 추세를 보이며 장기적으로는 저하하는 경향이 있다. 그러나 그러한 가정을 재생산 표

---

[*] 김수행(2008); 정이근(2017) 등 참고.

식에 다 담는 것은 굉장히 복잡해지기에 마르크스는 위와 같은 재생산 표식을 만든 것이다. 마르크스는 재생산 표식을 통해 무엇보다도 "각 자본은 불변적 부분(c)과 가변적 부분(s)으로 구성되지만, 불변자본 역시 최초에는 노동자의 노동으로 만들었다. 따라서 사회의 자본은 모두 가변자본이며, 노동자의 임금이다"라는 애덤 스미스의 도그마를 반박하고자 했다. 마르크스는 표식을 통해 다음 해의 재생산이 이루어지는 조건을 이야기하며 그 과정에서 자본가가 노동자로부터 착취하는 잉여가치가 항상 존재함을 보인 것이다. 결국, 마르크스에게는 재생산의 조건을 나타내는 이 표식만으로도 충분했다.

그럼에도 로자 룩셈부르크 등과 같은 마르크스주의 이론가는 이러한 마르크스의 표식을 비판하며, 자본의 유기적 구성과 착취율이 증가하는 재생산 표식을 다시 만들고자 했다. 룩셈부르크는 그 표식을 통해, I부문의 생산과 II부문의 생산 사이의 불균형이 점점 커지는 것을 보이며, 불균형을 해결하기 위해서는 자본주의 외부의 식민지 시장이 필수적이라고 이야기했다. 룩셈부르크는 당시 선진 자본주의 국가 사이에서 세계적으로 확대되고 있던 제국주의의 원인을 이러한 자본주의의 내재적 모순에서 찾았던 것이다. 더군다나 비자본주의 사회 역시 시장의 확대에 따라 언젠가는 결국 모두 자본주의에 편입될 수밖에 없다는 점을 생각하면, 자본주의의 발전과 확대는 동시에 자본주의의 몰락으로 이어지는 길인 셈이었다.

그러나 오스트리아의 사회주의자 오토 바우어는 이러한

룩셈부르크의 주장을 반박했다. 그는 불변자본은 10%의 속도로, 가변자본은 5%의 속도로 증가해 자본의 유기적 구성이 고도화되더라도,* 각 부문 사이에서 자본의 이동이 일어나며 균형이 맞춰질 수 있다고 주장했다. 룩셈부르크의 주장처럼 I부문에는 공급 부족이, II부문에서는 공급 과잉이 점차적으로 확대된다면 II부문에 해당하는 자본이 그만큼 이동하며 균형이 맞춰진다는 것이다.

재생산 표식과 공황

마르크스의 재생산 표식은 다음 해에도 균형적인 생산이 이루어지는 조건을 찾기 위한 시도였다. 우리는 $c_2=v_1+s_1$과 $c_2+sc_2=v_1+sv_1+sk_1$를 통해 그 조건을 찾았다. 그러나 자본주의에서 생산은 이윤율을 따라 무정부적으로 이루어지기에, 항상 이 조건이 만족되는 것은 아니다. 이윤율을 따라 I부문과 II부문 사이의 자본이 이동하며 조건이 깨질 수도 있고, 자연환경의 변화나 전쟁, 원료값 폭등 등 존재 가능한 수많은 변수로 생산 규모가 변하며 균형이 안 맞게 될 수도 있다. 물론 이러한 균형이 깨진다고 해서 당장 경제에 심각한 타격이 오지는 않을 것이다. 개별 기업이 채권이나 대출 등 각종 신용제도를 이용하여 파산을 유예할 수도 있고, 상황이 심각한 경우에는 정부가 대규모 자금을 투입해 문제를 덮을 수도 있다. 그러

---

* 기술이 발전해 생산과정에서 자본의 유기적 구성 c/v가 증가하는 것을 의미.

나 정부의 자금은 무한하지 않고, 부채는 언젠가는 만기가 도래한다. 그날이 오면 각종 임시방편으로 위기를 막고자 했던 무정부적인 자본주의 시장경제는, 그때까지 유예했던 대가를 한꺼번에 치러야 할 것이다.

6. 평균이윤율과 전형

《자본 III》

이윤은, …… 각 자본들이 직접 생산한 각자의 이윤량에 따라 정해지는 것이 아니라, 총생산에 사용된 사회적 총자본에서 각 자본이 차지하는 비율에 따라 …… 평균적으로 배분되는 이윤량에 의해 정해진다.

—《자본 III》(마르크스, 1894: 217)

이종산업 간의 이윤율 균등화

앞서 언급했듯이, 역사 속에서 I부문은 II부문보다 자본의 유기적 구성이 고도화되는 경향이 있다. 혹은, 꼭 I부문이 더 고도화되지 않더라도, 산업별로 자본의 유기적 구성은 당연히 다를 수밖에 없다. 그러나 여기에는 모순이 있는 것처럼 보인다. 자본주의 사회에서 자본은 높은 이윤율을 따라 자유롭게 이동하며, 전체 이윤율이 균등화되는 경향이 있다. 그러나 동시에 노동자들 역시 이동이 가능하기에, 착취율 역시 균등화되는 경향이 있다. 하지만 그 정의에서부터 알 수 있듯이, 자본의 유기적 구성이 다르다면 이윤율과 착취율이 모두 균등화되는 것은 불가능한 것처럼 보인다.

한 사회의 생산이 다음처럼 이루어진다고 가정하자. I부문에서는 생산수단 A를 10개, II부문에서는 소비수단 B를

1000개 생산한다.

<표 5-11>

I부문: $6,000c_1 + 4,000v_1 + 4,000s_1$
II부문: $4,000c_2 + 6,000v_2 + 6,000s_2$

A의 개별 가격은 1400, B의 개별 가격은 16이다. 두 부문의 착취율은 모두 100%로 같다. 그러나 I부문의 이윤율은 40%, II부문의 이윤율은 60%로 다르게 나타나는데, 이는 I부문의 자본의 유기적 구성이 더 높기 때문이다.

여기서 잠깐 이 장의 두 번째 절 '사용가치와 가치'로 돌아가보자. 우리는 효용가치론과 노동가치론을 비교했다. 또한 우리는《임금노동과 자본》,《임금, 가격, 이윤》등의 저서를 통해 마르크스가 수요와 공급에 대해 부정하지 않았음을 살펴봤다. 장기적으로는 노동의 가치에 따라 가격이 정해지지만, 단기적으로는 수요와 공급의 영향을 받는 것이다. 수요와 공급의 영향에 따라, <표 5-11>에서 I부문의 생산자 중 일부는(조금 더 정확히 설명하면, I부문에 투자되는 금융자본financial capital 중 일부는) 더 높은 이윤율을 제공하는 II부문으로 옮길 것이다. I부문에서 II부문으로, 예컨대 2500가치만큼의 자본이 이동했다고 하자.* 이제 전체 생산물은 <표 5-12>와 같이 생산된다.

---

* 2500은 임의로 가정한 숫자다.

⟨표 5-12⟩

Ⅰ부문: $4,500c_1 + 3,000v_1 + 3,000s_1$
Ⅱ부문: $5,000c_2 + 7,500v_2 + 7,500s_2$

자본이 이동했을 뿐, 생산방법이 바뀐 것이 아니므로 자본의 유기적 구성은 전과 동일하다. 상품 A는 개당 1050, B는 개당 20만큼의 가치를 지닌다. 그러나 이 상황에서는 균형가격이 형성되지 않는다. 상품 A는 수요가 공급을 초과하며, 상품 B는 공급이 수요를 초과하기 때문이다. 결국 균형가격은 ⟨표 5-13⟩과 같이 형성된다.

⟨표 5-13⟩

Ⅰ부문: $4,500c_1 + 3,000v_1 + 3,750s_1$
Ⅱ부문: $5,000c_2 + 7,500v_2 + 6,250s_2$

생산수단인 상품 A는 개당 1125에서, 소비수단인 B는 개당 18.75에서 균형가격이 형성된다. 이를 가치에서 생산가격** 으로의 전형이라 부른다. ⟨표 5-13⟩에서는 전형의 결과 두 부문의 이윤율은 50%로 같아졌다. 그러나 두 부문 간의 이윤율이 달랐던 ⟨표 5-11⟩과 비교했을 때, $s_1 + s_2$의 값은 10000으로 변하지 않았다. 즉, 각 산업의 잉여가치율은 변화했지만, 이는

** 평균이윤율에 따라 새롭게 나타난 가격.

잉여가치가 한 곳에서 다른 곳으로 이동한 것일 뿐 잉여가치가 사라지거나, 새로 창출된 것은 아니다. 이로부터 우리는 여전히 잉여가치의 원천은 노동자의 노동임을 알 수 있다.

전형문제의 제기

이러한 가치에서 가격으로의 전형에 대해 비판하는 학자들이 있다. 소위 '전형문제'라 불리는 이 비판은, 1907년 독일 베를린대학교(현 베를린홈볼트대학교)의 러시아 출신 경제학자 라디슬라우스 보르트키에비치에 의해 처음 제기된 후 100여 년 동안 많은 마르크스주의자들을 괴롭혀왔다.

〈표 5-11〉과 〈표 5-13〉의 숫자들을 통해 이를 확인해보자. 〈표 5-11〉에서 상품 A와 상품 B의 개별 가치는 각각 1400과 16으로 계산되었다. 그러나 자본의 이동에 따른 결과 〈표 5-13〉에서 이는 각각 1125와 18.75로 변한다. 앞서 계산의 편의를 위해 이 사회에 상품이 A(Ⅰ부문)와 B(Ⅱ부문) 두 가지만 존재한다고 가정했다. 따라서 우리는 다음과 같은 사실을 알 수 있다. 이 사회에서 자본가는 생산수단 상품 A를 구매하며 노동자를 고용하여 각각 상품 A와 B를 생산한다. 또한 노동자는 임금을 통해 소비수단인 상품 B를 소비하며 각각 상품 A와 상품 B를 생산한다. 그러나 문제가 있다. 〈표 5-11〉에서 〈표 5-13〉으로 넘어가며 상품 A, B의 가치가 가격으로 바뀌었는데, 각 부문의 불변자본과 가변자본의 가격은 변하지 않은 것이다(숫자 자체는 변했지만, 이는 자본의 이동 때문이지 전형 때문이

아니다). 따라서 생산가격은 전형을 통해 새롭게 정해진 가격을 통해 다시 구해져야 한다. 이것이 전형문제이다.

우리가 여기에서 구해야 할 변수는 세 가지다. 상품 A의 가치와 가격 사이의 비율(이를 ra라 하자), 상품 B의 가치와 가격 사이의 비율(이를 rb라 하자), 그리고 이에 따라 새롭게 계산한 이윤율(이를 np″[*]라 하자)이다. 전형문제가 마르크스주의자들을 괴롭히는 '문제'가 되는 것은 이곳이다. 변수는 세 가지인데, 이를 계산할 식이 네 가지인 것이다.

우선 각각 상품 A와 상품 B의 가격에 관한 식이 있다.

〈식 5-10〉

$(4{,}500ra + 3{,}000rb) \times (1+np'') = 10{,}500ra$

〈식 5-11〉

$(5{,}000ra + 7{,}500rb) \times (1+np'') = 20{,}000rb$

그러나 여기에 총가치는 총가격과 같다는 가정[**]과 총잉여가치는 총이윤과 같다는 가정[***]을 추가해야 한다. 즉, 두 개의 식이 더 추가되는 것이다. 변수의 개수가 n개일 때, 이를 계

---

[*] p″는 평균이윤율. 각 자본 간의 경쟁을 통해 이윤율이 평균으로 수렴한다는 가정하에, 상품의 가격은 (c+v)×(1+p″)로 표현할 수 있다. 이윤율의 균등화에 관해서는 다음 절 참고.
[**] 10,500ra+20,000rb=30,000
[***] (9,500ra+10,500rb)×np″=10,000

산하기 위한 식이 n+1개가 나타나면 수학에서는 이를 '불능'이라 부른다. 모든 식을 만족시키는 변수의 값이 존재하지 않는 것이다.* 따라서 마르크스 경제학에서의 전형문제는, 최소한 이 상태로는 해결할 수 없는 것으로 여겨졌다.

전형문제를 해결하기 위한 마르크스주의 경제학자들의 가장 대표적인 주장 중 하나는 주류 경제학에서 이야기하는 '외부효과' 개념과 비슷한 '결합생산' 개념의 도입이었다. 특정 자본가의 생산은 단순히 하나의 상품만을 생산하지는 않으며, 경우에 따라서는 다른 자본에게 의도치 않은 도움을 주기도 (양의 결합생산, 주류 경제학에서는 외부경제라 부른다) 피해를 주기도(음의 결합생산, 주류 경제학에서는 외부불경제라 부른다) 한다는 것이다. 목재를 가공하는 과정에서 생긴 톱밥으로 합판을 만드는 것이 전자의 대표적인 예시이며, 후자의 경우로는 공장에서 폐기물이 배출될 때 그 처리 비용이 사회에 전가되는 경우 등이 있다. 또한, 경우에 따라 I부문과 II부문 중 어느 하나로 확정할 수 없는 생산물이 있다. 예를 들어 도로 등의 사회기반시설은 자본이 생산과정에 이용한다면 I부문이 되지만, 노동자가 출퇴근을 위해 이용한다면 II부문이 되는 것이다. 따라서 몇몇 마르크스주의자들은, 앞선 두 가지 내용으로 인해 I부문과 II부문을 정확히 나누거나 측정하는 것이 불가

---

* 실제로, 앞선 〈표 5-11〉과 〈표 5-13〉을 근거로 구한 ra(1,125/1,400), rb(18.75/16), np"(50%)를 이 식에 대입해 보면, 등식이 성립하지 않음을 알 수 있다.

능하며 양자의 정확한 구분을 전제로 하는 전형문제는 처음부터 잘못된 질문이었다고 주장했다. 그러나 이러한 주장이 광범위하게 받아들여지거나, 전형문제를 완전히 해소한 것은 아니었다.

전형문제의 해결**

그러나 전형문제의 해답은 간단했다. 전형문제에서는 전통적으로 다른 부문 간의 서로 다른 자본의 가치구성을 통해 이윤율의 차이를 사고했다('자본의 유기적 구성'이라는 용어를 사용할 때도, 실질적인 용례는 자본의 가치구성이었다). 그러나 마르크스가 주목한 것은 자본의 유기적 구성이었다.

우리는 앞서 편의상 '자본의 가치구성'을 '자본의 유기적 구성'이라 불렀다. 첫째로는 두 개념을 혼용해도 (지금까지는) 상관이 없었기 때문이고, 둘째로 자본의 유기적 구성을 구체적인 수치로 나타내는 것이 사실상 불가능하기 때문이다. 그러나 전형문제의 해결이 이 두 개념의 차이에 달려 있기에, 이 파트에 한해 두 개념을 엄밀히 구분하고자 한다.

** 이 파트의 논의는 파인 & 새드-필호(1975) 10장에 의거한다. 자세한 내용은 해당 저서 참고. 또한, 전형문제는 마르크스주의 내에서도 다양한 학파들 사이 완벽한 결론이 나지 않아, 관점에 따라 이 책과는 전혀 다르게 설명할 수도 있다는 점을 미리 언급해둬야 할 것이다. 예컨대, 혹자는 계속해서 운동하는 자본주의의 동학을 정태적인 식으로 나타내려 한 시도 자체가 문제였다고 주장하기도 한다. 즉, 전형문제의 식을 만족시키는 이상적인 균형 상태란 존재하지 않으며, 오히려 잉여가치율의 균등화와 이윤율의 균등화를 동시에 달성할 수 없다는 모순 그 자체가 자본주의 경제의 추진력으로 작용한다는 것이다. (김수행, 2011: 226)

앞에서도 설명했듯 자본의 가치구성은 생산활동에 투입되는 불변자본과 가변자본 사이의 가치의 비율을 나타낸다. 즉 자본가가 생산수단과 임금에 지출한 화폐량의 비율인 것이다. 반면 유기적 구성은 이러한 가치구성이 기술의 변화를 반영할 때만 변화한다. 예를 들어 반세기 전, 10만큼의 임금을 받는 노동자가 1000만큼의 가치를 가진 컴퓨터를 다뤘다면 자본의 가치구성은 100*이다. 21세기 같은 임금을 받는 노동자가 10만큼의 가치를 가진 컴퓨터를 다룬다면 자본의 가치구성은 1**로 줄어들게 된다. 반면 자본의 유기적 구성은 컴퓨터의 성능이 획기적으로 늘어남에 따라 함께 늘어난다(한편 자본의 기술적 구성은 불변자본과 노동력 사이의 물리량을 측정한다. 반세기 전이나 현재나 똑같이 한 명의 노동자가 한 대의 컴퓨터를 사용했으므로 자본의 기술적 구성에는 변화가 없다).

마르크스가 사고한 것은 자본의 가치구성이 아닌 유기적 구성이다. 〈표 5-11〉과 〈표 5-13〉에서 나타난 수치는 자본가가 각 투입물을 구매할 때 실제로 지불해야 했던 비용과는 상관이 없다. 마르크스가 사용한 자본의 유기적 구성은 생산영역과 관련이 있는 철학적 개념인 반면, 자본의 가치구성은 교환영역과 관련이 있는 회계적 개념이기 때문이다. 사실, 회계적·수리적 정합성을 따지며 자본의 가치구성을 통해 전형문

---

*   1,000/10=100
** 10/10=1

제를 계산하고자 하는 시도 자체에 여러 문제가 있다. 예를 들어, 1000만큼의 가격으로 구입한 석유가 생산과정 도중 500으로 하락했다면 둘 중 어떤 것을 기준으로 계산해야 하는가? 생산수단 중 기계의 감가상각은 정액법으로 계산해야 하는가? 혹은 정률법이나 생산량비례법을 따르는가?*** 재고자산은 선입선출과 후입선출 중 무엇으로 파악해야 하는가? 이 질문들은 실제로 주류 회계학에서도 문제가 되는 부분으로, 어떤 방법을 택하는지에 따라 재무제표는 전혀 다른 모습이 될 수도 있다. 즉 가치에서 가격으로의 전형을 수리적 정합성을 통해 논의하는 것은 애초에 증명도 반증도 불가능한 잘못된 질문이었다는 것이다. 결론적으로, 전형문제에서 제기된 것처럼 새롭게 구한 가격을 〈표 5-13〉에 다시 대입해 다시 계산할 필요는 없다.

*** 정액법, 정률법, 생산량비례법은 모두 주류 회계학의 감가상각 방법이다. 정액법은 단위 기간당 동일한 감가상각비를 상각하는 방법을 말하며, 정률법은 매 기간 일정한 비율만큼 상각하는 방법이다. 예를 들어 120원의 기계가 있다면 정액법은 매해 30원씩 상각하는 반면, 정률법은 첫해에는 60원, 둘째 해에는 30원, 셋째 해에는 15원……씩 상각한다. 한편 생산량비례법은 시간이 아닌 사용량에 비례해 상각하는 방법이다.

7. 이윤율 저하 경향의 법칙

《자본 III》

가변자본에 대한 불변자본 비율의 점진적인 상승은,
잉여가치율[혹은 자본에 의한 노동착취도]이 불변일 때,
필연적으로 일반이윤율의 점진적 하락을 가져온다.

―《자본 III》(마르크스, 1894: 284)

동종산업 간의 이윤율 균등화

　이러한 이윤율의 균등화는 자본의 유기적 구성이 다른 이종산업 간에서만 일어나는 일이 아니다. 동종산업에서도 기계 도입 여부나 노동력의 조직 방식 등에 따라 잉여가치율이 다를 수 있는데, 여기에서도 이윤율 균등화 경향이 나타난다.

　애덤 스미스의 《국부론》에 나온 예시로 설명해보자. 애덤 스미스가 목격한 바에 따르면 핀 공장에서 숙련되지 않은 노동자는 아무리 열심히 일해도 하루에 20개의 핀은 도저히 만들 수 없을 것이라고 한다. 그러나 작업을 18가지 공정으로 나누어 10명이 분업하면, 특별한 기계가 없어도 4만 8000개, 즉 한 명당 4800개를 만들 수 있다(스미스, 1776: 8-9). 공장과 토지 등의 하루 임대료가 100 노동시간이며, 핀 하나의 원재료는 0.1 노동시간의 가치를 지닌다고 가정하자. 또한 모든 노동

자는 공장에서 하루 10시간을 일하며 노동력의 재생산 비용이 5 노동시간이라고 가정하자. 똑같은 10명의 노동자가 하루 동안 핀을 만들 때, 1명이 처음부터 끝까지 생산하는 공장 A와 분업이 일어나는 공장 B에서 생산한 핀의 가치는 〈표 5-14〉와 같이 다르게 나타난다.

〈표 5-14〉

A 공장: 100c+20c+50v+50s=핀 200개
B 공장: 100c+4,800c+50v+50s=핀 48,000개

〈표 5-14〉에 따라, A 공장에서 생산하는 핀은 하나에 1.1의 가치를, B 공장에서 생산하는 핀은 하나에 약 0.1[*]의 가치를 지닌다.

그러나 실제 시장에서는 이 가치대로 팔리지 않는다. 같은 제품이라면 소비자는 다른 가격에 살 필요가 없기 때문이다. 만약 핀 하나가 0.5의 가격에 팔린다고 하면, A 공장주는 핀을 팔면 팔수록 손해를 입는 반면[**] B 공장주는 50의 잉여가치 외에도 1만 9000만큼의 막대한 초과이윤(특별잉여가치에 대한 화폐적 표현)을 얻는다.[***]

결국 B 공장이 시장을 독점하거나, 혹은 A 공장이 B 공장

---

[*] **정확히 말하면** (100+4,800+50+50)/48,000=0.1041667
[**] 200×0.5 < 100+20+50
[***] 48,000/2-(100+4,800+50+50)=19,000

과 같은 분업을 적용할 때까지 경쟁이 일어날 것이다. 전자 혹은 후자가 달성된 경우 시장에서 핀 하나는 약 0.1의 가치에 팔리며 균형 상태가 된다. 이 상태는 한 자본가가 새로운 기계를 도입하거나 노동력을 재편해 생산력을 높이기 전까지 계속될 것이다.

종합했을 때, 우리는 자본주의 사회에서 상품의 가격이 다음과 같이 정해짐을 알 수 있다.

〈식 5-12〉

상품의가격 $= (c+v) \times (1+p'')$

여기서 p''는 평균이윤율을 의미한다(p는 이윤량을, p'는 이윤율을 주로 나타낸다). 즉 자본주의 사회에서 상품의 가격은 자본가가 투하한 자본에 평균이윤율만큼의 잉여가치를 더한 값으로 정해진다는 의미다. 자본주의 사회에서 많은(사실, 우연한 경우를 제외하면 대부분의) 경우 가치는 가격과 일치하지 않지만, 사회의 총가격과 총가치는 항상 일치한다.

이윤율의 저하

바로 위 '동종산업 간의 이윤율 균등화' 파트에서 살펴본 것처럼, 자본주의가 발달할수록 자본의 유기적 구성이 고도화되는 경향이 있다. 기술이 발전하여 더 많은 기계를 도입하고, 자본의 유기적 구성이 고도화될수록 가격보다 더욱 빠르게 높아지는 생산량을 통해 초과이윤을 얻을 수 있기 때문이다. 〈표 5-14〉의 A 공장밖에 없던 사회에 B 공장과 같은 생산이 나타나면, B 공장은 막대한 초과이윤을 얻는다. 그러나 장기적으로는 경쟁자들 역시 같은 생산방식을 도입하며, 모든 생산이 B 공장의 방식으로 재편된다.

여기서 A 공장과 B 공장의 이윤율을 살펴보자. A 공장의 이윤율은 50/(120+50)=약 29.4%이다. 그러나 B 공장의 이윤율은 50/(4,900+50)=약 1%이다. 초과이윤을 얻기 위해 자본의 유기적 구성을 고도화했더니, 결국 이윤율이 줄어든 것이다.

이는 조금 극단적인 예이기는 하지만, 다른 조건이 모두 같을 때 자본의 유기적 구성이 높아지면 이윤율은 감소하는 경향이 있다. 우선 이윤율에 대해 정의해보자. 투입한 비용 대비 잉여가치의 비율인 이윤율은 다음과 같이 표현된다.

〈식 5-13〉

$$이윤율 = \frac{s}{(c+v)}$$

분모와 분자를 각각 v로 나누면 다음과 같아진다.

〈식 5-14〉

$$이윤율 = \frac{\frac{s}{v}}{\frac{c}{v}+1}$$

그런데 여기서 s/v는 착취율, c/v는 자본의 유기적 구성이다. 즉, 다른 조건이 모두 같다면, 자본의 유기적 구성이 고도화될수록 이윤율이 줄어드는 것이다.

이윤율의 상승

그러나 마르크스가 이야기한 법칙의 이름은 이윤율 저하의 법칙이 아닌, 이윤율 저하 '경향'의 법칙이다. 이윤율은 저하하는 경향이 있지만, 동시에 상승하는 반경향 역시 가지고 있기 때문이다.

〈식 5-14〉에는 자본의 유기적 구성뿐만 아니라 착취율 역시 변수로 나타난다. 착취율은 잉여노동시간을 필요노동시간으로 나눈 값이며, 필요노동시간은 노동력의 재생산에 필요한 노동시간만큼으로 정해진다. 따라서 소비수단의 가격이 저렴해지면, 필요노동시간은 줄어들고, 다른 조건이 같다는 가정하에 착취율은 늘어난다.

이를 식을 통해 확인해보자. 라면을 10개 생산하는 데 50만큼의 불변자본과 평균적인 숙련도를 가진 노동자의 50시간의 노동이 필요하다고 가정하자. 라면 한 개의 가치는 10 노동시간이므로, 노동력의 재생산 비용이 라면 3개라고 가정할 때, 라면 10개의 가치는 다음과 같이 구성된다.

〈식 5-15〉

라면10개=50c+30v+20s

즉 이윤율은 25%이다. 이제 기술발전을 통해 자본의 유기적 구성이 고도화되었다고 하자. 100만큼의 불변자본을 투자하면 같은 시간의 노동을 통해 라면 30개를 생산할 수 있다. 즉 라면 하나의 가치는 5가 된다. 이제 라면 30개의 가치는 다음과 같다.

〈식 5-16〉

라면 30개=100c+15v+35s

이윤율은 약 30.4%로 전보다 상승했다. 라면의 가격이 인하됨에 따라 노동력 재생산 비용이 줄고, 따라서 임금 역시 줄며 착취율은 2/3에서 7/3로 늘었기 때문이다.

이윤율 저하 경향의 법칙

현실에서는 자본의 유기적 구성과 착취율이 동시에 늘어나며 이윤율 저하 압력과 상승 압력이 동시에 작용하기에, 등락을 반복하는 모습을 보여준다. 또한 여기에서 설명하지 않은 변수들도 있다. 예를 들어, 기술이 발전하면 노동력 재생산 비용이 올라가 노동자의 구매력이 상승하기도 한다. 산업혁명 초기에는 대부분의 노동자들이 자신의 몸만 가지고 노동했지만, 현대 선진 자본주의 사회에서는 많은 노동자가 고등교육을 받는 것이 노동력 재생산 비용 증가에 대한 하나의 예시이다. 당연히 이러한 현상은 임금 상승으로 작용하며, 이윤율을 저하시킨다. 반면, 자본가들은 새로운 시장을 개척해 이윤율 저하에 대항하기도 한다. 삐삐가 아이폰이 되고, 증기자동차가 테슬라가 된다. 이러한 새로운 산업의 등장은 이윤율을 상승시킨다.

그러나 장기적으로, 이윤율은 감소할 수밖에 없다. 이를 그림으로 표현하면 〈그림 5-1〉과 같다.*

$\overline{AC}$는 t 시기 상품 생산을 위해 필요한 총 노동시간을 의미하며, 그중 $\overline{AB}$는 t 시기의 가변자본의 양, $\overline{BC}$는 t 시기의 잉여가치의 양을 의미한다. $\overline{AB}=\overline{BC}$ 이므로, t 시기의 착취율은 100%이다. 노동시간 $\overline{AC}$가 차지하는 비율은 t+1 시기 절반인 $\overline{EH}$로 줄어든다.**

꺾은선 BDE, $\overline{BE}$, $\overline{BF}$, $\overline{BG}$, $\overline{BH}$는 모두 t에서 t+1 시기로 변할 동안 가변자본과 잉여가치의 비율이 변한 경로를 의미한다. 우선 꺾은선 BDE의 경로와, $\overline{BE}$의 경로를 살펴보자. 이는 자본의 유기적 구성이 고도화됐지만, 새로운 산업이 개척되고 착취율이 빠른 속도로 늘어 이윤율이 그대로이거나 심지어 늘어나는 경우를 의미한다. 그러나 꺾은선 BDE의 경우 $\overline{BD}$가 $\overline{AE}$와 만나는 점 D를 지나는 시점부터, $\overline{BE}$의 경우 t+1 시점부터 v가 0이 된다. 이는 노동자를 고용해 아무런 임금을 주지 않고 일을 시킨다는 의미인데, 그러나 현실에서 이것은 불

---

* 정이근(2017) 참고.
** 노동시간의 비율이 줄어들 뿐 절대량이 줄어드는 것은 아님을 유의해야 한다.

<그림 5-1>

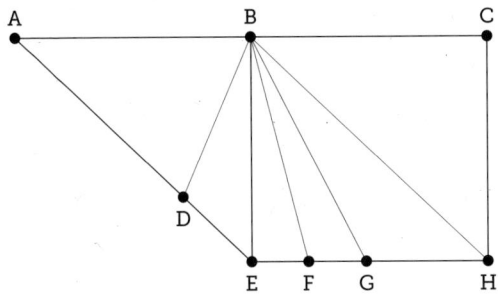

가능하다. 즉 이윤율이 t 시기에 비해 하락하지 않을 수 없다.

$\overline{BH}$는 자본의 유기적 구성이 늘며 동시에 착취율이 주는 경우이다. 이 경우 이윤율은 굉장히 급속한 속도로 주는 것을 알 수 있는데, 자본주의 사회에서 이와 같은 일은 거의 일어나지 않는다.

$\overline{BG}$는 자본의 유기적 구성이 고도화되며 착취율은 그대로인, 〈표 5-14〉 공장 A에서 공장 B의 상태로 이행하는 경우이다. 이 역시 이윤율이 줄어드는 것을 알 수 있다.

$\overline{BF}$는 자본의 유기적 구성이 빠른 속도로 고도화되며, 착취율 역시 늘어남에도 불구하고 장기적으로는 이윤율이 하락하는 경우를 나타낸다. 이윤율은 $\overline{BC}$에서 $\overline{FH}$까지 점차 줄어들었음을 알 수 있다. 현실 자본주의 사회에서는 $\overline{BF}$의 경로가 가장 흔하게 나타나는데, 이윤율은 사회의 여러 요소에 따라 $\overline{BG}$와 꺾은선 BDE 사이를 진동하며 움직임여왔음을 실증적으로 확인할 수 있다.

이윤율 저하 경향과 자본주의

이러한 이윤율의 저하는 자본주의에서 주기적으로 나타나는 공황을 촉발하며 자본주의의 위기를 심화시킨다. 마르크스주의 경제학자들은 주로 자본주의에서의 위기를 구조적 위기와 순환적 위기로 나누어 파악한다. 이 중 자본주의 사회에서의 무정부적 생산으로 인해 5~10년마다 과잉생산이라는 형태로 주기적으로 나타나는 순환적 위기와는 다르게, 구조적 위기는 이윤율 저하 경향의 법칙이라는 자본주의의 구조적 법칙 그 자체와 관련되어 있다. 이윤율이 저하하면 자본가들은 투자를 줄이게 되는 경향이 있어, 앞서 살펴봤던 재생산 표식의 균형을 맞추지 못하는 것이다. 다만 주의해야 할 점은 이윤율은 투자한 자본 대비 이윤의 비율을 말하며, 따라서 자본의 유기적 구성이 고도화될 때 착취율이 늘어나면 이윤의 비율을 나타내는 이윤율은 줄어들어도 이윤량은 늘어날 수 있는 것이다.

이윤율 저하 경향의 법칙은 《자본》의 내용 중에서도 큰 논란이 된 주제다. 자본주의의 필연적인 멸망을 예언하는 것으로 받아들여졌기 때문이다. 그러나 이윤율 저하의 결과로 자본주의가 필연적으로 망할 수밖에 없다고 이해해서는 곤란하다. 현실에서는 항상 초과이윤을 달성하는 자본가가 나타나기 때문이다. 이윤율이 아무리 줄어들어도 항상 누군가는 어느 정도의 이윤을 얻을 것이다. 또한 자본주의가 발달하면 자본의 집적과 집중을 통한 독점이 나타나는데, 이는 가치법칙을 일부 수정해 초과이윤의 원천이 되기도 한다. 이윤율이 0이 되었다고 해서 필연적으로 사회주의 사회로 이행하리라 생각해서도 안 된다. 설사 자본주의가 더는 유지되지 못하더라도, 노동자들의 주체적인 혁명이 없다면 사회는 또 다른 형태의 파멸을 맞을 것이다.

다만, 역사 속의 여러 증거는 이윤율 저하 경향을 실증적으로 확인해준다. 자본주의의 탄생 이래 현재까지 이윤율은 등락을 반복하면서도, 장기적으로는 하락하는 경향이 있음이 밝혀졌는데, 이는 자본주의의 수명이 다하고 있음을 나타내는 여러 증거 중 하나이다.

2018년 마르크스 탄생 200주년을 맞아
마르크스의 고향 트리어에서 발행한 0유로 기념 지폐.
0유로 기념 지폐는 원래도 존재하지만, 하필 그 모델이
마르크스라 더욱 화제가 되었다.

6장

마르크스주의 사회학

인간적 본질은 각 개인에게 내재하는 추상물이 아니다. 현실에 있어 그것은 사회적 관계들의 앙상블*이다.

―

〈포이어바흐에 관한 테제〉
(마르크스, CW 5: 4)

---

* 마르크스는 이 단어만 독일어인 Totalität(총체성)나 Ganze(전체)가 아닌, 프랑스어 ensemble(총화)을 사용했다. 혹자는 고정된 전체라는 의미를 내포하는 Totalität나 Ganze 대신, 마치 유기체가 살아 움직이듯이 변하는 총화를 적절히 표현하기 위해 마르크스가 프랑스어 단어를 사용할 수밖에 없었다고 해석하기도 한다.

1. 사회구성체

《헤겔 법철학 비판》,《정치경제학 비판을 위하여》

이러한 생산관계의 총체가 사회의 경제적 구조,
현실적 토대를 이루며, 이 위에 법적이고 정치적인
상부구조가 나타나 사회적 의식형태에 조응한다.
―《정치경제학 비판을 위하여》(마르크스, CW 29: 263)

마르크스의 사회학

마르크스는 에밀 뒤르켐, 막스 베버와 함께 사회학을 정초한 사상가로 꼽힌다. 특히 마르크스는 이 중에서 시기적으로 가장 먼저 활동한 인물이기도 하다. 물론 '사회학'이라는 용어를 최초로 사용하며 사회에 대한 과학적 분석을 가장 먼저 시작한 학자는 마르크스보다 한 세대 앞섰던 프랑스의 오귀스트 콩트였다. 그러나 실증주의자였던 그는 오로지 눈에 보이고 경험 가능한 것만 믿어 자연과학의 방법론을 사회에 그대로 적용하는 것에 그쳤다. 따라서 마르크스가 비판했던 부르주아 학자들처럼, 콩트는 자본주의를 당연한 전제로 여기며 다른 사회로의 변혁이 가능하다는 생각에는 이르지 못했다. 결국 말년의 콩트는 사회문제의 해결을 위해 종교에 기대며, '인류교'를 창시했다. 반면, 마르크스는 역사적 유물론이라는 고유의 방법을 사용했으며, 이를 통해 자연 이외에 독립적으로 존재하는 사회에 대해 과학적으로 분석할 수 있었다. 따라서 마르크스는 비록 당대에는 스스로를 '사회학자'라 칭한 이들에게 인정받지 못했음에도, 20세기 이후로는 현재까지도 사회학에서 가장 중요한 설립자 중 하나로 간주되며 큰 영향을 끼치고 있다.

마르크스는 사회가 단순한 개인들의 합 그 이상이라고 생각했다. 그는 〈포이어바흐에 관한 테제〉 6번 테제에서 "인간적 본질은 각 개인에게 내재하는 추상이 아니다. 현실에 있어 그것은 사회적 관계들의 앙상블이다"(CW 5: 4)라고 이야기했다. 마르크스에게 개인은 그 자체로 의미를 지니는 것이 아니라, 오직 타인과의 관계를 통해 규정되는 존재인 것이다, 따라서 개인들이 모인 사회는 단순한 개인들로만 환원될 수는 없는데, 사회는 사회 내 구성원들의 분업 구조를 통해 개인들 바깥에 존재하며 사회 속에서의 개인들의 위치를 규정한다. 그 사회의 구성원인 개인들은 이러한 사회의 구조로 인해 사고와 행동의 제약을 받을 수밖에 없다. 이는 우리가 1장 '자본주의의 여러 문제들' 중 1절 '소외'에서 알아본 내용이기도 하다.

이러한 마르크스의 입장은 사회학에서 '사회실재론'으로 분류된다. 반면 사회실재론에 대비되는 입장에는 '사회명목론'이 있는데, 대표적인 학자로는 토머스 홉스, 카를 멩거 등이 있다. 사회명목론자들은 사회는 실제로 존재하지 않으며, 전체 사회는 개인들의 선택의 합에 불과하다고 이야기한다. 사회명

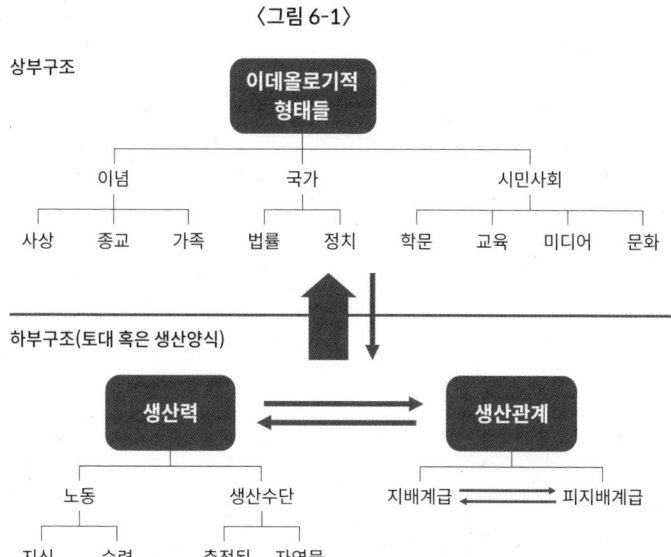

〈그림 6-1〉

목론자들의 이러한 입장은 개인의 자유로운 선택을 중시해, 오늘날 주류를 차지하고 있는 자유주의 정치학과 부르주아 경제학으로까지 계승되었다.

사회구성체

사회가 개인의 사고와 행동에 제약을 가한다고 보는 마르크스주의자들의 목표는 이 사회구조 자체를 더 나은 방향으로 바꾸는 것이 될 수밖에 없다. 그러기 위해서는 먼저 사회가 어떠한 상태에 놓여 있는지를 파악해야 한다. 이를 '사회구성체'라고 부른다.

〈그림 6-1〉은 특히 근대국가의 사회구성체를 간단한 도식으로 표현한 것이다. 그림의 아래쪽에는 하부구조(혹은 토대)가, 위쪽에는 상부구조가 표시되어 있다. 마르크스의 유물사관에 따라 경제적 요소(하부구조)가 이데올로기적 형태들(상부구조)에 커다란 영향을 미치는 것을 알 수 있다. 이처럼 사회구성체는 물질로 이루어진 경제적 토대 위에 여러 비물질적인 요소들이 올라가 있는 형태로 구성되어 있어, 토대가 변한다면 상부구조는 역시 이에 맞는 형태로 모습이 바뀐다. 그러나 상부구조에서 하부구조로 내려오는 작은 화살표에서 볼 수 있듯이, 때로는 상부구조가 상대적 자율성을 가지며 반대로 하부구조에 영향을 끼치기도 한다.

하부구조는 경제, 즉 생산력과 생산관계*로 구성되어 있

---

* 그러나 마르크스의 텍스트를 엄밀하게 독해할 때, 생산력이 하부구조에 포함되는지는 논쟁의 여지가 있다. 《정치경제학 비판을 위하여》 서문에서 해당 구절을 그대로 인용하면 다음과 같다. "인간은 자신의 존재를 사회적으로 생산하는 과정에서, 자신의 의지와는 무관하게, 필연적으로 일정한 관계들, 곧 주어진 물질적 생산력의 발전 단계에 적합한 생산관계에 들어서게 된다. 이러한 **생산관계의 총체가 사회의 경제적 구조, 현실적 토대를 이루며,** 이 위에 법적이고 정치적인 상부구조가 나타나 사회적 의식형태에 조응한다"(CW 29: 263. 강조는 인용자). 이에 따르면 마르크스는 생산력의 영향을 받는 생산관계가 토대를 이룬다고 서술했다고 해석할 수 있다. 실제로 변증법적 방법론이 아닌 영미 분석철학의 전통에서 마르크스주의를 해석하는 분석마르크스주의의 대표 주자인 제럴드 코헨은 다소간 형식논리학적인 방법을 이용하여 마르크스의 서술에서 생산력은 토대에 해당하지 않음을 논증하기도 한다(코헨, 1978: 99-104). 다만, 본서에서는 다수의 일반적 해석(김수행, 2014: 35; 류동민, 2022a: 39; 알튀세르, 1970: 57-58; 2018: 197 등)에 따라 생산력과 생산관계 모두가 하부구조를 이루는 것으로 본다. 한편, 1987년 《사회구성체론과 사회과학방법론》을 발표하며 1980년대 소위 '사구체(사회구성체) 논쟁'의 중심으로 떠오른 이진경 교수는 해당 저서에서 "생산력과

다(또한, 특정 단계의 생산력과 생산관계를 통틀어 생산양식이라 부르기도 한다. 다만 한 사회구성체의 하부구조는 일반적으로 지금까지 알려진 아시아적, 노예제적[고대적], 봉건제적,** 자본주의적, 그리고 공산주의적 생산양식들 중 가장 지배적인 생산양식 이외에도, 전 단계의 생산양식의 흔적이나 새롭게 나타날 생산양식의 맹아 등 복수의 것들로 구성되어 있다는 점에서 토대 혹은 사회구성체와 개별 생산양식은 구분된다). 생산력은 노동자의 평균적인 지식이나 숙련 정도에 따른 노동력의 수준과, 자연환경, 축적된 과거의 노동(죽은 노동)으로 이루어진 생산수단(이는 도구 및 기계를 포함하는 노동수단과 원재료에 해당하는 노동대상의 합이다)의 발달 정도에 따라 달라진다. 발전된 생산력은 새로운 생산관계에 조응해 생산력이 생산관계를 규정하기도, 자본주의가 시작되고 분업이 적용되는 등 생산관계가 바뀜에 따라 생산력이 달라지기도 한다. 사회는 생산관계, 생산수단의 소유형태와 생산물의 분배 정도에 따라 지배계급과 피지배계급으로 분화된다. 역사적으로 지배계급에는 노예주, 영주, 부르주아지 등이 있었으

생산관계 간의 관계는 **내용과 형식 간의 관계로** 파악"(이진경, 1987: 239)된다고 이야기한다. 즉, 기술력의 발전 수준으로 환원 가능한, 그 자체로 독립적으로 존재하는 '생산력'이라는 것은 없으며, 발전된 기술은 생산관계라는 형식에 포획될 때만 생산력의 발전으로 이어진다는 것이다. 따라서 생산력과 생산관계는 서로가 서로를 포함하는 변증법적인 통일을 이룬다. 그는 이 명제를 통해 한국사회의 상대적으로 낮은 생산력에서 한국사회의 성격을 직접적으로 도출하고자 하는 이들을 비판한다(이진경, 1987: 240).
**   사미르 아민 등은 아시아적, 노예제적, 봉건제적 생산양식을 통틀어 공납제적 생산양식이라 부르기도 한다.

며 피지배계급에는 노예, 농노, 프롤레타리아 등이 있었다. 이러한 생산관계, 혹은 사회 상태는 그 사회의 이데올로기를 구성한다. 《공산주의 선언》에 쓰여 있듯, "한 시대의 지배적 사상은 늘 지배계급의 사상이었을 뿐이다"(《선집》1권: 419).

하부구조에 의해 규정되는 상부구조는 경제를 제외하는 모든 요소를 포함하는 개념이다. 사상이나 철학, 종교, 지배적 가족형태 등과 같은 이념은 물론 법률과 정치형태 같은 국가와, 학문과 교육, 문화, 미디어, 언론 등과 같은 시민사회도 모두 이 토대의 영향을 받는다. 이 중 국가는 사회적 분업체계 속에서 사적인 것을 제외한 공적 영역을 가리킨다. 반면 시민사회는 개별 가족의 분업이 나타나는, 국가를 제외한 전체 장場, field을 의미하며, 대부분은 그중에서도 특히 자본주의 사회에서의 장을 말한다.

헤겔은 원래 이 국가와 시민사회라는 틀을 가지고 사회를 분석해, 인류의 총체인 국가를 가장 우선된 것으로 본 반면, 시민사회는 국가에 의해 제약을 받는다고 파악했다. 하지만 마르크스는 '물구나무선' 헤겔을 뒤집으며 시민사회, 특히 그중에서도 시민사회를 구성하는 개별 가족의 분업형태가 국가를 규정한다고 주장했다.* 이것이 마르크스가 헤겔의 영향을 받

---

* 알튀세르는 마르크스 변증법이 헤겔 변증법의 단순한 전도에서 그치지 않았으며, 헤겔과는 완전히 다르다고 주장했다. 그는 세계를 절대정신의 반영이라고 본 헤겔 변증법의 틀을 유지한 채 절대정신을 경제로 교체하는 기존 이해를 목적론적이라 비판했다. 알튀세르에게 마르크스의 변증법은 최종심급에서의 경제와 상대적으로 자유로운 상부구조가 함께 복합적으로 작동해 항상 '과잉결정'되는 변

던 초기의 국가와 시민사회라는 모델에서, 하부구조와 상부구조의 모델로 나아간 이유이다. 그러나 비록 후기의 마르크스는 하부구조와 상부구조를 통해 사회를 파악했지만, 국가·시민사회 모델 역시 근대국가의 정치형태를 파악하고, 또 앞으로 나아가야 할 방향을 제시한다는 데서 여전히 그 의미가 있다.** 따라서 우리는 우선 헤겔과 마르크스의 국가와 시민사회 모델을 비교해보고자 한다.

국가와 시민사회

입헌군주제를 가장 적절한 근대적 정치형태로 사고한 헤겔이 본 이상적인 국가와 시민사회 모델은 〈그림 6-2〉와 같다. 국가와 시민사회의 분리 속에서, 개별 가족은 시민사회를 통해 서로 관계를 맺고 각자의 이해관계에 따라 투쟁을 펼친다. 시민사회의 투쟁을 통해 선택된 일정한 요구들이 하원으로 올라간다. 그러나 이러한 시민사회의 요구들을 국가가 모두 수용할 수는 없다. 시민의 모든 요구에 따르다가는, 국가의 존속 자체가 불가능해질 수도 있기 때문이다. 국가는 일반의지, 즉 공동체의 유지라는 목적을 위해 하원에서부터 올라오는 요구들을 상원이라는 틀을 통해 검열한다.

프랑스의 철학자 루소에게서 따온 이 일반의지라는 개념

증법이었다.
** 특히 이탈리아공산당을 창당한 안토니오 그람시는 국가와 시민사회 모델을 통해 서유럽에서의 공산주의혁명의 전략에 대해 사고하기도 했다.

〈그림 6-2〉

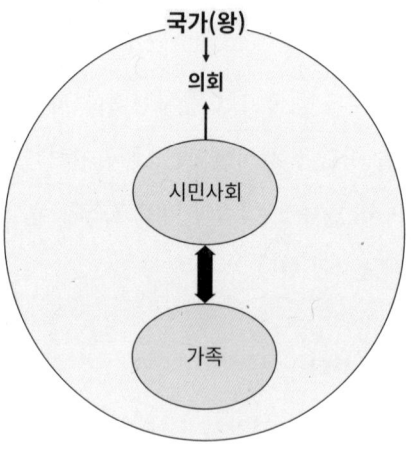

은 개인들로부터 독립된 것으로, 항상 올바르며 공통의 이익만을 목표로 한다. 일반의지는 개인들로부터 독립되어 존재하기에 설사 전 국민이 동의하는 단일한 전체의지가 있다고 하더라도 이는 개별의지의 합일 뿐, 보편적 일반의지와 항상 일치하지는 않는다. 인민은 분별력을 잃거나 속아 그릇된 의지를 합의할 수 있기 때문이다. 따라서 전체의지와 구분되는 일반의지가 필요하며, 그러한 일반의지에 따라 각 개인은 설사 사회계약이나 공동체의 법에 개인적으로 합의한 적이 없었다고 하더라도, 암묵적으로는 동의한 것이 된다. 헤겔에게 있어 이상적인 국가에서 입법을 통해 일반의지를 구체적으로 구현하는 사람들은 의회의 지주들이어야 했다. 지주계급은 선거라는 우연성에선 배제된 채 오로지 출생과 상속을 통해 대대로

<그림 6-3>

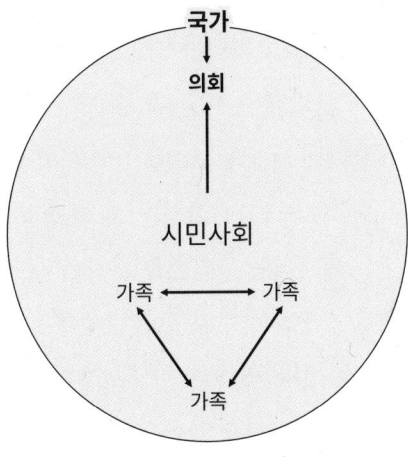

그러한 소명을 부여받는데, 일반의지를 대표하기 위해서는 시민사회의 영향으로부터 자유로워야 하기 때문이다.

    이러한 하원과 상원의 시스템을 거쳐 올라가는 요구들은 결과적으로는 왕의 선택을 받는다. 인민에서 시작해 상원을 거쳐 올라온 요구라면 모두 나름의 합당한 이유가 있을 것이고, 왕의 역할은 단지 그중 하나를 선택하는 것이다. 국가의 일반의지는 단일해야 하기에, 일반의지 그 자체인 단일한 한 개인, 왕의 선택이 필수적이다. 헤겔은 이러한 근대국가의 관료들은 전체 시스템이 잘 굴러가기만 한다면 시민사회의 참된 국가의 대표자들이 될 것이라고 이야기했다.

    마르크스는 헤겔의 국가·시민사회 모델을 비판했다. 그가 생각한 모델은 〈그림 6-3〉과 같았다. 우선, 사회구성체에 대한 설명에서도 알아봤듯 마르크스에게 국가는 사회 전체를 포괄하는 개념이 아니며, 하부구조(시민사회 내부에 존재하는 분업관계)의 영향에 따라 그 형태를 달리하는 사회 내에 존재하는 하나의 기구에 불과했다. 이는 국가가 시민사회의 외부에서 사회를 통제한다는 헤겔의 모델을 180도 뒤집은 것이었다. 그러나 그렇다고 해서 국가권력의 힘을 과소평가한 것은 아니다. 국가기구는 독자적인 물질성을 가지고 있으며 물리력을 통해 자신의 힘을 정당화하기 때문이다. 엥겔스가 《가족, 사유재산, 국가의 기원》에서 국가를 "사회로부터 발생했으나, 그 위에 올라서서 사회와는 더욱 멀어져가는 권력"(엥겔스, 1884: 294)으로 정의했듯, 마르크스주의에 있어 국가는 합법적인 폭력을 독점하는 결사체였다.

또한 마르크스는 시민사회에 대한 인식 역시 헤겔과 달리했다. 시민사회를 가족과 국가에 의존하면서도 동시에 가족과도, 국가와도 독립적인 장으로 파악한 헤겔과는 다르게 마르크스에게 시민사회는 개별 가족 간의 분업 그 자체였다. 다만 그렇다고 해서 가족의 총합이 곧 시민사회라고 이해하면 곤란한데, 이 절의 첫 번째 파트 '마르크스의 사회학'에서도 이야기했듯 마르크스는 사회 전체를 단순한 개인들의 합 그 이상으로 봤기 때문이다.

의회가 수행하는 역할 역시 마르크스는 헤겔과 달리 봤다. 헤겔은 이러한 국가의 의지가 시민사회를 적절히 통제해 국가를 보호하는 역할을 한다고 믿었다. 그에게 왕과 상원의 일반의지는 사회를 유지하기 위한 필요악이었다. 반면 마르크스는, 설사 그 의지가 아무리 정당하다 해도, 시민사회에서 합의된 개인들의 요구를 국가가 독점적인 폭력을 통해 검열하는 상황은 부당하다고 봤다. 정당한 폭력 역시 어쨌든 폭력이기 때문이다. 더군다나 마르크스에게 국가는 헤겔의 말처럼 공정하고 합리적으로 시민사회의 갈등을 조정하는 존재가 아니었다. 반대로 국가란 시민사회의 지배를 받아, 시민사회의 지배계급인 부르주아들의 이해관계만을 반영하는 지배계급의 위원회*에 불과하며 따라서 그 의지도 공동체의 구성원 전체가 아닌 부르주아지만을 위하는 의지일 뿐이었다. 마르크스는 《헤겔 법철학 비판》에서 관료계층은 헤겔이 말한 것과 같은 '시민사회의 참된 국가의 대표자들'이 아닌, '시민사회와 대립하는 참된 국가의 대표자들'이 되어버렸다고 비판했다(CW 3: 49).

헤겔과 마르크스의 자본주의 사회

헤겔은 자본주의가 발달하며 중세시대와는 달리 시민사

---

*   현대의 마르크스주의자는 이러한 주장을 반박하기도 한다. 대표적으로 그리스의 공산주의자 니코스 풀란차스는 밀리밴드와의 논쟁을 통해 자본주의에서 정치는 봉건국가와는 다르게 경제영역과 분리되어 존재해 상대적 자율성을 가진다고 주장했다. 자본주의 국가가 자본가계급의 이해를 도모하더라도 이는 국가의 지도자나 관료가 의도적으로 부르주아의 편을 들어서가 아니라, 자본가의 이익을 보장해야만 사회가 유지되고 재생산이 가능하기 때문이다. 즉 국가가 자본주의라는 거대한 구조 속에 있기 때문이다.

회와 국가가 분리되는 것을, 즉 정치와 경제의 분리를 인식했다. 그는 정치에서 분리된 시민사회가 이해관계의 분열 속에서 사적 이익만을 추구하며 경제적 논리에 종속될 때 공동체를 향한 개인의 도덕적 의무인 인륜성이 훼손될 것을 우려했다. 자본주의에서의 정치와 경제의 분리를 지적한 것은 마르크스도 마찬가지였다. 경제가 사회 속에 묻어 들어가 있어* 분배 역시 정치적 권력 등 경제 외적 강제에 의해 결정되었던 전 자본주의 시기와는 다르게, 자본주의 시대에는 경제적 강제가 착취와 분배를 결정한다는 것이 마르크스의 입장이었다. 그러나 마르크스와는 다르게 헤겔은 이러한 분리와 모순의 해결책을 국가에서 찾았다. 시민사회에서 모인 개별의지(경제)가 의회를 통과하며 국가의 요구(정치)라는 공공선, 최상의 질서 속에서 규제되어 보편적인 의지로 전화한다는 것이다. 마르크스는 헤겔이 정치와 경제의 분리라는 모순을 누구보다도 먼저 인식한 점에선 놀랍지만, 이에 대한 가상의 해결에서 만족하며 그 가상이 본질인 체할 뿐, 정작 원래의 문제는 해결하지 못했다고 비판했다(*CW* 3: 75).

헤겔은 자본주의가 발달하며 새롭게 등장하는 상공계층에게서 역사가 나아가야 할 방향을 보았다. 그러나 헤겔이 천민Pöbel이라고 불렀던 이들, "소수의 수중에 엄청난 부가 집

---

* 칼 폴라니의 용법, embedded. 경우에 따라 '묻어 들어간' 대신 '착근된' 등으로 번역하기도 한다.

중"(Hegel, 1820: 266)되는 상황에서 절망하고 분노하는 가난한 자들은 그의 논의에서 주체가 되지 못했다. 당시 새로운 계급으로 형성되고 있던 프롤레타리아트가 시민사회의 구성원에서 배제된 것이다. 반면 마르크스는 헤겔이 배제했던 이들, 프롤레타리아트에게서 시민사회와 국가의 분리라는 모순을 해결할 궁극적인 열쇠를 발견했다. 자본주의의 발달과 자본의 축적으로 부르주아지가 세계적으로 점점 더 연결되고, 권력이 강해질수록 이에 맞춰 서로 단결하고, 힘이 강해지는 프롤레타리아계급이 자본주의 사회의 모순과 나아가 계급사회 전반의 모순을 해결할 자본주의의 보편계급으로 떠오른 것이다.

> 더 읽어보기

루이 알튀세르
〈이데올로기와 이데올로기적 국가장치〉

프랑스의 포스트-구조주의 철학자이자 마르크스주의자인 루이 알튀세르는 마르크스주의 이데올로기론을 발전시킨 것으로 평가받는다. 그는 라캉의 정신분석학과 상징계와 상상계 개념에서 영향을 받아 이데올로기를 '무의식적 표상체계', 즉 한 인간이 세계를 통일적으로 인식할 수 있도록 만들어주는 의식 이전의 인식적 틀로 정의한다. 알튀세르의 이러한 새로운 이데올로기론을 대표하는 저작이 1970년 작성된 〈이데올로기와 이데올로기적 국가장치〉인데, 여기에서 이데올로기의 기본 개념과 함께 국가장치를 활용한, 자본주의를 재생산하기 위한 이데올로기의 작동 방식이 설명되고 있다.

전통 마르크스주의는 국가를 합법화된 폭력의 독점체로 정의한다. 모든 계급사회에서 국가는 지배계급의 위원회에 불과하며, 공권력은 이를 위해 작동되고 치안 유지 등의 부차적 임무는 오로지 정당성을 획득하기 위한 기반이라는 것이다. 이러한 국가의 기반은 지배계급의 이데올로기로, 하부구조의 영향을 받아 구성되며 하부구조가 변하면 변할 수밖에 없는 상부구조에 속한다.

반면 알튀세르는 형식으로서의 국가장치와 그 속의 구체적 내용으로서의 국가권력을 구분한다. 그리고 이 국가장치는 다시 억압적 국가장치Appareil Répressif d'État, ARE와 이데올로기적 국가장치Appareils Idéologiques d'État, AIE로 구분된다. ARE는 흔히 마르크스주의에서 생각하는 국가의 공권력과 일치한다. 이는 행정부, 사법부, 경찰, 군대, 감옥 등으로 구성되어 있어 폭력의 독점을 통해 민중을 억압한다. 그러나 국가를 유지해주는 것은 일차적으로는 이 ARE이지만, 구체적으로는 ARE의 보호 속에서 유지되는 AIE이다. AIE는 종교, 교육, 법(ARE적 요소와 AIE적 요소가 동시에 존재한다), 가족, 미디어 등으로, 공적인 영역과 사적인 영역 모두에 존재한다.

　자본주의 사회에서 이러한 AIE는 노동력의 재생산을 가능하게 해준다. 마르크스가 《자본》에서 이야기했듯이, "어떤 사회라도 그 생산물의 일부를 끊임없이 생산수단이나 새로운 생산요소로 재전화시키지 않고서는 계속해서 생산이나 재생산을 수행할 수 없다"(마르크스, 1867: 777). 자본주의 사회를 유지하는 데 필요한 이러한 재생산 중에서 생산수단의 경우 다시 만들면 그만이지만, 노동력은 그렇지 못하다. 노동력을 재생산하기 위해서는 노동력의 가치에 해당하는 만큼의 임금을 줘야 하는 동시에, 이 노동자가 다음 날에, 그리고 다음 세대의 노동자가 후대에도 계속해서 일터에 나오도록 만들어야 한다. 여기에서 후자가 AIE의 역할인 것이다.

　봉건사회에서 가장 지배적인 AIE가 교회였듯이, 자본주의 사회에서 가장 지배적인 AIE는 학교이다. 이들은 지배 이데올로기를 구체적인 현실 속에서 실현한다. 중요한 것은 교회 AIE의 봉건적 이데올로기가 학교 AIE의 자본주의적 이데올로기로 변화했듯, 한 사회의 이데올로기와 이를 실현하는 AIE의 내용은 바뀔 수 있어도 이러한 형태 자체는 바뀌지 않는다는 것이다. 심지어 이는 사회주의가 도래한 후에도 바뀌지 않는데, 알튀세르는 혁명 이후 새롭게 탄생한 사회주의 국가에 맞게 교육 AIE를 변혁하려 한 레닌의 예를 통해 이를 보인다.

    사회에 던져진 개인은 이데올로기의 호명을 통해, 즉 경찰이 "어이, 거기 당신!" 하고 부르면 뒤를 돌아봄으로써 경찰 앞에 선 주체가 되는 것처럼, 자신이 내던져진 사회의 이데올로기가 자신을 호명하고 특정한 존재로 규정하는 것을 인식함으로써 사회 속에서 주체로 구성된다. 이때, 이데올로기는 실제적 관계처럼 보이는 개인들의 상상된 관계를 표상한다. 예를 들어, 근대 자본주의 이데올로기의 경우, 개인이 스스로를 한 국가의 국민이자 자본주의 사회를 구성하는 근대인으로 상상하도록 만든다. 그러나 이러한 '상상된' 관계는 결코 '허상의' 관계는 아닌데, 이데올로기는 여러 물질적 장치를 통해 현실에서 힘을 발휘하기 때문이다. 자본주의 사회는 법을 통해 모든 사람을 (정치적으로) 자유롭고 평등한 주체로 설정하고 있어, 여러 국가장치를 통해 개인이 근대국가의 시민으로 행동할 수밖에 없도록 만든다. 그것이 허상에 불과하다고 여기며 도둑질이나 공장 점거 등 자본주의에 반하는 행동을 하는 시민이 있다면, 국가장치는 경찰이나 감옥과 같은 물질적 존재를 통해 그 개인에게 제재를 가할 것이다.

2. 공화정의 유형

《루이 보나파르트의 브뤼메르 18일》

우선 이*는 민주적 헌법을 제정하며,
그에 따라 직간접적으로 프롤레타리아트의
정치적 지배를 창출할 것이다.
―〈공산주의의 원리〉(엥겔스, *CW* 6: 350)

민주주의의 발전

마르크스주의에 대한 오해 중 하나는 마르크스주의는 비민주적이라는 것이다. 현실 사회주의가 붕괴한 21세기 이후로는 마르크스주의가 그 혁명성이 소거된 채 대중 교양 등에서 가끔 논의될 뿐이었고, 반공주의를 통해 자신의 권위주의적 통치를 정당화하던 과거에는 공산주의의 반대말이 민주주의라고 생각하는 사람들도 많았다(이 책을 여기까지 읽은 독자들이라면 알겠지만, 공산주의의 반대는 자본주의다). 비판자들은 현실 사회주의 국가의 비민주적 통치를 마르크스의 '프롤레타리아 독재' 개념과 결합시키며 비판한다. 이 프롤레타리아 독재 개념에 대해서는 '마르크스주의 정치학' 장에서 더 자세히 살펴

---

* 공산주의혁명.

보기로 하고, 우선은 '마르크스주의는 비민주적이다'라고 하는 말에 대해 반박해보자.

마르크스는 헤겔이 말한 국가와 시민사회, 혹은 정치체계와 경제체계의 모순을 노동계급이 해결하리라 믿었다. 그 구체적인 방향은 국가와 시민사회의 통합, 즉 공권력과 국가의 해체를 통한 일반의지의 소멸이었다. 마르크스는 한 국가가 ① 의회독재, ② 입헌공화정, ③ 민주공화정을 거쳐 마지막으로 ④ 사회공화정에 도달하면 문제가 해결되리라 생각했다. 다만 한 가지 주의해야 할 점은 이 네 단계는 논리적인 순서일 뿐, 현실에서 나타나는 순서는 다를 수 있다는 점이다. 실제로 이 네 정치체제를 분석한 《루이 보나파르트의 브뤼메르 18일》을 보면, 1850년 전후 프랑스에서 이 네 단계가 역순으로 나타난 것을 알 수 있다.

의회독재와 보나파르트주의

의회독재 시기는 선거 자체가 작동하지 않거나, 작동하더라도 오로지 대★부르주아지만이 선거에 참여할 수 있어, 보통선거가 보장되지 않는 시기이다. 의회에 진출할 수 있는 계급이 대부르주아지밖에 없으므로, 모든 법률은 그들의 이익에 맞춰진다. 그러나 이 시기는 역설적으로 부르주아 헤게모니가 가장 약한 시기이기도 하다. 부르주아지가 이데올로기를 완전히 사로잡지 못했기에 계엄령 등을 통해 선거 자체를 통제하는 것이다. 구체적인 역사 속에서 의회독재 시기를 살펴보면,

나폴레옹 3세나 박정희의 쿠데타처럼 부르주아지의 헤게모니가 흔들리며 민중의 요구가 폭발적으로 일어날 때(각각 1848년 6월혁명과 1960년 4·19혁명) 주로 등장했다.

이러한 시기의 정치체제를 마르크스는 보나파르트주의라 불렀다. 이는 나폴레옹 3세의 이름 '루이나폴레옹 보나파르트'에서 따온 것이다. 보나파르트주의는 지배계급의 헤게모니가 흔들려 의회 내에서 정상적인 수단을 통해 의지를 관철시키지 못하지만, 동시에 피지배계급 역시 정치권력을 완전하게 장악하지 못했을 때 국가가 단순한 지배계급의 반영이 아닌 상대적 자율성을 가진 주체로 등장하는 것을 의미한다. 양 계급이 서로를 완전히 압도하지 못한 채, 팽팽한 긴장을 유지하면 공권력은 표면적인 중재자로 나타난다. 덕분에 국가는 양쪽 계급으로부터 어느 정도 독자성을 획득할 수 있게 된다.

그러나 구체적인 사례들에서 볼 수 있듯 자본주의 사회에서 보나파르트주의적인 지배자는 표면적으로는 독자성을 유지할지언정, 실제로는 부르주아지의 이익을 대표하는 경우가 많다. 그쪽에 경제적 유인이 있기 때문이다. 그러나 프롤레타리아트 역시 부르주아지와 대등한 힘을 가지고 있는 시기이므로, 지배자는 끊임없이 프롤레타리아를 포섭하기 위해 노력해야 한다. 나폴레옹 3세는 끝없는 전쟁을 통해 농민과 프롤레타리아의 관심을 외부의 적들에게로 돌리려 시도했고, 박정희는 민족주의를 고취시키고 압축적 경제성장을 이룩하며 저항을 회피했다. 그러나 이러한 지배는 영원할 수는 없다. 프로이센과의 전쟁에서 패배한 1871년 프랑스나, 정체된 경제성장 속에서 여러 사건이 겹치며 헤게모니가 흔들렸던 1979년과 1987년 한국이 그러했듯 보나파르트주의적 군주는 얼마 못 가 정당성을 잃고 내려가게 된다.

입헌공화정

의회독재 다음으로 나타나는 이 시기는 부르주아 헤게모니가 가장 강고하게 자리 잡은 자본주의 정치체제이다. 이는 앞에서 살펴봤던, 헤겔이 이상적으로 생각한 입헌군주국 형태의 근대국가와 유사한 형태이기도 하다.* 입헌공화정 국가에서는 형식적으로나마 보통선거권이 보장될 수도 있지만 큰 의미가 없다. 피지배계급의 다수가 이미 지배계급의 이데올로기에 종속되었기 때문이다. 이러한 상황에서는 아무리 피지배계급이 많아도 지배계급의 이익만이 관철된다. 게다가 설사 피지배계급이 부르주아 이데올로기에서 벗어나 근본적 변혁을 요구하더라도, 입헌공화정 국가는 이를 탄압할 수 있는 수단 역시 가지고 있다.

입헌공화정의 정치체에서 나타나는 몇 가지 법률이 있다. 그 구체적인 내용은 다를지 모르나, 내용상으로는 모두 프롤

---

* '공화共和'는 근대 일본인 학자가 'Republic' 혹은 'Res publica'의 번역어로 채택한 것이다. 공共나라 시대의 백작 화和가 제후들의 추대를 받아 섭정을 한 시기를 '공화' 시기라 부른 데서 착안했다고 한다. Republic의 어원인 라틴어 Res publica는 '공공'을 의미하니 서양의 용법과도 비슷하다.

레타리아의 정치 참여를 막는다는 점에서는 같다. 미국 정치학회의 회장을 지내기도 한 로버트 달 등의 정치학자들은 (입헌공화정의 요소가 포함된) 미국의 정치에서 설사 하원이 인민의 의지를 전적으로 반영하는 법률을 만들더라도, 인구 비례가 아닌 주별 동수로 선출되는 상원의원에서 일차로 그것을 막으며, 이것이 실패하면 대법원이, 대법원마저 실패한다면 연방 군대가 인민의 민주적 지배를 막을 수 있다고 이야기했다(달, 2003: 3장; Asimakopoulos, 2014: 54; 2016: 432. 하태규, 2020: 233에서 재인용). 대한민국 역시 민주공화정과 함께 입헌공화정의 요소가 섞여 있는데, 가장 대표적으로는 군인과 경찰, 판사나 검사 등과 같이 시민의 통제를 받지 않고 내재적인 논리로 작동하는 국가기구를 들 수 있다. 이러한 기구의 수장들은 대부분 민주적인 선거를 통해 선출되는 국회의원 등과는 달리 임명에 있어 시민의 동의가 요구되지 않는다. 또한 시민에 의해 선출된 공무원이 잘못을 저질렀을 때, 직접 파직할 수 있는 국민소환제가 있기는 하지만 잘 작동되지는 않는다. 지방자치단체 수준을 제외한 대부분의 고위 공직자는 국회와 헌법재판소를 거치는 탄핵만이 가능해 국민의 요구가 직접 반영되지 않는 것이다.

화폐를 통해 입후보 제한을 두는 기탁금 제도나 노동자들의 연대파업과 정치파업을 금지한 노조법, 표현의 자유를 억압하는 국가보안법, 2000년대에 폐지되기는 했으나 과거 쟁의가 일어나는 사업장 외부의 인사(노동운동가나 타 사업장의 노동자, 변호사·노무사 등의 자문인 등) 일체의 개입을 금하던 제3자 개입금지 조항 역시 한국의 입헌공화정적 법률의 예시이다. 기탁금을 자유롭게 동원할 경제적 여유를 가진 사람들만이 피선거권을 가져 노동자는 의회 내부에 들어가기 힘들다. 결국, 프롤레타리아의 무기는 자본이 아닌 머릿수인데 연대파업과 정치파업을 법으로 금지하고 있어 노동자는 단결을 통해 정치적 의견을 피력하지도 못한다(모든 경제적 요구는 결국 정치적 요구와 맞닿아 있을 수밖에 없지만, 부르주아는 늘 그렇듯이 정치와 분리된 '순수한 경제적 요구'만을 인정한다). 또한 정부는 국가보안법에서 볼 수 있듯 법을 통해 그러한 정치적 요구 자체를 검열하기도 한다.

민주공화정

민주공화정은 정치적 차원에서 보통선거가 정착되었을 뿐만 아니라, 언론·출판·집회·결사의 자유가 보장되어 다양한 계급이 공존하는 단계를 의미한다.* 여전히 지배계급과 피지배계급은 존재하지만, 피지배계급의 요구 역시 국가 정책에 반영된다. 민주공화정을 극단적인 형태까지 몰고 가면, 이는 현대사회와 같은 정치인·관료와 민중의 분리가 사라지고, 시민이 언제나 대표자를 소환할 수 있는 고대 그리스의 직접민

---

* 20세기의 마르크스주의자들은 이러한 정치형태를 '인민민주주의' 혹은 '신민주주의'라 부르기도 했다.

주주의와 비슷한 형태가 될 것이다.** 다만 생산력이 부족했던 고대 그리스에서는 노예제도를 통해 시민계급의 직접민주주의를 이룰 수 있었다면, 자본주의를 통해 생산력이 기하급수적으로 증가한 오늘날은 노예제도가 필요하지 않다는 것이 차이점이다. 따라서 민주공화정은 헤겔이 이야기한 시민사회 외부에 따로 존재하는 일반의지가 없는 상태이기도 하다. 덕분에 프롤레타리아는 해방을 위한 도구를 손에 얻게 되었다. 이제 사회는 계급모순을 해결하기 위해서는 한 가지 단계만을 남겨둔다.

사회공화정

자유와 평등의 가치를 부정하는 사람은 거의 없을 것이다. 그러나 우리가 흔히 볼 수 있는 담론에서, 자유와 평등은 종종 대비되는 개념으로 나타난다. 자유의 확대는 불평등을 낳으며, 반대로 평등을 강조하다보면 자유를 침해할 수밖에 없다는 식이다. 하지만 부르주아 학자들이 간과하는 사실이 있다. 자유와 평등은 모순되는 개념이 아니며, 오히려 평등은 자유를 위해 필수불가결하다는 사실 말이다. 굶어 죽지 않기

** 다만 하태규 등은 선거를 통해 '대의자(인민의 의지를 충실히 반영하는 "대표"자가 아닌)'를 선출하는 '대의제 민주주의'는 설사 보통선거와 소환제가 완전히 보장되더라도 결국 능력이 뛰어난 엘리트를 선출하는 과두제에 불과하다고 주장한다. 그에 따르면 '실질적 민주주의'는 고대 그리스의 아테네 공화국에서 했던 것과 같이 추첨과 상설총회를 통해 모든 인민이 돌아가며 대표자가 되어 인민 스스로 민주주의를 내면화할 때만 도달할 수 있다. 하태규(2020: 228-237) 등 참고.

위해서 하루에 10시간씩 자본가의 명령에 따라 노동해야 하는 사람들이 과연 진정 자유롭다고 할 수 있을까? 마르크스는 구약 성서를 인용하며, 노동자를 '팥죽 한 그릇mess of pottage에 장자의 권리를 팔아버린 야곱의 형 에서'에 비유하기도 했다(CW 28: 233). 한 사람이 태어날 때부터 가지는 맏아들이라는 지위와 마찬가지로, 노동 또한 본래 임의로 떼어내어 외화할 수 있는 상품이 아니다. 그것은 노동자의 생명력이자, 삶 그 자체이다. 결국 노동자가 자본가에게 직접 주는 것은 10시간분의 노동뿐일지 몰라도, 그는 나머지 시간마저도 자본의 통제 아래 두게 된다. 하루 10시간의 강제노동이 노동자의 나머지 14시간마저 제한하는 상황에서, 어떻게 착취당할지 구체적인 방법을 직접 선택하는 게 무슨 의미가 있는가? 혹시 주류 담론들은 이 모든 현실은 무시하며, 오로지 사적 소유의 자유만을 자유라고 호도하고 있는 것은 아닐까?

사회공화정은 우리가 흔히 생각하는 사회주의를 의미한다. 사회공화정 단계에서는 경우에 따라, 지역구 중심의 선거로 의회를 구성하는 부르주아 민주주의의 한계를 극복하기 위해 소비에트와 같이 일터를 중심으로 하는 민주주의가 대안으로 제시되기도 한다. 하나의 지역구 내에는 다양한 직업과 다양한 계급적 기반을 가진 사람들이 함께 살아간다. 더군다나 많은 경우 노동자들의 일터와 주거지가 일치하지 않기도 하는데, 지역구 선거는 주거지를 기준으로 이루어진다. 따라서 지역구 기반 선거의 의제는 보편적인 문제만을 주로 다룰 수밖에 없으며 민중의 삶과 유리되는 경우가 많다. 결국 지역 기반 선거는 개별적으로 흩어진 유권자들을 하나로 모을 수 있는 부르주아 명망가에게 유리하다. 게다가 선거운동 비용 역시 상대적으로 많이 필요하기에 자본가의 입김은 더욱 강해질 수밖에 없다. 반면, 생산의 단위를 기준으로 선거가 이루어지는 사회에서 대의원은 작업장을 대표하는 사람이 된다(소상공인이나 무직자는 여전히 지역 기반의 선거를 치르겠지만 말이다). 이 경우 평소 유권자와 함께 오랫동안 일한 입후보자는 유권자의 눈을 속일 수 없다. 개인적인 명성이나 선거운동을 감당할 수 있는 재력보다는 후보자의 능력과 성품이 더욱 중요해진다. 선거 의제 역시 생산이 중심이 되어, 무엇을 얼마나 생산하고 어떻게 분배할 것인지가 선거에서 중요해진다. 실제 생활에 더욱 맞닿은 의제들이 다뤄지는 것이다.

경영학적 관점에서, 오늘날 우리가 살아가고 있는 현대 자본주의는 '주주자본주의'라 불린다. 자본주의 경제를 구성하는 기업의 주권은 그 기업의 주식을 구매한 주주들에게 있다는 뜻이다. 즉 부르주아 경영학의 주주주권주의는 주주가 가장 큰 위험부담과 책임을 진다는 점을 명분으로 경제영역에서의 위계질서를 정당화한다. 그러나 사회공화정을 이룩하기 위해서는 기업에 고용된 노동자나 더 나아가 시민사회의 모든 이해관계자가 동등한 권리를 가지는 이해관계자 주권주의를 주장해야 한다.* 오로지 이때에만 국가와 시민사회의 분리가 해결되어 민주주의는 정치적 차원에서의 평등과 경제적 차원에서의 평등으로까지 이어진다. 그리고 당연히 이 평등과 확대된 민주주의는 모든 사회구성원의 자유를 위한 전제이기도 하다.

민주공화정에서 국가의 구성원들이 민주적인 논의를 통해 국가 정책을 결정하듯 사회공화정에서는 소수의 자본가나 경영자가 아닌 생산수단을 사용하는 모든 노동자와, 경우에 따라서는(예를 들어 공공시설이나 주요 산업 등 한 사회의 구성원 모두에게 큰 영향을 미칠 수 있는 경우에는) 사회의 모든 구성원이 민주적 절차를 통해 생산의 방향을 결정한다. 물론 사회공화정에서도 타인보다 경영 능력이 뛰어난 사람이 전문경영자가 될 수 있다. 그러나 자본주의의 전문경영인과는 달리, 그는 무엇보다도 노동자들과 동료 시민들의 통제를 받아야 한다. 따라서 생산수단을 소유한 소수의 자본가만을 위한 이윤을 추구하는 자본주의 사회와는 다르게 사회공화정에서는 모든 구성원을 위해 생산이 조직된다. 이 단계에 이르러서야 형식적 평등이 아닌 개개인의 완전한 실질적 평등이 이룩되며, 따라서 개인은 자신을 더욱 발전시킬 수 있는 조건에 놓인다.

---

* 물론 여전히 주주의 우위를 인정한 채 다른 이해관계자를 말로만 존중해주는 부르주아 경영학의 소수의견인 '이해관계자 주권주의'에서 멈춰서는 안 될 것이다.

7장

마르크스주의 정치학

프롤레타리아들은 공산주의혁명 속에서 족쇄 이외에 아무것도 잃을 것이 없다. 그들에게는 얻어야 할 세계가 있다. **만국의 프롤레타리아여, 단결하라!**

《공산주의 선언》
(마르크스·엥겔스, 《선집》 1권: 433)

1. 혁명

《공산주의 선언》, 〈고타 강령 초안 비판〉, 《반뒤링》,
〈에어푸르트 강령 초안 비판〉, 《프랑스 내전》

보통선거는 노동계급의 성숙도를 보여주는 지표이다.
그것은 현대 국가에서 그 이상의 것이 될 수 없으며,
앞으로도 마찬가지일 것이다. 하지만 그것만으로 충분하다.
온도계가 끓는점을 가리킬 때, 노동자와 자본가는
무엇을 해야 할지 알게 될 것이다.
—《가족, 사유재산, 국가의 기원》(엥겔스, 1884: 299—300)》

혁명이란

표준국어대사전

혁명 [명사] ① 헌법의 범위를 벗어나 국가 기초, 사회제도, 경제제도, 조직 따위를 근본적으로 고치는 일.
② ······
③ 이전의 관습이나 제도, 방식 따위를 단번에 깨뜨리고 질적으로 새로운 것을 급격하게 세우는 일.

혁명을 생각할 때는 보통 폭력과 피가 함께 따라온다. 물론 기존의 제도를 완전히 뒤집어버린다는 의미에서 모든 혁명은 강제력이 필요할 수밖에 없으며, 따라서 모든 혁명은 어떤 의미에서는 폭력적이다(대표적으로, 잉글랜드가 절대왕정에서 입헌군주제로 이행하는 계기가 된 명예혁명은 프랑스에서처럼 왕이 처형되지는 않았다는 점에서 무혈혁명이지만, 메리와 윌리엄이 군대를 일으키지 않았다면 제임스 2세가 스스로 물러나는 일은 없었을 것이다). 그러나 오해해서는 안 된다. 모든 혁명이 곧 유혈사태인 것은 아니다.

개량인가 혁명인가

마르크스는 사회주의에 도달하기 위한 방법으로 노동자의 혁명을 주장했다. 그러나 혁명은 위험해 보인다. 더군다나 지금은 마르크스의 시대와는 다르게 노동자와 여성을 포함한 모든 사람이 보통선거권을 가진 '민주공화정'의 시대가 아닌가? 프롤레타리아에게 투표권이 없던 시대를 산 마르크스와 엥겔스는 혁명을 주장했을지 모르지만, 이제 혁명론은 시대에 뒤떨어졌으며 선거를 통해 사회를 점진적으로 개혁하는 방법도 가능한 것처럼 보인다. 심지어 마르크스와 엥겔스의 저작에 이러한 내용이 부재하는 것도 아니다. 엥겔스의 〈에어푸르트 강령 초안 비판〉에는 이런 구절이 나온다. "인민의 대다수가 지지하기만 하면 바라는 것을 합헌적으로 할 수 있는 나라에서는, 낡은 사회가 새로운 사회로 평화적으로 성장해갈 수 있다는 것도 이해할 수 있는 일이다: 프랑스나 아메리카와 같은 민주주의공화국."* 왕조를 돈으로 사들이는 것이 목전에 다

---

* 민주공화정. 그러나 당시 프랑스나 미국 역시 완전한 민주공화정은 아니었으며, 입헌공화정의 요소가 상당히 섞여 있었다.

가와 연일 언론에 보도되고 그 왕조가 이러한 인민의 의지에 무력한 영국과 같은 군주국이 그러한 나라들이다"(《선집》6권: 347).

그러나 이러한 엥겔스의 희망은 결국 틀린 것으로 나타난 듯하다. 단순히 지도자를 억압적인 부르주아지에서 조금 덜 억압적인 부르주아지로 바꾸는 정치투쟁과 달리 계급투쟁, 자본주의를 지양하고 그 이상의 단계로 나아가고자 하는 사회변혁 투쟁은 정치체제 전반을 포함한 사회 전체를 바꿔야 한다. 광범위한 투표권과 정치에 참여할 권리가 존재하는 현대사회에서 의회정치를 통해 생산수단을 민주적으로 통제하는 법안을 제정한다고 가정해보자. 입헌공화정의 요소가 존재하는 상황에서 부르주아들은 모든 요소를 동원해서라도 법안의 통과를 막으려 할 것이다. 그러나 설사 법이 제정되었다고 해도 사회가 바뀌는 것은 아니다. 자본가들이 바뀐 법에 순순히 따르리라는 보장은 없다. 오히려 기존의 권력자들은 자신이 가진 것들을 놓지 않기 위해서 어떤 짓이든 할 수 있다. 법이 그들을 막는다면, 그 법을 어겨서라도 말이다. 극단적인 예이지만, 이 책의 1장 5절 '정치위기와 전쟁'에서 살펴본 것처럼 이는 심지어 지배계급의 군사쿠데타로 이어지기도 한다.

마르크스는 의회를 통해 사회를 바꿀 수 있다는 생각에 대해 《루이 보나파르트의 브뤼메르 18일》에서 이렇게 말한다.

그리고 그것*은 1848년 이래로 유럽 대륙에 퍼진 기이한 질병, **의회주의 백치증**을 받아들였는데, 이 병은 감염자들을 상상의 세계 속에 빠뜨려 황폐한 외부 세계에 대한 모든 감각과 기억, 인식을 박탈했다. 이 의회주의 백치증은 그들이 의회에서 힘을 가질 수 있었던 모든 조건을 파괴하도록, 다른 계급과의 투쟁에서 스스로를 파괴하도록 만들었는데, 그들은 여전히 의회에서의 승리가 승리이며 내각을 공격함으로써 대통령**을 공격할 수 있다고 여겼다. 그러나 그들은 그저 대통령이 국민의 면전에서 새롭게 의회를 모욕할 기회를 주었을 뿐이었다. (CW 11: 161)

결국 미국의 시인 오드리 로드의 유명한 말처럼 "지배자의 연장으로 지배자의 집을 부술 수는 없다". 현대의 정치체제, 의회제 시스템이라는 상부구조가 부르주아적 생산양식을 기반으로 하는 하부구조에 그 기원을 두고 있다는 점을 생각해볼 때 이를 근본적으로 변혁하기 위해서는 상부구조 바깥에서, 상부구조를 규정하는 하부구조에서부터 변혁을 이루어야 할 것이다. 오로지 그때에만 광범위한 사회 변화가 가능할 것이며, 오로지 그때에만 자본가들의 반격에 대응할 충분한 역량을 갖출 수 있을 것이다.

물론 그렇다고 자본주의에서의 선거제도가 아무런 의미

---

* 의회 내부로 (계급)투쟁을 엄격하게 제한하는 경향.
** 루이 보나파르트.

가 없다고 할 수는 없다. 마르크스가 1850년 공산주의자동맹 중앙위원회에 보낸 편지에서 말했듯이, 선거는 노동계급의 독립성을 확보하고, 그들의 힘을 측정하며, 공산주의자의 혁명적 관점을 선전할 좋은 기회가 된다(《선집》 2권: 123). 선거가 사회를 바꿀 수는 없어도, 사회를 바꿀 결정적인 투쟁의 시기를 알려주는 역할은 할 수 있다는 것이다. 엥겔스가 《가족, 사유재산, 국가의 기원》에서 한 유명한 말(엥겔스, 1884: 299-300)처럼 보통선거제는 하나의 온도계로 작동한다. 이 온도계가 결정적 시기를 가리킬 때, 프롤레타리아는 무슨 일을 할 차례인지 알게 될 것이다.

혁명의 주체

그러나 과연 프롤레타리아만이 사회주의혁명의 주체가 될 수 있다는 주장은 옳은가? 초기 자본주의 시대에는 대부분의 노동자가 대공장 정규직 생산자였을지 모르지만, 자본주의가 고도화된 현재는 노동계급 역시 상이하게 분화되었다. 하루하루가 불안정한 비정규직 노동자부터 고소득을 받는 대기업 노동자, 심지어는 프롤레타리아보다 상층계급에 가까워 보이는 의사나 변호사 등의 전문직 종사자까지. 상황과 조건이 다른 그들이 모두 '프롤레타리아트'라는 하나의 깃발 아래 모이는 것은 불가능해 보인다.

또한, 한편에는 노동자조차 되지 못하는 사람들, 예를 들어 여성, 성소수자, 장애인과 같은 사회적 소수자들, 마르크스가 '룸펜 프롤레타리아'라고 부르기도 했던 실업자와 빈민들, 제국주의 선진국에 착취당하는 '글로벌 사우스'의 민중, 국가기구에 의해 보호받지 못하는 난민 등과 같이 일반적 의미의 프롤레타리아보다도 더욱 열악한 환경에서 착취당하고 수탈당하는 이들 역시 존재한다. 과연, 소위 '프롤레타리아 독재' 소련이 실패한 이후 21세기의 사회주의는 이들의 손에 의해 건설되어야 하는가?

마르크스는 프롤레타리아를 자본주의의 보편계급, 사회주의혁명의 주체로 봤다. 그러나 단순히 프롤레타리아가 뛰어나서, 혹은 반대로 착취당하는 그들이 불쌍해서 혁명의 주체가 되는 것은 아니었다. 무엇보다도 자본주의 사회에서 상품과 잉여가치는 프롤레타리아의 손에서 만들어지며, 그들의 힘으로 자본주의가 굴러가기에 프롤레타리아는 다가올 혁명의 주체가 된 것이다. 자본가와 노동자 간의 구별을 폐지하고, 모든 사회구성원이 생산자가 되는 사회주의 사회는 오로지 노동계급이 주체가 되는 사회혁명을 통해서만 도래할 수 있다. 그리고 마르크스와 엥겔스가 《공산주의 선언》에서 썼듯, 부르주아는 자신의 이윤을 위해 프롤레타리아를 모으고 단결을 가능하게 하며 혁명의 조건을 만들고 있다.

그러나 지난 세기의 몇몇 마르크스주의자들이 주장했던 바와는 다르게, 다가올 혁명은 오로지 프롤레타리아트만을 위한 혁명으로 한정해서는 안 될 것이다. 1895년, 죽기 불과 5개월 전 엥겔스가 쓴 그의 마지막 출판물(마르크스의 《프랑스에서의 계급투쟁》 재판본 서문)에서도 우리는 이러한 내용을 확인할 수 있다. 엥겔스는 "오늘날까지의 모든 혁명들은 한 계급의 지배를 다른 계급의 지배로 바꾸는 결과를 낳을 뿐"(CW 27: 510)인 "소수자 혁명"(ibid.)이었던 반면, 공산주의혁명은 "물론, 소수에 의해 주도되지만, 그러나 이번에는 소수의 이익이 아니라, 다수의 가장 참된 이익을 위하는"(CW 27: 511) 혁명임을 지적했다. 자본주의의 발전이 지배권을 극소수의 대부르주아지에게 집중시키며, 동시에 농민이나 소부르주아지는 프롤레타리아트의 주변으로 결집하도록, 즉 프롤레타리아트의 지도 아래 "다수자 혁명"이 발생할 조건을 만들었던 것이다(ibid.). 오늘날을 기준으로 생각하자면, 엥겔스가 언급한 노동자 및 농민과 자영업자(소부르주아지)뿐만 아니라, 여성과 성소수자, 장애인, 이주노동자와 난민, 빈민, 기타 자본주의 사회에서 정치적 권리를 박탈당하거나 억압받는 사람들 모두가 바로 그 "다수자"일 것이다. 자본주의를 변혁하는 것은 이들 모두를 위한 일이기도 한 것이다.

앞서 5장 3절 '더 읽어보기'에서 낸시 프레이저를 통해 알아봤듯이, 자본주의 사회에서 경제적 모순은 단일하게 존재하는 것이 아니며 성적 모순, 인간과 자연 사이의 모순, 기타 다양한 모순들과 결합되어 존재한다. 자본은 비용을 지불하지 않은 채 여성의 가사노동을 수탈하고, 자연을 수탈하고, 개발도상국을 수탈하며 초과이윤을 획득한다. 물론 사회주의혁명이 일거에 이 모순들을 해결하리라 장담할 수는 없겠지만, 아니 분명 그렇게 되지는 못하겠지만, 혁명을 통해 자본주의를 지양할 때에만 이 모든 모순을 근원적으로 해결할 수 있는 조건이 마련된다. 비록 모든 모순이 자동으로 사라지는 것은 아니라도 말이다. 또한, 어쩌면 여성운동이나 기후운동과 같이 이러한 모순들에 대한 투쟁이 자본주의체제 전체를 뒤엎는 혁명의 출발점이 될 수도 있다. 이처럼, 프롤레타리아가 중심이 될 다가올 사회주의혁명은 자본주의하에서 억압당하고 차별받는 수많은 이들의 연대를 통해서만 완성된다.

혁명의 조건

혁명의 주체인 노동계급이 즉자적으로* 존재한다고 해서 아무 때나 갑자기 혁명을 일으킬 수는 없다. 그것은 엄밀한 조건 속에서 실행될 때만 성공할 수 있다. 마르크스 이전의 공상적 사회주의자들은 당위에 기반한 한 번의 혁명으로 완전한 해방을 이룰 수 있다고 생각했다. 그들에게 혁명의 조건은 혁명의 이상을 믿는 다수의 사람들이 생기는 것이었다. 그 사회의 물질적 조건이 어떠하든, 그 사회의 상부구조가 어떠하든 그저 많은 사람이 그 이상에 동의하기만 하면 인류의 해방을 이룩할 수 있다는 것이다. 그들은 만약 사회주의 사상이 고대

---

* 즉자적 계급은 생산수단을 박탈당하여 막연한 분노와 불평을 느끼는 계급을 의미한다. 그러나 즉자적으로 존재하는 노동계급이 곧바로 혁명의 주체가 될 수 있는 것은 아닌데, 단순히 불만을 가지는 데 그치지 않고 이의 근원이 되는 사회구조적 모순을 인지하는 대자적 계급만이 해방을 이룩할 수 있기 때문이다.

그리스에서, 로마에서 나타나 인민을 잘 설득하기만 했다면 인류는 고대 그리스, 로마 시대에 해방되었으리라 말한다.

반면 마르크스주의는 혁명을 중요시하면서, 동시에 이를 가능하게 하는 사회적 조건을 사유한다. 마르크스는 《자본》 1권에서 "폭력은 새로운 한 사회를 잉태하고 있는 모든 낡은 사회에서 그 산파 역할을 한다"(마르크스, 1867: 1007)고 말했다. 이는 무력을 동원하는 혁명이 새로운 사회를 만들 수도 있지만, 그것은 동시에 낡은 사회 속에서 새로운 사회가 잉태되어 있을 때만 가능하다는 것이다. 앞서도 여러 번 강조했듯, 그 경제적 조건은 자본주의 대공업의 확대와 이를 통한 생산력 증대이다. 마르크스가 《정치경제학 비판을 위하여》 서문에서 이야기한 것처럼 "한 사회의 구성은 모든 생산력이 한계에 달하도록 발전하기 전까지는 결코 몰락하지 않으며, 새로운 우월한 생산관계는 그 존재를 위한 물질적 조건이 기존의 생산관계의 틀 안에서 성숙하기 전까지는 결코 기존의 것을 대체하지 않는다"(CW 29: 263). 즉 자본주의가 발달하며 한계에 봉착하기 전까지는 계속해서 성장하는 부르주아지는 결코 자신들의 사회를 내주지 않을 것이란 얘기다.

이러한 경제적 조건뿐만 아니라 혁명을 위해서는 정치적 조건과 이데올로기적 조건 역시 필요하다. 엥겔스가 〈에어푸르트 강령 초안 비판〉에서 잘 지적했듯 "확실한 어떤 것이 있다면, 그것은 우리 당*과 노동자계급은 민주주의 공화국이라는 형태하에서만 지배적인 위치에 오를 수 있다는 점이다"(《선집》6권: 348). 사회공화정으로 이행하기 위해서는 반드시 민주공화정을 지나야 한다. 부르주아혁명이 "과거의 절대군주제가 아닌 의회주의하에서만 완수될 수 있었듯이, 부르주아지와 프롤레타리아트의 투쟁 역시 [민주]공화정 안에서만 끝날 수 있다"(CW 47: 51). 이 민주공화정에서 사회주의자들은 언론과 사상, 결사의 자유를 통해 부르주아 이데올로기에 맞선 이데올로기적 투쟁을 펼치며 대자적 계급을 형성해야 한다. 물론 설사 완전한 민주공화정을 성취했다 하더라도 이는 굉장히 어려운 일일 것이다. "한 시대의 지배적 사상은 늘 지배계급의 사상"(《선집》1권: 419)이기 때문이다. 그러나 우리는 지배계급의 사상을 역이용할 수 있다. 예를 들어 부르주아 정치학의 기본 사상인 자유와 평등을 살펴보자. 자본주의 사회에서의 허울뿐인 자유와 평등은 소유의 자유와 형식적인 정치적 영역에만 국한된 평등이다. 사회주의자는 이에 맞서 진정한 자유와 경제적 영역에서의 평등을 주장할 수 있다.

혁명의 방법

마르크스와 엥겔스는 의인동맹과 제1인터내셔널, 독일사회민주당 등 동시대의 혁명 조직에 적극적으로 개입하며 바이틀링이나 바쿠닌·블랑키주의자, 라살주의자와 같은 여러 사회주의자들과 혁명의 방법을 두고 정치적 투쟁을 펼쳤다. 프

---

* 독일사회민주당.

랑스대혁명 시기 무산대중을 조직하여 무장봉기를 시도했던 그라쿠스 바뵈프의 영향을 받은 의인동맹의 바이틀링과 인터내셔널의 바쿠닌, 블랑키는 소수의 엘리트 혁명가를 통한 쿠데타로 세상을 바꾸고자 했다. '봉기주의' 혹은 '초좌파'라고 불리는 그들의 전략은 부분적으로는 탄압으로 인해 노동계급 대중 정당을 건설할 수 없었던 당시의 정세에서 기인했다. 그러나 그들의 전술은 오히려 역효과를 일으키기 일쑤였다. 봉기주의자들은 1839년 5월 파리시청 점거를 시도하는 등 여러 차례 준비되지 않은 쿠데타를 일으켰다. 일단 봉기를 통해 이목을 집중시키기만 하면 많은 노동자들이 지지하리라 생각했던 것이다. 하지만 조직되지 않은 노동자들이 갑작스러운 혁명을 따라줄 리는 만무했다. 게다가 엥겔스가 《프랑스에서의 계급투쟁》 재판본 서문에서 언급했듯이, 기술이 발달한 현대 혁명군에게 가능한 전술은 진압군의 진격을 막으며 대중에게 호소하는 것일 뿐, 막강한 총포로 무장한 정규군을 완전히 몰아내는 승리는 사실상 불가능해졌다(CW 27: 517). 결국 준비되지 않은 봉기는 모두 실패했고 탄압만이 뒤따를 뿐이었다.

바이틀링이나 아나키스트들과 같은 초좌익적 봉기주의·무정부주의의 오류는 마르크스의 당대에만 존재한 조류는 아니었다. 19세기 말 러시아의 인민주의자들은 비밀결사 조직을 만들어 수많은 암살과 테러를 모의했으며, 이를 통해 농민과 대중을 고무시키려 했으나 잇따른 실패로 탄압만 받을 뿐이었다. 대표적으로, 1917년 러시아혁명을 이끈 블라디미르 울리야노프(레닌)의 형 알렉산드르 울리야노프가 있다. 알렉산드르는 비밀결사 조직 '인민의 의지'에 가입해 알렉산드르 3세 암살을 모의했으나, 음모는 발각되었고 결국 처형당했다. 또한 1959년 쿠바에서 반제국주의 혁명을 성공시킨 피델 카스트로와 체 게바라 역시 한 줌의 게릴라군을 통해 유격 전술을 펼치며 반란을 시도했다. 그러나 그들의 천재적인 군사 전략은 쿠바에서는 승리를 가져올 수 있었을지 몰라도, 지속가능한 종류의 것은 아니었다. 폭력은 마르크스의 말마따나 새로운 세계를 앞당기는 "산파"(마르크스, 1867: 1007)는 될 수 있었을지언정, 새로운 세계를 만드는 부모는 아니었던 것이다. 체 게바라는 쿠바혁명 성공 이후 세계혁명을 완수하기 위해 아프리카의 콩고로 향했다. 하지만 그곳에서 그는 민중이 준비되지 않은 땅에서 소수의 혁명군은 성공할 수 없음을 깨달았을 뿐이었다. 체 게바라는 마지막으로 남미에서의 혁명이라도 완수하고자 볼리비아로 떠나 게릴라전을 펼쳤지만, 결국 볼리비아 정부에 의해 체포되어 처형당했다.

반면 1863년 전독일노동자연맹을 창설한 페르디난트 라살은 '우파적', 즉 민족주의적이었다. 라살은 지배계급과의 타협을 통해 전독일노동자연맹을 1869년 마르크스주의자였던 아우구스트 베벨과 빌헬름 리프크네히트*가 만든 독일사회

---

* 그의 아들 카를 리프크네히트는 이후 로자 룩셈부르크 등과 함께 제1차 세계대전에 찬성한 독일사회민주당에서 탈당하며 독일공산당을 창설해 반전운동을 펼쳤다. 리프크네히트와 룩셈부르크는 1919년 1월 15일, 우경화된 독일 사민당에

민주노동당과 통합해 독일사회민주당을 만들었다. 마르크스는 비록 생전에 공개하지는 않았지만, 〈고타 강령 초안 비판〉을 작성하며 비스마르크** 및 융커***와의 타협을 통해 점진적으로 사회주의를 달성하고자 한 라살의 국가사회주의State Socialism****적 영향력이 사회민주당에 만연함을 비판하기도 했다. 엥겔스 역시 1891년 카우츠키에게 보낸 편지에서, 라살은 "1862년까지는 분명히 실천적으로는 보나파르트주의적 경향이 뚜렷한 프로이센의 속류 민주주의자였지만, …… 2년이 채 지나기도 전에 노동 진영은 부르주아지에 대항해 왕정과 연합해야 한다고 주장하며 그의 영혼의 동반자 격인 비스마르크와 음모를 꾸몄다"(CW 49: 134-135)며 비판했다. 엥겔스는 심지어 그 편지에서 결투를 벌이다 요절한 라살에 대해 "알맞은 때에 그가 총에 맞지 않았더라면, 비스마르크와의 음모는 운동에 대한 실제적인 배신으로 귀결되었을 것"(ibid.)이라고 평하기도 했다. 실제로 비록 비스마르크는 몇 번의 만남 이후 라살과의 개인적 관계는 끊었지만, 그의 이념은 일부 받아들였다. 비스마르크는 복지국가를 통해 노동자의 불만을 잠재우면서

맞선 스파르타쿠스 봉기의 실패 이후 우익 민병대에 살해당한다.
**　　오토 폰 비스마르크(1815~1898). '철혈재상'으로 불린, 프로이센 왕국의 총리이자 독일제국의 초대 수상. 독일의 군국주의화를 시도한 한편, 사회보장제도라는 당근과 '사회주의자탄압법'이라는 채찍을 통해 노동운동의 성장을 저지시키고자 했다.
***　　Junker. 프로이센의 보수적인 토지 귀족 세력.
****　　국가를 통해 사회주의를 이루고자 하는 전략.

도 동시에 '사회주의자탄압법'을 통해 좌파 세력을 불법화하며 국가사회주의 정책을 실행했다. 또한, 논란은 있지만 나치의 "민족사회주의National Socialism" 역시 라살의 영향을 받았다는 주장이 있다.

마르크스와 엥겔스는 오로지 노동계급만이, 그들 스스로의 힘으로만, 투쟁을 통해서만 사회주의를 이룩할 수 있다고 믿었다. 이를 위해 공산주의자들은 노동계급으로 구성된 혁명적 정당(그러나 이는 정치적 결사체라는 의미일 뿐, 꼭 선거에 참여한다는 의미에서의 선거법상 "정당"일 필요는 없다)을 조직해야 한다. 이탈리아의 공산주의자 그람시는 마키아벨리의 《군주론》을 인용하며 공산주의 정당을 "현대의 군주"에 비유했다. 정치사상사에서 최초로 정치와 도덕을 분리하고, 이탈리아반도의 통일 및 역사의 진보를 위해서라면 군주 개인의 악덕은 사회 전체적으로는 미덕virtù이 될 수 있다고 생각한 마키아벨리와 같이 그람시는 공산주의 정당이 자본주의의 모순을 해결하는 도구이며, 혁명이라는 목적에 맞춰 사용되어야 한다고 봤다. 그렇다면 마르크스주의자들이 초좌파를 비판하는 구실은 도덕적인 이유 때문은 아니다. 암살이나 테러가 윤리적이지 못해서 비판한다기보다는, 테러리즘과 준비되지 않은 봉기는 라살이 주장했던 지배계급과의 타협과 마찬가지로, 효과적인 변혁 방법이 될 수 없기 때문에 비판하는 것이다.

사회주의혁명은 의식적으로 사회변혁을 추구하는 혁명정당의 지도하에 노동계급을 충분히 조직한 후에만 성공할 수 있다. 혁명 정당은 탄압이 심한 특수한 정세에서는 20세기 초반 러시아의 볼셰비키와 같이 소수의 직업 혁명가 위주의 비밀스러운 전위 정당이 될 수도 있지만, 그렇지 않은 상황이라면 1848년 공산주의자동맹에서 마르크스가 지향했던 바대로 노동계급 전체를 포괄하는 대중 정당이 되어야 한다. 그리고 노동계급의 당은 상황에 따라 정치투쟁과 경제투쟁, 대중봉기와 정치적 타협을 적절하게 구사할 수 있어야 한다. 변혁운동의 퇴조기에는 임금인상 운동이나 노동시간 단축 운동 등 경제투쟁을 통해 노동자를 주체화하는 한편 여성·성소수자 운동이나 기후 운동, 반제국주의·반전 운동 등 자본주의에 반대하는 모든 부문 운동에 활발하게 결합해야 한다. 이를 통해 사회주의를 지지하는 대중적 기반을 확실히 다져야만 혁명적 시기가 도래했을 때 봉기를 일으키더라도 성공할 수 있기 때문이다. 혁명의 시기, 봉기에 참여하는 당원들에는 엄격한 규율과 통일성이 요구되겠지만, 동시에 무엇보다도 당내의 실질적 민주주의가 보장되어야 한다. 소수의 이론가나 정치 지도자의 말에 휘둘려서는 안 되며 노동계급이 중심이 되어 민주적으로 의사를 결정하는 것이다. 레닌은 실천에 있어서는 모든 당원이 의결된 내용을 엄격하게 따르되, 그 내용은 민주적으로 결정하며 의결 이후로도 모든 구성원의 자유로운 비판을 보장하는 혁명 정당의 조직론을 '민주집중제'로 구체화하기도 했다.

세계혁명

마르크스와 엥겔스는 여러 편의 글을 통해 혁명을 한 나라 안에서만 달성하는 것은 불가능하다고 이야기했다. 그들이 《공산주의 선언》에서 지적했듯, "부르주아지에 대항한 프롤레타리아트의 투쟁은 내용상으로는 그렇지 않음에도 불구하고 형식상 처음에는 일국적이다. 각국의 프롤레타리아트는 당연히 맨 먼저 그들 나라의 부르주아지를 끝장내야 한다"(《선집》 1권: 411). 그러나 혁명은 여기에서 멈춰서는 안 된다. 엥겔스는 〈공산주의의 원리〉에서 문답을 통해 "혁명이 한 나라에서만 일어날 수 있는가?"(CW 6: 351)라는 질문에 단호하게 아니라고 답했다. 혁명은 모든 문명국가에서 동시에 일어나야 하며, 이러한 혁명은 세계혁명으로 문명국가뿐만 아니라, 세계 전체를 무대로 삼아야 한다고 말이다.

마르크스 역시 《프랑스에서의 계급투쟁》에서 다음과 같이 썼다.

> 이것*은 국가의 장벽 내에서는 어디에서도 이루어질 수 없다. 프랑스 사회 내부의 계급투쟁은, 국가가 서로 대립하는 세계전쟁으로 변한다. 혁명의 완수는 오로지, 이 세계전쟁을 통해, 프롤레타리아트가 세계시장을 지배하는 국가 앞까지 나설 때, 즉 잉글랜드에 맞설 때만 시작된다. (CW 10: 117)

---

* **노동계급의 역할, 즉 사회주의혁명.**

자본주의는 이전의 단계들과는 다르게, 분업을 통해 전체 세계시장을 포섭하는 생산양식이다. 따라서 자본주의를 지양하는 운동 또한 일국적 차원에서는 성공할 수 없으며, 세계 전체에서 이루어져야 한다. 설사 그 혁명이 한 국가에서 시작했더라도, 자국에서 혁명을 성공한 프롤레타리아트는 이를 세계혁명으로 끌고 나가 자본주의의 최전선 국가에서부터 세계 전체를 바꿔나가야 한다. 마르크스도 언급했듯 당대에는 그러한 국가는 영국이었으며, 오늘날에는 아마 미국이라 할 수 있을 것이다.

> 더 읽어보기

안토니오 그람시 《옥중수고》

이탈리아의 대표적인 공산주의자이자, 이탈리아사회당Partito Socialista Italiano, PSI의 미온성과 무능함을 비판하며 이탈리아공산당Partito Comunista Italiano, PCI을 창당하기도 한 안토니오 그람시는 3000쪽 분량에 달하는 저서 《옥중수고》로 특히 유명하다. 무솔리니의 쿠데타 이후 국가파시스트당 이외 모든 정당이 불법화되며 체포된 그람시는 "매우 머리가 좋으니 최소 20년간은 두뇌를 쓰지 못하게 해야 한다"는 검사의 요청으로 20년형을 선고받았다. 그러나 검사의 바람과, 그리고 그람시를 두려워했던 무솔리니의 바람과는 다르게(무솔리니와 그람시는 이탈리아사회당 시절 함께 활동한 경험이 있다. 그람시가 토리노의 사회당 기관지에서 일하던 시절 토리노의 지국장이 무솔리니였다) 그람시는 감옥 안에서 오히려 더 활발한 저술활동을 이어나갔다. 그는 감옥에서 자신의 기억력과 제한된 자료를 토대로, 검열을 피해가며 총 29권 2848페이지의 수고를 써나갔다. 이 수고는 그람시의 사망 후 10년이 지난 1947년에야 처음 출간되었으며, 1970년대 영어로 처음 번역되어 서구 마르크스주의에 큰 족적을 남기기도 했다.

그람시의 《옥중수고》는 감옥에서 검열을 피해 모호한 언어로, 여러 공책에 산발적으로 적은 글들의 모음이다. 따라서 책 전체가 통일적인 주제를 가지고 있지는 않으며 그 내용을 완전히 이해하기도 힘들다. 그러나 그중에는 이후 학계는 물론 대중들에게도 큰 영향을 미친 '포드주의'에 대한 개념, 계급투쟁에서 지식인이 수행할 역할을 분석한 '유기적 지식인' 이론 등 다양한 주요 개념들이 있다. 그중에서도 가장 중요하게 여겨지는 것은 역시 마르크스주의를 경제결정론으로 오독하는 잘못된 기계론적 유물론을 비판하며 등장한 '헤게모니론'이다.

그람시의 주요한 문제의식 중 하나는 1917년 러시아와는 다르게, 이후 벌어진 서유럽의 혁명들은 왜 실패했는가에 관한 것이었다. 실제로 러시아혁명의 성공 이후 1918년 독일과 헝가리, 1919년 이탈리아, 1936년 프랑스와 스페인 등 많은 유럽 국가에서 혁명이 연이어 일어났지만 모두 실패했다. 그 이유를 분석하던 그람시는 헤겔의 국가·시민사회 모델을 불러왔다. 경제와 국가 두 가지 항으로 사회를 파악한 기존의 마르크스주의자들과는 다르게, 그람시는 시민사회라는 제3항을 도입한 것이다. 그람시에 따르면, 혁명을 위한 경제적, 정치적 조건 외에도 시민사회 내부에서 헤게모니를 잡는 문화적 조건이 충족되어야만 혁명이 성공할 수 있었다.

구체적으로, 1917년의 러시아와 같이 아직 자본주의가 크게 발달하지 않은 국가에서는 부르주아지가 시민사회의 헤게모니를 완전히 장악하지 못해 단순히 국가기구를 공격하는 기동전 war of manoeuvre 만으로도 혁명이 성공했다. 그러나 자본주의가 사회 내부에 깊숙이 자리 잡고, 부르주아 이데올로기가 시민사회의 이데올로기를 장악해 광범위한 동의를 얻은 이후에는 이야기가 달라진다. 그러한 상황에서는 설사 소수의 혁명 세력이 기동전을 통해 국가를 전복하더라도 시민사회가 자본주의를 유지하는 것이다. 소수의 사회주의자가 21세기 한국에서 테러리즘을 통해 의회를 장악했다고 해서 한국을 사회주의 국가로 만들 수 없는 것과 마찬가지다. 따라서 이렇듯 자본주의가 발달한 나라에서는 우선 진지전war of position이 필요하다. 단숨에 전쟁을 끝내기보다는 혁명 정당이라는 확고한 진지를 구축해 시민사회를 먼저 설득한 후, 노동자가 각성하고 결정적인 순간이 다가왔을 때 국가를 공격하는 기동전으로 빠르게 전화하는 것이다.

이러한 헤게모니론에서 중요한 것은 '서발턴'과 '유기적 지식인'이라는 개념이다. 우선 서발턴의 경우, 몇몇 학자들은 이는 그람시가 마르크스주의를 '실천철학', 레닌을 '일리치'라고 언급했던 것처럼 감옥의 검열을 피하기 위해 '프롤레타리아' 대신 사용한 용어라고 주장하기도 한다. 그러나 프롤레타리아 개념과 서발턴 개념은 한 가지 면에서 큰 차이가 있는데, 그것은 이데올로기에 대한 포섭 정도이다. 주로 대자적으로 존재하는 노동계급인 프롤레타리아와는 다르게, 서발턴은 부르주아에게 착취당하는 피지배계급인 동시에, 부르주아 이데올로기에 복속되어 말할 수 없는 이들을 말한다. 헤게모니를 생산하는 지배계급과는 다르게 서발턴은 자신을 표현할 수단조차 제대로 가지고 있지 못하다. 따라서 공산주의자들이 혁명을 성공시키기 위해서는 우선 시민사회에서 부르주아지의 이데올로기에 포섭된 이 서발턴을 프롤레타리아 헤게모니로 포섭해야 한다.

이를 가능하게 하는 것은 유기적 지식인이다. 이는 당대 사회나 지배계급의 영향을 받지 않고 자생적으로 나타날 수 있으며, 사회가 변해도 살아남는 철학자나 예술가 등과 같은 '전통적 지식인'에 대비되는 개념으로, 사회의 발전과 경제의 변화에 따라 새롭게 등장하는 계급의 이데올로기를 담당하는 지식인을 말한다. 봉건제 사회에서 자본주의로 넘어가던 16~17세기 자본가계급은 신분에 따른 차별을 폐지할 것을 주장한 자유주의 정치학자들, 자본주의 경제체제를 옹호한 고전 정치경제학자들 등과 같은 유기적 지식인을 잘 조직하고 활용하여 자유시장경제와 임금노동이라는 부르주아의 이익이 마치 모든 피지배계급의 보편이익인 것처럼 꾸며낼 수 있었다. 근대 시민혁명은 부르주아계급의 힘만으로는 성공을 장담할 수 없었으나, 유기적 지식인을 통해 프롤레타리아계급까지 포섭하며 성공한 혁명이었다. 프롤레타리아 역시 자본주의를 지양하는 혁명을 성공시키기 위해서는 우선적으로 자신들을 대변할 유기적 지식인을 확보하고, 이를 통해 서발턴을 잘 조직화해 시민사회 내에서 헤게모니를 잡을 수 있어야 한다. 이를 통해 공산주의를 해방을 위한 보편적인 이데올로기로 만들고 노동계급을 포함하는 시민사회의 다수자를 포섭할 수 있을 때, 비로소 자본주의를 지양할 혁명을 성공시킬 수 있을 것이다.

2. 혁명 이후의 모습

《자본 I》, 《자본 III》, 《프랑스 내전》, 〈권위에 대하여〉,
〈고타 강령 초안 비판〉

이 부정은 사적 소유를 다시 만들어내는 것이 아니라
자본주의 시대의 획득물[즉 협업과 토지 공유 및 노동 자체에
의해 생산되는 생산수단의 공유]을 기초로 하는 개인적
소유를 만들어낸다.
—《자본 I》(마르크스, 1867: 1022)

프롤레타리아 독재

프롤레타리아 독재는 마르크스주의의 개념 중에서도 가장 오해받는 것 중 하나일 것이다. 우선 마르크스주의를 비판하는 사람 중 상당수는 프롤레타리아 독재가 마르크스는 차마 예측하지 못했던, 현실 사회주의에서 나타난 부작용, 지양해야 할 억압적 정치체로 이해하기도 한다. 그러나 마르크스는 〈고타 강령 초안 비판〉을 포함한 여러 저서에서, 혁명 이후 낮은 단계의 공산주의* 사회에서는 프롤레타리아 독재가 필요함을 역설했다.

프롤레타리아 독재dictature**가 무엇을 의미하는지 제대로

---

* 이하 레닌 및 이후의 마르크스주의자들의 용례를 따라 혁명 이후의 낮은 단계의 공산주의는 '사회주의', 높은 단계는 '공산주의'라고 표기한다.
** 마르크스가 주로 사용했던 단어는 프랑스어인 dictature였다. 이는 라틴어

이해하기 위해서는 우선 '독재'의 어원을 살펴봐야 한다. 고대 로마의 공화정에서는 전쟁 등 국가에 위기가 닥쳤을 때 한시적으로 전권을 부여받는 독재관Dictātúra을 임명해 그 위기를 돌파했다. 로마공화국 독재관의 임무는 비상사태에 맞서 공화국을 수호하는 것이었으며, 따라서 오늘날 우리가 '독재'라고 생각하는 것과는 오히려 정반대의 역할을 했다고 말할 수 있다(Draper, 1987: 11). 이 단어의 로마 공화제적 함의는 심지어 제1차 세계대전 시기까지도 계속되었는데, 마르크스 역시 비상상황에서 프롤레타리아가 권력을 행사한다는 의미에서 '프롤레타리아 독재'를 이야기한 것이다.

엥겔스는 오로지 단 한 번의 혁명으로 사회를 해방할 수 있다고 생각한 아나키스트들을 비판한 저서 〈권위에 대하여〉에서 혁명 이후 사회주의 사회에서는 혁명을 보위하기 위한 폭력이 필요하다고 인정했다. 그는 다음과 같이 썼다.

> 이 양반들은 혁명을 한 번도 본 적이 없단 말인가? 분명히 혁명은 존재하는 가장 권위적인 것이다. …… 승리한 당파는, 싸운 것을 헛되지 않게 하려면, 자신들의 무기가 반동배들에게 불러일으키는 공포를 통해 이 지배를 지속시켜야만 한다. (《선집》 4권: 278)

로 독재관을 가리키는 단어 dictātúra와 형태가 비슷하기 때문이다.

사회의 안정기와 혁명적 이행기가 이분법적으로 존재하는 것은 아니며, 변혁은 한 번의 폭력혁명만으로는 성취할 수 없는 지속적인 과정이다. 엥겔스의 말마따나 "강력한 **한 번의** 타격으로 승리하는 것과는 거리가 먼, 어렵지만 집요한 투쟁 속에서, 이 진지에서 저 진지로 서서히 밀고 나아가야"(CW 27: 512) 하는 것이다. 그렇다면 혁명의 승리 이후에도 곧바로 해방이 찾아온다는 보장은 없다. 자본주의 사회에서도 사회주의·공산주의를 꿈꾸는 변혁적 세력이 존재하듯, 혁명 이후의 사회주의에서도 다시 자본주의로 회귀하고자 하는 세력이 존재할 수 있다. 모순은 사라지는 것이 아니며, 계급투쟁은 계속된다. 월러스틴은 한 번의 권력 장악으로 사회를 변혁할 수 있다는 20세기 사회주의자들의 인식을 "2단계 전략"이라고 비판했다. 선거를 통해 집권하고자 한 독일의 사회민주당도, 폭력혁명을 통해 집권한 러시아의 볼셰비키도 권력을 지향하는 방법에서 차이를 보였을 뿐, 모두 우선 국가권력을 차지하고 이후 사회를 바꾼다는 단계론에 매몰되었다는 것이다. 이들은 정작 집권 이후 사회를 어떻게 바꿔나갈지에 대한 전략은 부족했다. 따라서 오로지 권력 장악만을 목표로 때로는 기성 세력과 전술적으로 연합하며 변혁성을 상실하기도, 권력 장악 이후 전략의 부재로 기존의 이상에서 후퇴하며 또 다른 억압적 권력이 되기도 했다.

그리고 무엇보다도 명심해야 할 점은, 프롤레타리아 독재뿐만 아니라, 계급이 존재하는 한 모든 사회가 권위와 폭력에 기반을 두고 있다는 점이다. 주류 정치학자들이 자유롭다고 주장하는 지금의 부르주아 정치체제 역시 앞서 우리가 살펴봤듯이 사적 소유를 기반으로 하는 폭력으로 유지되고 있다. 혁명 이후 프롤레타리아계급이 광범위한 사회변혁 과정에서 지속적인 계급투쟁으로 반혁명을 예방하듯이 부르주아지 역시 군대, 경찰 등의 폭력적 국가기구를 통해 노동계급의 잠재적 위협을 억제한다. 비록 이 억압적 기구들은 한편으로는 치안유지나 국토 방어 등의 "생산적" 역할을 수행하며 그 존재의 정당성을 주장하지만 말이다.

주류 정치학자들이 이야기하는 바와는 다르게 자본주의 사회에서 확립된 여러 '민주적' 제도들은 자본가를 위한 민주 제도이다(비록 프롤레타리아를 완전히 배제하지는 않지만). 따라서 자본주의체제 자체를 뒤집고 노동자들의 진정한 민주주의를 쟁취하기 위해서는 프롤레타리아계급의 독재에 기반한 새로운 정치체제가 필요하다. 마르크스의 말마따나 "노동계급은 단순히 이미 존재하는 국가기구를 장악해, 자신들의 목적에 맞게 사용할 수는 없다"(CW 22: 328). 기존의 국가기구를 해체하고, 프롤레타리아의 이해관계에 맞게 새롭게 바꿔야 하는 것이다. 파리코뮌에서처럼, 국가가 독점한 폭력을 노동계급이 빼앗아 "상비군을 해체하고 그 자리를 무장한 시민들로 대체"(ibid.)하는 것이 아마 그 첫 번째 단계가 될 수 있을 것이다.

물론 프롤레타리아 독재는 어디까지나 프롤레타리아계

급의 독재이지, 프롤레타리아계급의 이름을 한 개인이나 개별 정당, 소수의 독재여서는 안 된다. 프롤레타리아계급이 부르주아의 반혁명을 통제하지만, 극소수의 반혁명 세력에 대한 억압을 제외한다면 부르주아 민주주의보다도 더욱 확실한 민주주의가 보장되어야 한다. 프롤레타리아 독재란 동시에 부르주아 독재에 대항하는 '프롤레타리아 민주주의'이기도 한 것이다. 그렇다면, 결국 현실 사회주의의 실패는 혁명 이후 권력을 잡은 세력들이 모든 비판의 목소리를 반혁명 세력으로 규정하고 탄압하며, 프롤레타리아 민주주의를 죽였던 비극에서 원인을 찾을 수 있을 것이다.

프롤레타리아 독재를 설명하며 마지막으로 꼭 짚고 넘어가고 싶은 부분이 하나 있다. 그것은 바로 사회주의 사회에서의 교육에 관한 문제이다. 자본주의에서 교육은 부르주아 이데올로기를 정당화하고, 자본주의가 당연한 것으로 여겨지게 하며 노동자들이 변혁적 주체가 아닌 자본주의적 주체로서 사회에 나가 생산에 투입될 수 있는 노하우를 가르친다. 이는 단순히 체제 선전이나 반공교육, 소위 '윤리교육'이나 '국민교육헌장' 등만을 의미하는 좁은 의미의 것은 아니다. 근대의 태동 시기 의무교육의 등장과 함께 나타난 기존까지는 존재하지 않던 표준어 교육과 민족의식 고취를 위한 공통된 역사교육, 생산현장에서 노동자로서 기능하기 위해 필요한 수학과 과학 교육, '정치적 중립'을 명분으로 모든 변혁적 사고를 거부하고 단지 지금의 체제를 당연한 것으로 간주하는 사회과학교육(사회주의를 가르치는 것은 정치적이지만 자본주의를 가르치는 것은 '중립'적이다), 더 나아가서는 경쟁을 당연한 것으로 받아들이도록 하는 시험제도와 등수 매기기, 권위에 대한 복종을 내재화하는 교사-학생 간 위계질서 등이 모두 자본주의적 교육에 포함된다.

그렇다면 프롤레타리아 독재 시기, 교육은 어떻게 변화해야 할까? 사회주의 사회의 교육은 계급투쟁에 있어 프롤레타리아의 이데올로기를 방어하는 것에, 그리고 궁극적으로는 계급 소멸을 위한 사회주의적 주체 생산에 필수적인 역할을 할 것이다. 따라서 무엇보다도 자본주의 사회의 학교와 같은 경쟁제도를 철폐하고, 사회주의의 작업장에서 생산이 민주적으로 조직되듯 학교 역시 민주적 원리에 따라 학생 스스로가 참여하며 교육 환경을 만들어나가야 할 것이다. 그러나, 당연하게도 자본주의에서 교육하던 모든 내용을 폐기할 수는 없다. 수학이나 자연과학 등의 과목에서 가르치는 내용은 아마 거의 변하지 않을 것이다(소련에서는 한때 '부르주아 과학'에 대항하는 '프롤레타리아 과학'을 주장하며, 멘델의 유전학에 반대하는 리센코의 유전학을 공인한 적이 있었다. 그러나 농업에서의 리센코 유전학 적용은 결국 대기근으로 이어졌다). 또한, 엥겔스가 〈에어푸르트 강령 초안 비판〉에서 쓴 것처럼, "자신의 자금으로 자신의 학교를 세워서 자신의 헛소리를 가르치는 것까지 금지시킬 수는 없을 것이다"(《선집》 6권: 351). 프롤레타리아 독재 사회라도 기본적으로 다양한 의견을 존중하며 부르주아 이데올로기

교육 자체를 불법화할 수는 없다는 이야기이다. 프롤레타리아 독재는 부르주아 독재의 발전된 형태이며, 따라서 부르주아 민주주의하에서 쟁취된 모든 민주적 결실들은 그대로 계승되고 발전되어야 할 것이다. 이 기준은 교육뿐만 아니라 언론이나 출판 등에도 똑같이 적용된다.

이러한 프롤레타리아 독재는 사회주의를 거쳐 생산력이 발달하고 인간 의식이 변하며, 궁극적으로는 계급이 사라진 공산주의가 도달될 때 국가가, 인간에 대한 인간의 지배가 소멸함과 동시에 사라질 것이다.

높은 단계의 공산주의

공산주의의 정확한 모습을 알기는 힘들다. 아직 도달한 적이 없는 사회이기 때문이다.* 많은 사람들의 생각과는 다르게, 마르크스와 엥겔스는 공산주의 사회에 대한 구체적인 상을 제시한 적이 거의 없다. 그러나 〈고타 강령 초안 비판〉 등과 같은 그들의 저작 곳곳에서 공산주의 사회의 모습을 얼핏 살펴볼 수 있다.

우리는 앞서 4장 '마르크스주의 역사학'에서 생산과 소유의 측면으로 분석한 전자본주의 단계와 자본주의 단계의 차이에 대한 표를 살펴봤다. 이는 마르크스가 《자본》 1권 7편 24장

---

* 현실 사회주의 국가가 진정한 '사회주의'였는지는 논쟁이 있다. 그러나 이와는 별개로, 국가가 존재했다는 사실만으로도 높은 단계의 공산주의에 도달한 적은 없음은 분명하다.

〈표 7-1〉

	전자본주의	자본주의	공산주의
생산	개인적 노동	사회적 노동	사회적 노동
소유	개인적인 사적 소유	자본주의적 사적 소유	개인적 소유

'이른바 본원적 축적' 중, 7절 '자본주의적 축적의 역사적 경향'에서 설명한 인류사의 전개 과정에 대한 개략적인 내용을 정리한 표였다. 이제 여기에 공산주의에 대한 내용을 추가한 표를 다시 확인해보자(〈표 7-1〉).

마르크스는 《자본》에서 다음과 같이 말했다.

> 자본주의적 생산양식에서 생겨난 자본주의적 취득양식 [즉 자본주의적 사적 소유]은 자신의 노동에 기초한 개인적인 사적 소유에 대한 제1의 부정이다. 그러나 자본주의적 생산은 자연과정의 필연성에 따라 그 자신의 부정을 낳는다. 즉 부정의 부정인 것이다. 이 부정은 사적 소유를 다시 만들어내는 것이 아니라 자본주의 시대의 획득물[즉 협업과 토지 공유 및 노동 자체에 의해 생산되는 생산수단의 공유]을 기초로 하는 개인적 소유를 만들어낸다. (마르크스, 1867: 1022)

스스로 생산하고 스스로 소비하는 자급자족 사회였던 전자본주의 단계에서 분업, 사회적 생산을 통해 형성된 자본주의 사회는 그러한 사회적 생산의 산물이 다시 생산수단의 소유자에게 귀속되는 자본주의적 사적 소유로 이어졌다. 그러나 개인적 소유와 구분되는 사적 소유의 차이점은 자본가가 사적 소유를 통해 자신의 소유물을 자본, 즉 착취를 기반으로 순환을 통해 더 큰 자본으로 재생산될 수 있는 수단으로 전화한다는 점이다. 하지만 내가 칼을 소유했다고 해서 그 칼로 남을 찌를 권리를 가지게 되는 것은 아니듯이, 생산수단에 대한 소유권이 항상 이 소유물을 통해 타인을 착취할 권리를 내포해야만 하는 것은 아니다. 자본주의 이후의 공산주의 사회에서는 생산수단의 공동 점유에 근거하여 분업을 통해 생산력을 기하급수적으로 발달시켰던 자본주의의 사회적 생산을 유지하면서도, 동시에 소유형태에 있어 개인적 소유를 더 높은 차원에서 회복할 것이다.

이러한 공산주의적 생산양식은 〈고타 강령 초안 비판〉에 나온 유명한 구절로 요약할 수 있다. 즉 "각자는 능력에 따라, 각자에게는 필요에 따라!"(《선집》 4권: 377) 자본주의를 통해 발전한 높은 수준의 생산력은 노동자들이 하루에도 수 시간씩 착취당할 필요 없이, 자신이 원하는 일을 자신의 능력껏 함으로써 전체 사회의 필요를 충족할 정도의 수준에 도달한 것이다. "능력에 따라 일하고, 필요에 따라 받는" 공산주의 사회에서는 계급이 점차 없어질 것이고, 지배계급의 소멸과 함께 지배계급을 보위하기 위한 합법적 폭력의 독점체로서의 국가 역시 사라질 것이다.

물론 이러한 사회가 제대로 작동하기 위해서는 자본주의 이데올로기에 포섭된 사회구성원 전반의 의식을 바꿀 필요가 있는데, 이를 위해서는 앞서 봤듯이 우선적으로는 사회구성원의 의식을 형성하는 교육제도가 변해야 한다. 그러나 무엇보다도, 이를 규정하는 하부구조, 생산관계 역시 "능력에 따라 일하고, 일한 만큼 받는" 것으로, 즉 "자신이 사회에 주는 것을 —공제 후에—정확히 돌려받는"(《선집》 4권: 375-376) 것으로 바뀌는 프롤레타리아 독재 시기를 통해서만 도달할 수 있다. 생산수단을 공동으로 소유하고, 따라서 생산수단의 사적 소유에 기반을 둔 착취가 존재하지 않는 사회주의 사회에서 노동자는 자신이 제공한 만큼의 노동을 온전히 전유할 수 있는 것이다.* 이를 통해 노동자들은 자본주의 사회에서처럼 재생산을 보장받기 위해 경쟁할 필요가 없음을 깨닫고, 점차 '자본주의 정신'에서 그 이후의 단계로 의식이 바뀔 것이다. 마르크스가《자본》에서 쓴 표현을 따르자면, "궁핍과 외적인 합목적성 때문에 강제로"(마르크스, 1894: 1095) 노동할 수밖에 없었던 인간사회의 전사前史, '필연성의 나라'가 끝나며, 비로소 자

---

* "공제 후에"라는 표현에서 볼 수 있듯이 사회주의에서도 노동자가 자신이 제공한 노동을 100% 전유할 수 있는 것은 아니다. 생산의 확대를 위해 추가로 투입해야 할 가치나, 학교와 위생 설비 등과 같은 공공시설을 위한 비용, 자연재해나 사고 등에 대비한 예비 기금, 장애인이나 노인, 아이 등과 같은 노동 능력이 없는 사람을 위한 복지 비용 등이 추가로 필요하기 때문이다(《선집》 4권: 374-375). 하지만 자본주의 사회와 무엇보다도 다른 점은, 이러한 일종의 '세금' 역시 모든 사회구성원의 민주적 통제 속에서 사용된다는 사실일 것이다.

아실현을 위해 개인의 노동 그 자체가 "자기목적으로 간주되는"(ibid.) "참된 자유의 나라"(ibid.)가 시작되는 것이다. 그러나 마르크스도 지적하듯 "그것은 오직 저 필연성의 나라를 기초로 하여 그 위에서만 꽃을 피울 수 있다"(ibid.). 그리고 자본주의의 생산력과 함께 자본주의의 모순 역시 최고조에 달한 지금이, 어쩌면 바로 그때일지도 모른다.

1888년 피에르 드 게테르가 작곡한 〈인터내셔널가〉. 1871년 세계 최초의 사회주의 정부였던 파리코뮌 당시 외젠 포티에가 쓴 시에 곡을 붙인 것이다.
한국에서는 1920년대 조선공산당에 의해 처음 번역되었고, 1980년대 현재의 가사를 갖추게 되었다. 〈인터내셔널가〉는 지금도 한국을 포함한 전 세계 노동자들과 사회주의자들에 의해 불리고 있다.

Le monde va changer de base
Nous ne sommes rien, soyons tout[*]
세계는 밑바닥부터 뒤바뀌리니
아무것도 아니던 우리가 모든 것이 되리라

[*] 〈인터내셔널가〉 프랑스어 1절 가사.

결론을 대신하여

오늘날, 지금 여기의 마르크스주의

하나의 유령이 세계를 배회하고 있다. 마르크스주의라는 유령이.

한때 전 세계 글을 읽고 쓸 줄 아는 사람들의 절반 이상을 매료시켰던 마르크스주의는 이제 그저 유령처럼 떠돌기만 할 뿐, 더는 예전과 같은 위상을 가지고 있지 않다. 지난 세기 누군가는 자유롭고 평등한 세상을 위해 자신의 일터에서 목숨 걸고 투쟁했고, 누군가는 혁명의 향방을 두고 생사를 함께하기로 결의한 동지들과 끝없이 논쟁했을 것이다. 누군가는 역사의 주인이 되어 마침내 쟁취한 해방 세상을 기쁘게 맞이했을 것이고, 또 다른 누군가는 혁명 속에서 사랑도, 명예도, 이름도 남김없이 자본과 국가의 폭력에 쓰러졌을 것이다. 물론, 해방이라는 이름 아래 자행된 억압과 폭력의 역사 또한 절대 잊어서는 안 되리라.

하지만 21세기 오늘날은 더 이상 지난 세기 세계를 휩쓸었던 혁명의 불길을 찾아보기가 힘들다. 역사 속 사회주의 국가들의 붕괴는, 현실 사회주의에 대한 평가와는 무관하게 마르크스주의 전체에 대한 사형 선고로 여겨졌다. 그러나 우리는 이렇게 물어봐야 한다. 마르크스주의는 사라졌는데, 과연 마르크스가 분석했던 자본주의 역시 함께 사라졌는가?

우리가 함께 살펴봤듯, 그 대답은 '아니요'이다. 멈추지 않는 자본주의의 착취와 노동 소외 속에 많은 사람들이 불안과 우울을 호소하고 있다. 자본가들과 부르주아 학자들은 경제가 발전했다고 말하지만, 1%의 부자가 전 세계 부의 절반 이상을 차지하는 동안 여전히 수십억 명의 사람들은 굶주리며 하루 벌어 하루를 겨우 산다. 여성은 같은 일을 해도 남성에 훨씬 못 미치는 임금을 받고, 사람을 피부색에 따라 차별하고, 세계 곳곳에서 권위주의 정권과 극우가 부활해 피로 쟁취한 민주주의는 쇠퇴하고 있다. 이번 세기에만 아프가니스탄에서, 이라크에서, 레바논에서, 조지아에서, 팔레스타인에서, 수단에서, 예멘에서, 우크라이나에서, 인도-파키스탄에서, 기타 세계 각지에서 전쟁이 일어났고 또 일어나고 있다. 인류가 이 모든 차별과 폭력에 시달리는 가운데, 기후 과학자들은 이번 세기를 인류가 넘기지 못할 거라고 공통적으로 지적하고 있다.*

---

* 이 책의 초고 작성 이후 발생했던, 12·3 불법 비상계엄 사태 및 이로 인해 촉발된 극우의 준동과 내란 정국도 빼놓을 수 없다. 윤석열의 비상계엄은 물론 그 직접적 계기는 정권의 위기 및 대통령과 영부인에 대한 부패 수사, 그리고 소위 "부정

따라서 오늘날과 같은 자본주의가 계속되는 이상, 마르크스주의는 사라질 수 없다. 자본주의 그 너머를 사고하는 여러 사회주의 해방 담론들 가운데 마르크스주의야말로 가장 과학적이며, 가장 체계적이고, 가장 큰 힘을 가진 사상이기 때문이다. 무엇보다도 마르크스주의야말로 현실에서의 광범위한 투쟁과—비록 일시적이었지만—성공을 쟁취한 유일한 사상이기 때문이다.

물론 마르크스주의를 표방한 현실 사회주의 국가는 모두 무너졌다. 그러나 한 번의 쓰러짐이 영원한 실패는 아님을 깨달아야 한다. 1789년 민중혁명을 통해 성취된 프랑스에서의 민주주의와 공화정은 1804년 나폴레옹의 쿠데타에 의해 무너졌다. 당시 프랑스대혁명을 반기지 않았던 유럽의 여러 황제국과 왕조 국가들, 영국과 프로이센, 러시아제국, 오스트리아의 지배자들은 이것이 공화제의 종말이라고 생각했을 것이다. 1815년 시작된 빈체제는 공화제의 몰락과 1000년을 지속한

선거" 음모론이지만, 한국의 계엄령 선포 역시 자본주의의 위기에 대응하기 위한 전 세계적인 민주주의의 후퇴(미국의 트럼프 재집권 및 독일, 프랑스, 이탈리아, 폴란드, 루마니아의 극우 정당의 약진, 헝가리, 튀르키예, 미얀마, 인도네시아, 홍콩에서 등장한 전체주의·군부 정권과 야당·언론·노동운동 탄압 등)의 맥락 속에서 파악할 수 있다. 12월 7일 탄핵소추에 반대한 국민의힘 의원들의 단체 퇴장 사태와, 111일 역대 최장 기간 심리를 끌어온 헌법재판소로 인한 혼란한 정국의 연장은 "자유민주주의"란 허상이며 실질적인 권력은 소수 엘리트의 손에 있었음을 적나라하게 보여주었다. 2025년 4월 4일, 윤석열은 헌법재판관 만장일치로 대통령직에서 파면되었지만, '윤석열즉각퇴진·사회대개혁비상행동'이 주장했던 후자의 것, 즉 계엄령이 발생할 수밖에 없었던 체제에 대한 근본적인 변혁은 아직 이루어지지 않았다.

봉건 질서로의 영원한 복귀인 것처럼 보였다. 그러나 우리는 모두 안다. 혁명은 그곳에서 잠들지 않았음을. 1848년과 1871년의 혁명은 사라진 줄 알았던 공화제를 다시 살렸다. 프랑스뿐만 아니라 다른 유럽의 국가들과, 더 나아가 유럽 이외의 국가들에서도.

마르크스주의는 이제 한 번 쓰러졌을 뿐이다. 이 한 번의 쓰러짐을 영원한 실패로 규정하기에는, 마르크스주의가 약속하는 해방의 희망이 너무나도 크고 또 오늘날의 자본주의가 너무나도 파괴적이다. 오늘날, 지금 여기 혁명의 불길은 사그라든 것처럼 보이지만, 그러나 우리는 기억해야 한다. 한 알의 불씨가 들판을 불사르는 것을. 들판을 지키고자 하는 이들은 광활한 대지를 모두 막아야 하겠지만, 우리는 단 하나의 불씨만으로도 충분하다.

이 책을 읽는 당신이 그 불씨를 품을 수 있다면 이 책은 더 없이 큰 성공을 거둔 것이리라.

추천도서 목록

축하한다! 이 책을 여기까지 모두 완독한 당신은 이제 마르크스주의에 대한 기본지식을 모두 갖추게 되었다. 당신은 이제 왜 자본주의가 최선이 아닌지, 자본주의에서 필연적으로 발생할 수밖에 없는 노동착취와 소외, 물신성에 대해 설명할 수 있으며, 마르크스주의는 전체주의 독재 사상이라는 반공 담론에도 정확하게 반박할 수 있을 것이다. 당신은 마르크스주의의 두 가지 토대에 대해 말할 수 있으며, 사회주의와 공산주의의 차이를 알고 있다.

그러나 이 책만을 가지고 저 넓은 마르크스주의라는 대륙을 모두 탐험하기에는 아직 부족하다. 입문서라는 책의 특성상 마르크스주의를 넓고 얕게 다룰 수밖에 없었으며, 필자의 주관이 개입해 몇몇 부분에서는 마르크스주의를 객관적으로 다루지 못했다는 단점도 있을 것이다. 특히, 마르크스와 엥겔스를 위주로 다루며 레닌이나 스탈린, 트로츠키, 룩셈부르크, 그람시, 루카치, 마오쩌둥, 알튀세르, 클리프, 구스만, 홉스봄, 월러스틴, 하비, 뒤메닐과 레비, 캘리니코스 등 마르크스·엥겔스 이후의 마르크스주의 이론에 대해 거의 다루지 못했다.

따라서 필자는 이 책을 완독한 독자를 위해 마르크스주의를 더욱 깊이 탐험할 수 있는 책을 몇 권 추천하고자 한다. 누구나 쉽게 구해 읽을 수 있도록 원서가 아닌 국내서(번역서)만을 추천 목록에 넣었으며, 이 책을 모두 읽은 독자를 대상으로 하기에 《원숭이도 이해하는 자본론》(임승수)이나 《마르크스는 처음입니다만》(이시카와 야스히로), 《오늘날 마르크스주의의 의미》(폴 더마토) 등과 같은 우리가 충분히 다룬 쉬운 입문서들은 목록에서 제외했다. 추천도서 목록은 ① 마르크스주의 일반, ② 마르크스주의 철학, ③ 마르크스주의 경제학, ④ 기타 이렇게 네 가지로 분류해 작성했다.

1. 마르크스주의 일반

카를 마르크스 · 프리드리히 엥겔스, 《공산주의 선언》
김태호 옮김, 박종철출판사, 2016; 이진우 옮김, 책세상, 2018

수많은 마르크스주의 저작들이 있지만, 마르크스와 엥겔스가 직접 쓴 책을 가장 먼저 추천한다. 그중에서도 읽기 쉬우며, 마르크스주의 전반을 가장 잘 설명하고 있는 책이 바로 《공산주의 선언》이다. 이는 마르크스와 엥겔스의 책 중에서 단연코 가장 유명한 저작이기도 하다. 1848년 공산주의자동맹의 강령으로서 출간된 《공산주의 선언》은 서문을 제외한다면 총 4개의 장으로 구성되어 있다. 이 중 3장과 4장은 당대의 다른 사회주의적 조류에 대한 비판 및 유럽 공산주의자들의 당면 임무에 대한 서술로 이루어져 있어, 너무 어렵다면 170여 년이 지난 오늘날의 우리는 이 부분을 건너뛰고 읽어도 무방하다(그러나 가장 유명한 4장의 마지막 문단은 건너뛰지 않기를 바란다). 《공산주의 선언》에는 여러

한국어 번역본이 존재하는데, 개인적으로는 박종철출판사에서 출간된 판본을 가장 추천한다. '맑스 엥겔스 에센스' 시리즈의 1권으로 2016년 개정판이 출간되었으며, 같은 출판사에서 나온 《칼 맑스·프리드리히 엥겔스 저작 선집》 1권에도 수록되어 있다. 또한 2018년 책세상에서 《공산당 선언》이라는 제목으로 나온 판본 역시 추천한다. 이 번역본은 《공산주의 선언》의 초고 격인, 엥겔스가 1847년 쓴 〈공산주의의 원리〉 역시 부록으로 수록하고 있다. 온라인으로 글을 읽는 것이 편한 독자들은 마르크스주의 인터넷 아카이브 한국어 페이지와 위키 문헌에서도 무료로 읽어볼 수 있다.

프리드리히 엥겔스, 《공상에서 과학으로》
박광순 옮김, 범우사, 2006

프리드리히 엥겔스가 자신의 책 《반뒤링》 중 제3편 '사회주의'를 발췌하여 정리한 《공상에서 과학으로》는 마르크스의 사위 폴 라파르그의 요청에 따라 프랑스의 노동자들을 위해 쓴 짧은 과학적 사회주의의 입문서이다. 엥겔스는 이 책에서 노동계급과 함께 등장한 기존의 공상적 사회주의를 분석하고(1장, 프랑스의 사회주의), 이 공상적 사회주의가 어떻게 마르크스의 손에서 과학이 되었는지를 설명하며(2장, 독일의 변증법 철학), 마지막으로 과학적으로 분석한 자본주의와 잉여가치에 대해 설명한다(3장, 영국의 정치경제학). 마르크스주의의 세 가지 원천인 프랑스의 사회주의와 독일 철학, 영국 경제학을 차례대로 서술한 것이다. 2006년 범우사에서 번역본이 나왔으며, 마르크스주의 인터넷 아카이브 한국어 페이지에서도 《공상에서 과학으로의 사회주의의 발전》이라는 제목으로 확인할 수 있다.

피터 오스본, 《HOW TO READ 마르크스》
고병권·조원광 옮김, 웅진지식하우스, 2007

피터 오스본의 이 책은 다양한 사상가들을 소개하는 철학 입문서 'HOW TO READ' 시리즈의 마르크스 편이다. 오스본은 《자본》이나 《공산주의 선언》 등 마르크스가 쓴 서로 다른 8개의 텍스트들을 재해석하며 '상품', '물신성', '역사', '소외', '노동' 등 마르크스가 사용한 개념들을 "비판적인 지적 실천"이라는 관점에서 설명하고 있다. 각각의 텍스트들을 작성 시기순이 아닌 논리적 순서에 따라 배치하고 있다는 점이 이 책의 특징이다. 알튀세르주의의 관점을 받아들여 마르크스의 사상적 궤적에서 인식론적 절단이 있음을 보이기도 한다. 개인적으로 필자 역시 《HOW TO READ 마르크스》를 읽으며 책을 집필하는 데 많은 도움을 받기도 했다. 현재는 절판되었으나 아직까지는 중고시장 등에서 쉽게 구할 수 있다.

알렉스 캘리니코스, 《카를 마르크스의 혁명적 사상》
이수현 옮김, 책갈피, 2018

영국 사회주의노동자당(SWP) 중앙위원장인 알렉스 캘리니코스가 작성한 마르크스주의에 대한 입문서이다. 마르크스의 생애부터 공상적 사회주의와 리카도, 헤겔과 포이어바흐와 같은 마르크스에게 영향을 준 학자들과 이론들, 마르크스의 방법론, 마르크스 경제학과 정치학을 모두 아우르는 책이다. 사회주의노동자당에서 나온 책답게 신트로츠키주의의 국가자본주의론 입장에 대해서도 알 수 있다.

한형식, 《맑스주의 역사 강의》
그린비, 2010

때때로 '맑역강'이라고 불리기도 하는 이 책은 그 제목처럼 마르크스주의의 역사를 서술하고 있다. 공상적 사회주의와 마르크스·엥겔스의 사상을 시기 변화에 따라 서술할 뿐만 아니라, 마르크스의 사후 제2인터내셔널 내부에서 일어났던 광범위한 논쟁들이나 러시아혁명, 스탈린주의, 중국혁명과 마오쩌둥 사상, 서구 마르크스주의 등을 역사적 순서에 따라 설명하고 있다. 마르크스 이후 마르크스주의가 어떻게 변해왔는지, 특히 현실의 역사에서 어떤 영향을 끼쳤으며 어떤 결과를 만들었는지 알고 싶다면 이 책만큼 좋은 저서는 없을 듯하다.

2. 마르크스주의 철학

카를 마르크스·프리드리히 엥겔스, 《독일 이데올로기》
이병창 옮김, 먼빛으로, 2024; 김대웅 옮김, 두레, 2015

이 책은 훗날 마르크스가 《정치경제학 비판을 위하여》 서문에서 언급했듯이 마르크스와 엥겔스의 자기 이해라는 목적을 위해 쓰였으며, 따라서 그들의 생전에는 출판되지 않았다. 두 권의 분책으로 나뉘어 출간된 이 책의 1권은 포이어바흐를 다루는 1권 1장에서 마르크스와 엥겔스의 철학 전반을 다루고 있다. '존재가 의식을 결정한다'는 유물론 테제를 이 책을 통해 완성한 것이다. 따라서 프랑스의 마르크스주의 철학자 알튀세르는 이 책 《독일 이데올로기》를 진정한 마르크스주의 역사과학이 탄생하는 '절단의 뒷면'으로 평가하기도 한다. 한편, 1권 2장부터 2권에 이르는 책의 나머지 부분은 다른 청년헤겔학파 사상가들과 사회주의자들에 대한 비판(혹은 조롱)으로만 가득 차 있어 마르크스를 전문적으로 공부하는 사람이 아니라면 우선은 1권 1장만 읽는 것을 추천한다. 먼빛으로 출판사에서 2019년 최초로 완역했으며, 2024년 1권에 대한 개정판 역시 출간되었다. 한편, 두레에서 출간된 김대웅 번역본은 책 소개에도 써 있듯이 '안 읽어도 되는' 부분을 제외한 1권 1편과 2편, 그리고 2권의 '진정 사회주의' 부분만 수록해 훨씬 가볍다는 장점이 있다.

강경덕. 《구조와 모순》
서광사, 2014

이 책은 특히나 마르크스주의의 인과성과 과학성 문제를 집중적으로 다루며, 발리바르로 이어지는 알튀세르주의의 전통과 인식론적 절단이라는 개념 속에서 마르크스주의를 재구성한다. 저자는 구조 대 사건의 대결이라는 마르크스의 사상 속에 존재하는 모순들과 갈등들을 똑바로 직시하며, 이를 통해 계급투쟁, 구조의 재생산과 이행, 그리고 혁명을 사고한다. 마르크스주의를 재구성하며 오늘날에도 여전히 해방이 가능함을 보이고자 하는 것이다. 현재는 절판되어 도서관이나 중고시장에서만 구할 수 있다.

백승욱. 《생각하는 마르크스》
북콤마, 2017

중앙대학교 사회학과 백승욱 교수는 부제에도 썼듯이 마르크스의 방법론을 '무엇이 아니라 어떻게'로 이야기하고 있다. 변화하는 자본주의의 현실 속에서 마르크스의 내용이 아니라 마르크스의 방법을 계승하고자 하는 것이다. 이 책은 우선 마르크스 사유의 특징을 분석하며 실제 마르크스의 사유 과정을 그의 인생을 따라가며 함께 살펴본다. 이후 책의 후반부에서 백승욱 교수는 알튀세르와 발리바르를 계승하며 마르크스가 완성하지 못한 부분, 정치와 이데올로기를 마르크스의 방법을 통해 사유하고자 한다.

3. 마르크스주의 경제학

카를 마르크스, 《자본》
강신준 옮김, 길, 2008; 김수행 옮김, 비봉, 2015; 채만수 옮김, 노사과연, 2018

마르크스의 가장 유명한 저작 중 하나인 《자본》이다. 한국에서는 절판되어 구하기 힘든 《잉여가치학설사》를 제외한 《자본》 본편은 총 3권으로 구성되어 있는데, 1권은 추상적인 수준에서 살펴본 자본의 생산과정을, 2권은 자본의 유통과정을, 3권은 다수자본의 경쟁을 포함하는 자본의 총과정을 다루고 있다. 세 권을 모두 읽는 것이 부담스럽다면, 마르크스가 생전 직접 출판한 1권만 읽어보는 것도 하나의 방법이 될 수 있다. 마르크스는 《자본》 1권에서 비교적 추상적인 수준에서나마 하나의 논의를 완결하기 때문이다. 《임금노동과 자본》이나 《임금, 가격, 이윤》과 같은 마르크스의 짧은 책들보다는 어려울지 모르나, 《정치경제학 비판 요강(그룬트리세)》나 《정치경제학 비판을 위하여》와 비교하면 대중서로서 기획된 《자본》은 그 분량이 압도적일지는 몰라도 생각만큼 어려운 책은 아니다. 또한 마르크스 경제학에 대한 좋은 해설서를 아무리 많이 읽어도, 《자본》을 직접 볼 때면 늘 새로운 통찰을 얻을 수 있다. 혹자는 《자본》 1권을 읽을 때는 "역사를 다루고 있는, 1권의 마지막 편인 '본원적 축적'을 가장 먼저 읽고 1권을 보라"라던가 "나머지 부분을 먼저 읽고, 이해가 되었다면 가장 이해하기 어려운 1편 '상품과 화폐'를 그때 읽어라"라고 이야기하기도 하지만, 개인적으로는 첫 장부터 순서대로 읽는 방법을 권한다. 2015년 비봉출판사에서 나온 고 김수행 교수 번역본은 가장 쉬운 문체로 쓰여 잘 읽힌다는 장점이 있는 반면, 영어 중역에 목차 구성이 조금 다르다는 단점이 있다. 노동사회과학연구소 채만수 소장의 번역본은 원문에 가장 충실하다는 편이 있지만, 아직 전권이 완역되지 않았다. 따라서 필자가 가장 추천하는 번역본은 도서출판 길에서 출간된 강신준 교수 번역본이다. 다만, 매뉴팩처를 다루는 부분에서 번역이 누락되었다는 평이 있는 등 이 판본 역시 번역에 대한 논란이 존재한다.

김수행, 《알기 쉬운 정치경제학》
서울대학교출판문화원, 2024

작고하신 김수행 교수님이 서울대학교에서 마르크스주의 경제학을 강의하던 시절 학부 1학년 학생들의 전공 교재로 사용하고자 집필하신 교재이다. 대학 전공 교재임에도 학부 1학년을 대상으로 하는 책인 만큼 경제학에 대한 다른 배경지식이 크게 요구되지 않는다(참고로, 2학년 때 마르크스주의 경제학을 본격적으로 다루기 위해 집필하신 책은 《"자본론"의 현대적 해석》이라는 제목으로 출간되었다). 다만 이 책 역시 난이도는 (다른 대학 교재들과 비교하여) 쉬운 반면, 분량은 결코 무시할 수 없다는 단점이 있다.

벤 파인 · 알프레도 새드-필호, 《마르크스의 자본론》
박관석 옮김, 책갈피, 2006

런던대학교 그룹 아시아-아프리카대학의 벤 파인 교수와 알프레도 새드-필호 교수가 함께 쓴 마르크스의 《자본》에 관한 해설서이다. 마르크스 경제학의 기본 개념부터, 전형논쟁이나 공황론까지 각 부분에 대한 다양한 마르크스주의 경제학자들의 논쟁을 설명하는 것이 책의 중심이 된다. 따라서 현대 마르크스주의 경제학의 다양한 쟁점들을 살펴보며 마르크스주의 경제학의 개념을 엄밀하게 공부하고 싶다면 이 책이 그 시작으로서 가장 적절하다. 조금 더 난이도는 있지만, 새드-필호 교수의 《마르크스의 가치론》 또한 비슷한 맥락에서 읽을 수 있다. 다만 경제학에 대한 배경지식이 요구되며(특히 《마르크스의 가치론》을 이해하기 위해서는 상당한 배경지식이 필요하다), 번역서의 경우 문장이 매끄럽지 않다는 단점이 있다.

마르크스의 경제학과 관련해서는 특히나 추천할 책이 많다. 위에서 소개한 책들뿐만 아니라 충남대 류동민 교수의 《프로메테우스의 경제학》(창비, 2009)이나 폴 스위지의 《자본주의 발전의 이론》(필맥, 2009), 데이비드 하비의 《맑스 "자본" 강의》(전 2권, 창비, 2011·2016), 덩컨 폴리의 《"자본"의 이해》(유비온, 2015) 등도 모두 추천하고 싶다. 또한, 5권이라는 분량이 압도적이기는 하지만, 여유가 되는 독자들은 구소련의 가장 대표적인 마르크스주의 경제학자 중 한 명이었던 차골로프가 작성한 《정치경제학 교과서》(전 2권, 5분책, 중원문화, 2012) 시리즈를 훑어본다면 큰 도움이 될 것이다. 이 시리즈는 "마르크스 정치경제학에 대한 최고의 으뜸서"라는 명성에 걸맞다.

4. 기타

칼 폴라니, 《거대한 전환》
홍기빈 옮김, 길, 2009

마르크스는 《자본》 1권의 마지막 편 '본원적 축적'에서 자본주의의 탄생을 위해 가해진 폭력의 역사들에 대해 서술했다. 이뿐만 아니라, 마르크스는 다른 많은 저작들에서도 자본주의는 역사의 산물일 뿐이며 비교적 최근에 나타난 현상이라고 반복해서 설명하고 있다. 폴라니의 《거대한 전환》은 이러한 마르크스의 논의를 더욱 발전시킨 책이다. 폴라니는 마르크스의 시대보다 더욱 발전한 인류학의 성과들을 활용하며 상호성이나 재분배 등과 같은 시장경제 이전의 사회에 존재했던 분배 법칙들을 하나씩 밝힌다. 그는 이를 통해 시장제도를 통해야만 재화를 가장 효율적으로 분배할 수 있다는 주류 경제학의 이데올로기를 산산이 박살 내며, 오히려 자본주의야말로 국가권력을 통해 상품화될 수 없는 인간과 자연, 화폐를 억지로 허구적 상품으로 만듦으로써만 탄생할 수 있었다고 비판한다. 상품이 아니었던 존재들을 수요와 공급의 논리를 통해 결정되는 상품으로 만들며 사회에서 여러 문제를 야기한다는 것이다. 따라서 폴라니는 이러한 자본주의를 모든 관계를 시장제도에 편입시키며 파괴해버린 '악마의 맷돌'이라고 부르기도 한다. 폴라니는 오토 바우어의 기능민주주의의 영향을 크게 받은 길드 사회주의자이지만, 경우에 따라서는 큰 틀에서 마르크스주의자로 분류되기도 한다. 번역자 홍기빈 소장이 진행한 〈홍기빈의 이야기로 풀어보는 '거대한 전환'〉 팟캐스트를 인터넷에서 무료로 들어볼 수 있다.

이매뉴얼 월러스틴, 《월러스틴의 세계체제 분석》
이광근 옮김, 당대, 2005

세계체제론을 창시한 이매뉴얼 월러스틴 교수가 과연 마르크스주의자인지에 대해서는 논쟁이 있을 수 있다. 마르크스의 작업을 계승하면서도 동시에 마르크스주의에 크게 연연하지 않는 그의 작업 때문이다. 몇몇 마르크스주의자들은 종속이론에 영향을 받은 월러스틴을 민족주의적이라고 비판하거나, 마르크스와 같이 생산에서의 착취가 아니라 유통에서의 수탈을 강조한 월러스틴의 이론을 '유통주의'라 낙인찍기도 한다(월러스틴의 이론이 민족주의적이라는 뜻은 아니다. 다만, 중심부의 주변부 수탈을 강조하는 세계체제론은 국가 간 경쟁이 아니라 국가 내의 계급투쟁의 관점을 채택하는 전통적인 마르크스주의의 입장에서 봤을 때는 민족주의적으로 오용될 여지가 있기도 하다). 그러나 세계시장에서 중심국가가 주변국을 수탈함을 보인 월러스틴의 세계체제론은 시장을 개방한다면 후진국 역시 장기적으로는 자본주의가 발전하고 경제가 성장한다는 주류 경제학의 근대화론이나, 개발도상국의 저개발을 개도국 내의 부패·봉건적 요소에서 찾는 이중구조론에 통렬한 비판을 날렸다. 동시에 중심부와 주변부 사이에 반주변부를 설정해, 후진국의 발전 가능성을 완전히 부정하며 남한이나 대만 등의 사례를 설명하지 못하는 종속이론의 한계를 극복하기도 했다. 월러스틴의 대표작은 누가 뭐라 해도 까치 출판사에서 번역된 《근대세계체제》이지만, 우선 《자본》을 읽기에도 시간이 부족한 우리는 500여 페이지의 두꺼운 책 4권을 모두 읽는 대신 《월러스틴의 세계체제 분석》만을 읽어봐도 충분하다. 이 책은 세계체제론에 대해 알기 쉽게 설명하는 것은 물론, 책의 전반부에서는 세계체제론이 등장한 학설사적 배경을 설명하며 기존의 사회과학 등 분과학문에 대한 흥미로운 비판을 가하기도 한다. 무엇보다도 세계체제론을 창시한 월러스틴 교수가 직접 집필하여 가장 정확한 입문서라는 장점이 있다. 현재 이 책은 품절되었지만, 도서관이나 중고시장 등에서 찾아볼 수 있다.

참고문헌

※ 저자 이름 옆의 괄호 안 숫자는 해당 글·책의 원어 초판 출간 연도임.

1. 단행본

강경덕, 《구조와 모순: 구조주의적 마르크스주의의 논점들》, 서광사, 2014.
고드시, 크리스틴 R.(2018), 《왜 여성은 사회주의 사회에서 더 나은 섹스를 하는가》, 김희연 옮김, 이학사, 2021.
그람시, 안토니오(1947), 《그람시의 옥중수고 (1: 철학 편/2: 철학·역사·문화 편)》, 이상훈 옮김, 거름, 1999.
김수행, 《자본론의 현대적 해석》, 서울대학교출판부, 2011.
____, 《자본론 공부: 김수행 교수가 들려주는 자본 이야기》, 돌베개, 2014.
달, 로버트(2003), 《미국 헌법과 민주주의》, 박상훈 옮김, 후마니타스, 2016.
드 보통, 알랭(2004), 《불안》, 정영목 옮김, 은행나무, 2011.
더마토, 폴(2006), 《오늘날 마르크스주의의 의미: 미국 사회주의자가 들려주는 공산당 선언부터 기후 위기까지》, 이원웅 옮김, 책갈피, 2021.
레닌, 블라디미르 일리치(1909), 《유물론과 경험비판론 (상/하)》, 박정호 옮김, 돌베개, 1992.
____ (1917), 《제국주의, 자본주의의 최고 단계》, 이정인 옮김, 아고라, 2018.
류동민, 《프로메테우스의 경제학: 새로운 세대를 위한 맑스경제학 강의》, 창비, 2009.
____, 《정치경제학 강의노트》, 충남대학교출판문화원, 2022a.
____, 《9명의 경제학자들: 그들이 말한 것과 말하지 않은 것》, EBS BOOKS, 2022b.
르쿠르, 도미니크(1973), 《유물론-반영론-리얼리즘》, 이성훈 옮김, 백의출판사, 1995.

리베르티, 스테파노(2011),《땅뺏기: 새로운 식민주의 현장을 여행하다》, 유강은 옮김, 레디앙, 2014.
마르크스, 카를(1843),〈헤겔 법철학의 비판을 위하여〉, 편집부 엮음,《칼 맑스·프리드리히 엥겔스 저작 선집》1권, 박종철출판사, 1991.
____ (1844),〈1844년의 경제학 철학 초고〉, 편집부 엮음,《칼 맑스·프리드리히 엥겔스 저작 선집》1권, 박종철출판사, 1991.
____ ·엥겔스, 프리드리히(1846),《독일 이데올로기》, 김대웅 옮김, 두레, 2015.
____ ·엥겔스, 프리드리히(1848),〈공산주의당 선언〉, 편집부 엮음,《칼 맑스·프리드리히 엥겔스 저작 선집》1권, 박종철출판사, 1991.
____ ·엥겔스, 프리드리히(1849),〈임금 노동과 자본〉, 편집부 엮음,《칼 맑스·프리드리히 엥겔스 저작 선집》1권, 박종철출판사, 1991.
____ ·엥겔스, 프리드리히(1850),〈동맹에 보내는 중앙위원회의 1850년 3월의 호소〉, 편집부 엮음,《칼 맑스·프리드리히 엥겔스 저작 선집》2권, 박종철출판사, 1992.
____ (1853),〈영국의 인도지배〉, 편집부 엮음,《칼 맑스·프리드리히 엥겔스 저작 선집》2권, 박종철출판사, 1992.
____ (1865),〈임금, 가격, 이윤〉, 편집부 엮음,《칼 맑스·프리드리히 엥겔스 저작 선집》3권, 박종철출판사, 1993.
____ (1867),《자본: 정치경제학 비판 (Ⅰ-1/Ⅰ-2)》, 강신준 옮김, 도서출판 길, 2008.
____ (1875),〈고타 강령 초안 비판〉, 편집부 엮음,《칼 맑스·프리드리히 엥겔스 저작 선집》4권, 박종철출판사, 1995.
____ (1885),《자본: 경제학 비판 Ⅱ》, 강신준 옮김, 도서출판 길, 2010.
____ (1894),《자본: 경제학 비판 (Ⅲ-1/Ⅲ-2)》, 강신준 옮김, 도서출판 길, 2010.
마키아벨리, 니콜로(1532),《군주론》, 강정인·김경희 옮김, 까치, 2015.
발리바르, 에티엔(1993),《마르크스의 철학: 마르크스와 함께, 마르크스에 반해》, 배세진 옮김, 오월의봄, 2018.
벅모스, 수전(2005),《헤겔, 아이티, 보편사》, 김성호 옮김, 문학동네, 2012.
베게밀, 브루스(1999),《생물학적 풍요: 성적 다양성과 섹슈얼리티의 과학》, 이성민 옮김, 히포크라테스, 2023.
사이토 고헤이(2020),《지속 불가능 자본주의: 기후 위기 시대의 자본론》, 김영현 옮김, 다다서재, 2021.
____ (2023),《제로에서 시작하는 자본론》, 정성진 옮김, 아르테, 2024.
스미스, 애덤(1776),《국부론 (상/하)》, 김수행 옮김, 비봉출판사, 2007.
스탈린, 이오시프(1938a),〈변증법적 유물론과 역사적 유물론 (상)〉, 신재길 옮김,《정세와 노동》제174호, 노동사회과학연구소, 2021.

_____ (1938b), 〈변증법적 유물론과 역사적 유물론 (하)〉, 신재길 옮김, 《정세와 노동》 제175호, 노동사회과학연구소, 2021.
시바하라 다쿠지(1972), 《경제사 총론: 소유와 생산양식의 역사이론》, 편집부 옮김, 일월서각, 1983.
신영복, 《나무야 나무야: 국토와 역사의 뒤안에서 띄우는 엽서》, 돌베개, 2010.
신용하, 《일제 조선토지조사사업 수탈성의 진실》, 나남, 2019.
알튀세르, 루이(1965), 《마르크스를 위하여》, 서관모 옮김, 후마니타스, 2017.
_____ (1970), 〈이데올로기와 이데올로기적 국가장치〉, 김웅권 옮김, 《재생산에 대하여》, 동문선, 2007.
_____ (2018), 《역사에 관한 글들》, 배세진·이찬선 옮김, 오월의봄, 2023.
엥겔스, 프리드리히(1847), 〈폴란드에 대한 연설들〉, 편집부 엮음, 《칼 맑스·프리드리히 엥겔스 저작 선집》 1권, 박종철출판사, 1991.
_____ (1866), 〈노동자 계급은 폴란드에 대해 무엇을 해야 하는가?〉, 편집부 엮음, 《칼 맑스·프리드리히 엥겔스 저작 선집》 3권, 박종철출판사, 1993.
_____ (1867), 〈임시 중앙 평의회 대의원들을 위한 개별 문제들에 대한 지시들〉, 편집부 엮음, 《칼 맑스·프리드리히 엥겔스 저작 선집》 3권, 박종철출판사, 1993.
_____ (1872), 〈주택 문제에 대하여〉, 편집부 엮음, 《칼 맑스·프리드리히 엥겔스 저작 선집》 4권, 박종철출판사, 1995.
_____ (1873), 〈권위에 관하여〉, 편집부 엮음, 《칼 맑스·프리드리히 엥겔스 저작 선집》 4권, 박종철출판사, 1995.
_____ (1878), 〈오이겐 뒤링씨의 과학 변혁 ("반-뒤링")〉, 편집부 엮음, 《칼 맑스·프리드리히 엥겔스 저작 선집》 5권, 박종철출판사, 1994.
_____ (1880), 〈유토피아에서 과학으로의 사회주의의 발전〉, 편집부 엮음, 《칼 맑스·프리드리히 엥겔스 저작 선집》 5권, 박종철출판사, 1994.
_____ (1884), 《가족, 사유재산, 국가의 기원》, 김대웅 옮김, 두레, 2015.
_____ (1891), 〈1891년 사회 민주주의당 강령 초안 비판을 위하여〉, 편집부 엮음, 《칼 맑스·프리드리히 엥겔스 저작 선집》 6권, 박종철출판사, 1997.
오스본, 피터(2005), 《HOW TO READ 마르크스》, 고병권·조원광 옮김, 웅진지식하우스, 2007.
월러스틴, 이매뉴얼(2004), 《월러스틴의 세계체제 분석》, 이광근 옮김, 당대, 2005.
이진경(1987), 《사회구성체론과 사회과학방법론》, 그린비, 1987(2008년 증보판).
코헨, 제럴드 앨런(1978), 《카를 마르크스의 역사이론: 역사유물론 옹호》, 박형신·정헌주 옮김, 한길사, 2011.

크로포트킨, 표트르(1892),《빵의 쟁취》, 여연·강도은 옮김, 행성B잎새, 2016.
클라우제비츠, 카를 폰(1832),《전쟁론 제1권》, 김만수 옮김, 갈무리, 2006.
파인, 벤·새드-필호, 알프레도(1975),《마르크스의 자본론》, 박관석 옮김, 책갈피, 2006.
폴라니, 칼(1944),《거대한 전환: 우리 시대의 정치·경제적 기원》, 홍기빈 옮김, 도서출판 길, 2009.
풀란차스, 니코스(1968),《정치권력과 사회계급》, 홍순권 옮김, 1996, 풀빛.
____ (1978),《국가, 권력, 사회주의》, 박병영 옮김, 백의, 1994.
피케티, 토마(2014),《21세기 자본》, 장경덕 외 옮김, 글항아리, 2014.
프레이저, 낸시(2022),《좌파의 길: 식인 자본주의에 반대한다》, 장석준 옮김, 서해문집, 2023.
하비, 데이비드(2003),《모더니티의 수도, 파리: 자본이 만든 메트로폴리스 1830-1871》, 김병화 옮김, 글항아리, 2019.
____ (2010),《자본이라는 수수께끼: 자본주의 세계경제의 위기들》, 이강국 옮김, 창비, 2012.
하태규,《아테네 마르크스 민주주의》, 두번째테제, 2020.
한일민족문제학회 강제연행문제연구분과,《강제연행 강제노동연구 길라잡이》, 선인, 2005.
홉스봄, 에릭(1962),《혁명의 시대》, 정도영·차명수 옮김, 한길사, 1998.
____ (1975),《자본의 시대》, 정도영 옮김, 한길사, 1998.
____ (1987),《제국의 시대》, 김동택 옮김, 한길사, 1998.
____ (1994),《극단의 시대: 20세기의 역사 (상/하)》, 이용우 옮김, 까치, 1997.
Asimakopoulos, John, *Social Structures of Direct Democracy: On the Political Economy of Equality*, Leiden: Brill Publishers, 2014.
Draper, Hal, *Dictatorship of Proletariat: From Marx to Lenin*, New York: Monthly Review Press, 1987.
Engels, Friedrich(1845), "The Condition of the Working-Class in England: From Personal Observation and Authentic Sources", *Marx & Engels Collected Works* volume 4, London: Lawrence & Wishart Electric Book, 2010.
____ (1847), "The Principle of Communism", *Marx & Engels Collected Works* volume 6, London: Lawrence & Wishart Electric Book, 2010.
____ (1868), "Confession", *Marx & Engels Collected Works* volume 43, London: Lawrence & Wishart Electric Book, 2010.
____ (1883a), "Dialectics of Nature", *Marx & Engels Collected Works*

volume 25, London: Lawrence & Wishart Electric Book, 2010.
___ (1883b), "Engels to Eduard Bernstein. 27 August 1883", *Marx & Engels Collected Works* volume 47, London: Lawrence & Wishart Electric Book, 2010.
___ (1891), "Engels to Kautsky. 23 February 1891", *Marx & Engels Collected Works* volume 49, London: Lawrence & Wishart Electric Book, 2010.
___ (1895), "Introduction to K. Marx's *The Class Struggles in France*", *Marx & Engels Collected Works* volume 27, London: Lawrence & Wishart Electric Book, 2010.

Fry, Douglas P., *The Human Potential for Peace: An Anthropological Challenge to Assumptions about War and Violence*, Oxford: Oxford University Press, 2006.

Hegel, Georg Wilhelm Friedrich(1820), *Elements of the Philosophy of Rights*, Edited by Allen W. Wood, Translated by H. B. Nisbet, Cambridge: Cambridge University Press, 1991.
___ (1837), *Lectures of the History of Philosophy* volume 3, Translated by Elizabeth Haldane & Frances Simson, London: Kegan Paul, Trench, Trübner & Co. Ltd, 1896.

Marx, Karl(1842), "Leading Article in No. 179 of Kölnische Zeitung", *Marx & Engels Collected Works* volume 1, London: Lawrence & Wishart Electric Book, 2010.
___ (1844), "Contribution to the Critique of Hegel's Philosophy of Law", *Marx & Engels Collected Works* volume 3, London: Lawrence & Wishart Electric Book, 2010.
___ (1845a), "Theses on Feuerbach [Original version]", *Marx & Engels Collected Works* volume 5, London: Lawrence & Wishart Electric Book, 2010.
___ (1845b), "Theses on Feuerbach [Edited by Engels]", *Marx & Engels Collected Works* volume 5, London: Lawrence & Wishart Electric Book, 2010.
___ (1847), "The Poverty of Philosophy. Answer to the *Philosophy of Poverty* by M. Proudhon", *Marx & Engels Collected Works* volume 6, London: Lawrence & Wishart Electric Book, 2010.
___ (1850), "The Class Struggles in France, 1848 to 1850", *Marx & Engels Collected Works* volume 10, London: Lawrence &

Wishart Electric Book, 2010.

___ (1852), "The Eighteenth Brumaire of Louis Bonaparte", *Marx & Engels Collected Works* volume 11, London: Lawrence & Wishart Electric Book, 2010.

___ (1857), "Outlines of the Critique of Political Eonomy (Rough draft of 1857-58) [First Instalment]", *Marx & Engels Collected Works* volume 28, London: Lawrence & Wishart Electric Book, 2010.

___ (1859), "A Contribution to the Critique of Political Economy. Part One", *Marx & Engels Collected Works* volume 29, London: Lawrence & Wishart Electric Book, 2010.

___ (1865), "Confession", *Marx & Engels Collected Works* volume 42, London: Lawrence & Wishart Electric Book, 2010.

___ (1867), "Marx to Engels. 2 November 1867", *Marx & Engels Collected Works* volume 42, London: Lawrence & Wishart Electric Book, 2010.

___ (1871), "The Civil War in France", *Marx & Engels Collected Works* volume 22, London: Lawrence & Wishart Electric Book, 2010.

___ (1881a), "Drafts of the Letter to Vera Zasulich", *Marx & Engels Collected Works* volume 24, London: Lawrence & Wishart Electric Book, 2010.

___ (1881b), "Letter to Vera Zasulich", *Marx & Engels Collected Works* volume 24, London: Lawrence & Wishart Electric Book, 2010.

2. 논문 및 보고서

김수행, 〈로자 룩셈부르크가 작성한 확대재생산표식의 문제점〉,《마르크스주의 연구》5(4), 2008, 56~9쪽

백승욱·김영아, 〈마르크스의 셰익스피어: 비-헤겔적 전환의 계기〉,《마르크스주의 연구》18(2), 2021, 116~160쪽.

백훈승, 〈자연변증법 비판: F.Engels의《자연변증법》과《반뒤링론》을 중심으로〉, 《범한철학》28, 2003, 235~255쪽.

선구회본부 여론조사부, 〈조선지도인물 여론조사발표〉,《선구》1(2), 1945,

45~51쪽.

심재욱·하원호, 〈일제강점기 동해 어족 자원의 수탈과 활용〉, 《숭실사학》 38, 2017, 229~262쪽.

정경윤, 〈성별 임금격차와 성평등 임금공시제〉, 민주노동연구원, 2023.

정용택·진태원, 〈철학자 진태원과의 대화-제13회 일곡 유인호학술상 수상자〉, 《뉴래디컬리뷰》 1, 2021, 219~242쪽.

정이근, 〈재생산 표식의 의미와 이윤율 저하 경향의 법칙에 대한 수학적 논증〉, 《마르크스주의 연구》 14(1), 2017, 164~203쪽.

통계청, 〈2020년 주택소유통계〉, 통계청, 2021.

통계청, 〈2024년 8월 경제활동인구조사 근로형태별 부가조사 결과〉, 통계청, 2024.

Asimakopoulos, John, "A radical proposal for direct democracy in large societies", *Brazilian Journal of political economy* 36(2), 2016, pp. 430~447.

C3S, "Global Climate Highlights 2024", Copernicus Climate Change Service, 2025.

Einstein, Albert(1949), "Why Socialism?", *Monthly Review* 61(1), 2009, pp. 55~61.

Gore, Timothy, "Extreme carbon inequality: Why the Paris climate deal must put the poorest, lowest emitting and most vulnerable people first", Oxfam International, 2015.

Hardoon, Deborah, "An economy for the 99%: It's time to build a human economy that benefits everyone, not just the privileged few", Oxfam, 2017.

IPCC, "Synthesis Report: Climate Change 2023", IPCC, 2023.

Mishel, Lawrence and Alyssa Davis, "Top CEOs Make 300 Times More than Typical Workers: Pay Growth Surpasses Stock Gains and Wage Growth of Top 0.1 Percent", Economic Policy Institute, 2015.

Vicedo-Cabrera, Ana Maria, et al, "The burden of heat-related mortality attributable to recent human-induced climate change", *Nature Climate Change* 11(6), 2021, pp. 492~500.

Anderson, Abigail, et al, "The Myth of Man the Hunter: Women's contribution to the hunt across ethnographic contexts", *PLoS one* 18(6), 2023, e0287101.

World Economic Forum, "Global Gender Gap Report 2024", World

Economic Forum, 2024.

Zhang, Yi, Isaac Held and Stephan Fueglistaler, "Projections of tropical heat stress constrained by atmospheric dynamics", *Nature Geoscience* 14(3), 2021, pp. 133~137.

3. 인터넷 자료

국립축산과학원, 〈일제강점기에 사라져간 재래한우〉, 2008.12.8. https://www.nias.go.kr/front/prboardView.do?cmCode=M090814150850297&boardSeqNum=1848&columnName=&searchStr=&currPage=201(2025년 4월 9일 접속)

김무웅, 〈[이 아침에] 월급의 3배는 벌어 주어야〉, 《LA중앙일보》, 2004.3.9. https://news.koreadaily.com/2004/03/08/society/opinion/279755.html(2025년 4월 9일 접속)

김문성, 〈"머스크, 2027년 인류 최초 '조만장자' 등극 전망"〉, 《연합뉴스》, 2024.9.9. https://www.yna.co.kr/view/AKR20240909043700009(2025년 4월 9일 접속)

김아람, 〈작년 배당금 부호 1위 삼성 이재용…3천465억원 수령〉, 《연합뉴스》, 2025.2.18. https://www.yna.co.kr/view/AKR20250217123900003(2025년 4월 9일 접속)

김완·이재연, 〈베트남 삼성 공장서 쓰러진 22살 떰…사과받지 못한 '또 하나의 죽음'〉, 《한겨레》, 2019.6.19. https://www.hani.co.kr/arti/society/society_general/898553.html(2025년 4월 9일 접속)

명순영, 〈산업별·직무별 천차만별인데…연봉 대비 얼마 벌어줘야 '밥값'일까 [MANAGEMENT]〉, 《매일경제》, 2023.11.17. https://www.mk.co.kr/economy/view.php?sc=50000001&year=2023&no=888439(2025년 4월 9일 접속)

보건복지부, 〈기준 중위소득 〈 기초생활보장 〈 복지 〈 정책〉, 2025.3.21. https://www.mohw.go.kr/menu.es?mid=a10708010900(2025년 4월 9일 접속)

서경원, 〈"월급 350 정도면 회사에 얼마의 부가가치를 내줘야 할까요? 2배? 3배?" [투자360]〉, 《헤럴드경제》, 2023.11.9. https://news.heraldcorp.com/view.php?ud=20231109000721(2025년 4월 9일 접속)

송진식, 〈혼자서 주택 '1806채' 보유…강남3구 집주인 20%는 다주택〉, 《경향신문》, 2020.10.16. https://m.khan.co.kr/economy/real_

estate/article/202010160600035#c2b(2025년 4월 9일 접속)
양우람, 〈여성노동자 4명 중 3명 직장에서 성차별 경험〉, 《매일노동뉴스》, 2020.3.3. https://www.labortoday.co.kr/news/articleView.html?idxno=163315(2025년 4월 9일 접속)
우리역사넷, 〈1. 민족의 수난, [2] 일제의 경제 수탈 정책은?, 식량 수탈–역대 국사교과서〉, https://contents.history.go.kr/mobile/ta/view.do?levelId=ta_m71_0100_0010_0020_0030(2025년 4월 9일 접속)
유영준, 〈아마존 재고품 매립·소각에 "베이조스 CEO는 지구파괴자"〉, 《연합뉴스》, 2019.5.13. https://www.yna.co.kr/view/AKR20190513120400009(2025년 4월 9일 접속)
임준형, 〈이집트 군부 쿠데타에 맞서다 한국으로 망명한 이집트인 난민들〉, 《노동자연대》, 2024.12.27. https://ws.or.kr/article/36370(2025년 4월 9일 접속)
정유진, 〈공장과 이웃한 공수부대 캠프… '사측서 출동 요청' 의구심 확산〉, 《경향신문》, 2014.1.20. https://www.khan.co.kr/article/201401152155035#c2b(2025년 4월 9일 접속)
정은희, 〈삼성전자 베트남 공장 신축현장 4천명 시위〉, 《울산저널》, 2014.1.15. https://m.usjournal.kr/news/newsview.php?ncode=179512686465096(2025년 4월 9일 접속)
조해람, 〈[단독]임금체불 더 취약한 이주노동자⋯한국인보다 경험률 2배 높아〉, 《경향신문》, 2025.2.18. https://www.khan.co.kr/article/202502181500001#c2b(2025년 4월 9일 접속)
Climate Central, "Land projected to be below tideline in 2100". https://coastal.climatecentral.org/map/9/126.7343/37.3948/?theme=warming&map_type=decadal_slr&basemap=roadmap&contiguous=true&elevation_model=best_available&esl_model=ipcc_2021&percentile=p50&refresh=true&slr_year=2100&temperature_rise=1.5&temperature_unit=C(2025년 4월 9일 접속)
Mighty Earth, 〈불타는 낙원: 나무 캥거루의 고향에 건설되는 팜유 농장〉, 2016.9.1. https://stories.mightyearth.org/burning-paradise-korean/index.html#group-Take-Action-RWmzw691eM(2025년 4월 9일 접속)
〈國號는? 政權形態는?〉, 《조선일보》, 1947.7.6. https://newslibrary.naver.com/viewer/index.naver?articleId=1947070600239102014&officeId=00023(2025년 4월 9일 접속)

〈政治自由를 要求 階級獨裁는 絶對反對 軍政廳輿論局調査(一)〉,《동아일보》, 1946.8.13. https://www.donga.com/archive/newslibrary/view?ymd=19460813(2025년 4월 9일 접속)

감수의 말

마르크스주의의 현재성, 읽기의 현재성
새로운 세대의 마르크스 읽기를 환영하며

배세진(정치철학자)

누구나, 자기가 사는 시대를 낭떠러지라고 생각하면 안 된다.
누구나, 자기가 벼랑에 서 있다고 생각하면 안 된다.
오히려, 세상을 변혁하려 한다면 더욱, 스스로 벼랑이 되어야 한다.
—김정환, 〈신화와 어떤, 절벽에 대하여〉

2000년 즈음 태어난 새로운 세대에게 21세기는 불가해의 시기이다. (세월호참사, 이태원참사, 윤석열 친위 쿠데타와 같은 한국의 것을 제외한다면) 2001년 9·11테러를 시작으로 신자유주의적 금융 세계화의 극단화, 2007~2009년 금융위기, 2016년 트럼프 당선, 2019년 호주 대형산불로 시작된 기후재앙의 가시화, 2020년 코로나19 팬데믹과 인류세 시대의 본격적인 시작, 2022년 러시아-우크라이나 전쟁, 2024년 이스라엘-팔레스타인 전쟁, 2024년 트럼프 재선과 신자유주의적 금융 세계화의 역전(까지는 아니라 해도 굴절과 변형), 이 모든 사태를 동반하는 탈진실 시대의 도래, 이스라엘의 아랍 세계와의 전쟁(또는 학살)으로 명확해진 인류의 전쟁의 세기로의 진입이라는 사건까지…… 최근 여러 곳에서 감수자는 이를 정치, 경제, 생태, 그러니까 민주주의, 자본주의, 자연의 위기의 결합으로서 '삼중의 위기'라 부르며 이에 대한 사람들의 경각심을 강하게 자극하고 있다.

이 모든 불가해한 사건을 관통하는 그 무언가를 이해하지 못한다면, 이는 말 그대로 불가해한 것으로 남아버리고, 인류는 그 이유도 모른 채 '6차 대멸종'과 '문명의 붕괴'에 도달하게 된다. 인류세 담론의 문제점은 그것이 단순히 계급화된 인간과 사회를 인식하지 못한다는 것이 아니라, 인류가 절멸을 향해 전속력으로 있는 힘껏 달려가는 이유, 이 모든 문제와 상황을 꿰뚫는 저 무언가를 인식하지 못하게 만들어, 결국 《인류세에서 죽음을 배우다》의 로이 스크랜턴에게서와 같이 일종의 '좋은 죽음 well dying'을 준비하는 것만이 남겨진 유일한 선택지인 양 굴도록 만든다는 점이다. 하지만 우리에게는 과거로부터 물려받은 이 무언가, 즉 '구조'를 인식할 수 있게 해주는 (넓은 의미에서의) 과학이 존재한다. 우리는 낸시 프레이저가 《좌파의 길: 식인 자본주의에 반대한다》와 같은 저작을 통해 분석하는 (넓은 의미에서의) 자본주의가 바로 이 구조라고 생각한다.

따라서 새로운 세대가 새로운 세계(또는 '다시 만난 세계')를 만드는 그러한 혁명을 위한 무기는 바로 이 자본주의라는 구조를 분석할 수 있게 해주는 사유, 결국 이 탁월한 책이 보여주듯 마르크스주의라는 이론이다. 이 책은 마르크스주의가 오늘날 지금 여기 우리가 놓여 있는 이 현실에서 가장 필요불가결한 사유라는 점을 증명하지는 않는다. 대신 이 책은 이 점을 전제하면서, 오히려 자신의 목표를 마르크스주의로 되돌아가, 마르크스주의에 대한 오해를 걷어내는 충실한 '읽기'를 수행하는 것으로 삼는다(이 책은 이 자본주의라는 구조를 분석하게 해주는 필수불가결한 사유의 도구로서 마르크스주의를 다수의 관련 참고문헌에 대한 성실하고 집요한 읽기를 통해 매우 평이한 방식으로 재구성한다는 점에서 방금 언급했듯 탁월하다고 말하지 않을 수 없다). 감수자가 속해 있던 세대가 마르크스주의의 '끝물' 속에서 그 세례를 받을 수 있게 해주었던 것과 달리, 저자가 속해 있는 세대(저자는 2003년생이고 대학 재학 중이다)는 선배들과 선생들의 무능 때문에 마르크스주의의 세례를 전혀 받을 수 없었다. 하지만 저자는, 알튀세르가 애용했던 이런 표현을 쓰자면, 어떠한 '고독' 속에서, 다양한 마르크스주의의 조류들을 공부하고, 그 기본(작금의 표현으로는 '근본')을 나름의 방식으로 추출해 이 책 안에 정갈한 방식으로 담아냈다. 이러한 작업은 저자가 속해 있는 세대를 고려한다면 거의 불가능에 가까운 것인데도 말이다.

※
※※

저자와 감수자의 만남은 포스트-마르크스주의에 대한 감수자의 어느 강연으로 거슬러 올라간다. 이미 알튀세르와 현대 프랑스 철학을 매개로 마르크스주의에서 포스트-마르크스주의로 이행한 감수자는, 이를 핑계로 마르크스주의 일반(앞서 활용한 표현으로는 '근본')에 관한 연구를 게을리하고 있었다. 하지만 오히려 포스트-마르크스주의자로서의 유연함을 내세우던 감수자보다도 저자는 더 유연한 정신으로 여러 조류의 마르크스주의를, 더 나아가서는 포스트-마르크스주의까지도 공부하고 있었다. 저자와의 대화를 통해, 그리고 저자가 감수자에게 건네주었던 본서의 초고를 통해 감수자는 마르크스주의 일반에 대한 감수자의 이해에 구멍이 매우 많았음을 깨달을 수 있었고, 본서의 초고를 읽으며 다시 한번 마르크스주의 일반에 대한 감수자 자신의 이해를 정리할 수 있었다.

분명 본서는 포스트-마르크스주의자들, 또는 마르크스주의 일반을 수용하지 않거나 관심이 없는 이에게는 '교조적'으로 보일 수 있을 것이다. 하지만 감수자가 저자와의 만남을 굳이 언급한 이유는 이러한 '교조성'이 전략적인 것이라는 점을, 앞서 언급한 우리의 현행성, 그러니까 한편으로는 6차 대멸종과 문명의 붕괴, 다른 한편으로는 이러한 사태의 원인 또는 구조를 이해할 수 있게 해주는 사유의 도구의 결여, 이 두 가지로 인해 근본으로 돌아가지 않을 수 없었기 때문이라는 점을 언급하기 위해서다. 마르크스주의자로서, 포스트-마르크스주의자로서 감수자는 마르크스주의가 우리의 현행성을 이해할 수 있게 해주는 가장 중요한 이론적 도구이며, 새로운 세대에게 (층층켜켜 쌓인 어떠한 오해 속에서) 이러한 이론적 도구가 결여되도록 만든 것은 감수자를 포함한 선배들과 선생들의 심각한 과오라고 생각한다.

***

마지막으로 이 짧은 글의 제목과 부제에서 강조한 '읽기'에 대해 언급하며 이 글을 마무리하도록 하자. 포스트-마르크스주의에 친숙한 이라면 이 읽기가 알튀세르적 읽기, 더 거슬러 올라가면 스피노자적 읽기라는 점을 눈치챘을 것이다. 마르크스주의라는, 더 넓게는 인문사회과학이라는 '과학'의 핵심은 텍스트에 대한 읽기이다. 이는 자연과학과는 어느 정도 변별적인 것인데, 그래서 이 읽기, 더 나아가 '다시' 읽기, 또는 다시 '제대로' 읽기, '근본'으로 '되돌아가' 읽기는 우리의 현행성 속에서 이 위기를 돌파하기 위해 필수적인 '과학적 실천'이다. 하지만 본서를 읽으며 감수자는 감수자 자신의 읽기가 얼마나 허술했는지, 그리고 그 게으름으로 인해 다시 읽기를, 제대로 읽기를, 근본으로 되돌아가 읽기를 최근 전혀 실천하지 않았다는 점을, 그래서 감수자의 과학적 실천은 실패하고 있었다는 점을 깨닫게 되었다. 선배들과 선생들로부터 상속받은 텍스트를 읽는 것이 인문사회과학 연구의 핵심이라고 학생들에게 입에 침이 마르도록 반복해 이야기해놓고서도, 정작 선생인 감수자는 마르크스를 저자와 같이 읽지 못하고 있었다. 이 점을 깨우쳐준 것만으로도 감수자는 저자에게 큰 빚을 졌다.

※※

 이러한 읽기를 게을리함으로써 심각한 과오를 저질렀다는 죄책감으로 인해 감수자는, 고독한 공부를 통과해 이 훌륭한 책을 새로운 세대의 동료 시민들에게, 그리고 감수자와 같은 선배들과 선생들에게 전해준 저자에게 깊은 감사를 표하지 않을 수 없다.

용어사전

ㄱ

가격 상품의 가치가 화폐로 표현된 형태. 가치는 시장에서 교환될 때만 가격으로서 실현된다.

가변자본 자본가가 노동력을 구매하는 데 소비한 자본 부분. V로 표시한다.

가치 상품에 대상화된 사회적 노동. 가치가 본질이며, 교환가치는 가치의 현상이다.

개량주의 사회 속에 존재하는 문제를 그 사회의 질서 내에서 해결하고자 하는 경향.
→수정주의

개인적 노동 사용가치를 생산하는 개인의 구체적 노동. →구체적 노동

개인적 소유 개별적 필요를 충족하기 위한, 착취의 수단으로 전화되지 않는 소유.

개혁·개방 ① 소련공산당의 마지막 서기장 미하일 고르바초프의 주도하에 펼쳐진 정책. 흐루쇼프의 영향을 받은 고르바초프는 개혁·개방 정책을 통해 억압적인 소련을 혁신코자 했으나 이는 결국 급격한 체제 변화로 인한 혼란과 이에 따른 소련의 붕괴로 이어졌다. ② 문화대혁명으로 사회가 혼란해진 중국에서 새롭게 지도자로 취임한 덩샤오핑이 추진한 정책. 덩샤오핑 시기 중국은 능력 있는 사람이 먼저 부자가 되라는 '선부론'이나, 자본주의든 공산주의든 경제발전만 잘하면 된다는 실용주의적 노선 '흑묘백묘론' 등에 따라 시장경제 체제로 이행했다.

결합생산 생산과정에서 의도치 않게 두 가지 이상의 상품이 생산되는 경우. 의도치 않게 생산된 부산물이 양의 경제적 효과를 가져다주는 경우를 양의 결합생산, 반대의 경우를 음의 결합생산이라 부른다.

경성 콤그룹 경성 트로이카의 후신. 이재유 그룹을 중심으로 권영태 등 프로핀테른의 지도를 받는 국제선, 박헌영 등이 모두 모인 일제강점기 사회주의 계열 운동가들의 파벌을 초월하는 최후 결집체이자 한반도에서 마지막까지 일제에 맞선 항일단체였다.

경성 트로이카 일제강점기 후반 이재유 등에 의해 조직된 항일 독립운동·노동운

동 단체. 트로이카는 러시아어로 삼두마차를 뜻하는데, 조선공산당의 전위 이론에 반대하고 선두가 존재하는 개썰매와 달리 세 마리의 말이 동등하게 이끄는 삼두마차처럼 각 활동가가 주체적으로 이끄는 대중 조직을 지향해 이러한 이름이 붙였다. 1936년 이재유가 구속된 이후 1939년 박헌영이 합류한 경성 콤그룹으로 이어졌다.

경제주의 ① 자본주의체제 자체를 전복하는 정치투쟁을 부정하며, 노동계급의 투쟁을 경제적 범위 내로만 한정하려는 경향. ② 역사발전의 동력에 있어 경제만을 중시하여 상부구조의 역할을 완전히 부정하는 경향. 경제결정론.

계급 한 사회의 생산관계 속에서 차지하고 있는 위치. 자본주의적 생산양식의 경우 크게 나누었을 때 부르주아와 프롤레타리아 두 계급이 나타난다.

계급모순 지배계급과 피지배계급 간의 대립·모순. 인류 역사발전의 동력이 되는 주요모순이다. 자본주의 사회에서 가장 중요한 계급모순은 노동자와 자본가 사이의 모순이다.

계급투쟁 지배계급과 피지배계급 간의 정치적·경제적 투쟁. 주로 노동자와 자본가 간의 투쟁을 가리킨다.

계층 ① 전 계급에 걸쳐 나타나는 집단. 학생, 지식인, 청년 등. ② 한 계급 내에서 서로 구별되는 집단. 대부르주아지와 프티 부르주아지 등.

고려공산당 1921년 상하이 및 러시아 이르쿠츠크에서 결성된 한인 사회주의 정당. 각각 상해파 고려공산당과 이르쿠츠크파 고려공산당으로 불리며, 둘은 서로 경쟁 대상이었다. 이는 결국 독립군 간의 무장 충돌인 자유시 참변을 낳기도 했다.

고전 정치경제학 애덤 스미스, 데이비드 리카도, 존 스튜어트 밀 등 마르크스 이전의 정치경제학.

공납제 ① 한 공동체가 다른 공동체를 무력으로 지배했으나, 사회구성체를 본국과 같은 형태로 재편할 정도는 되지 못할 때 생기는 생산양식. 식민지의 생산양식을 그대로 유지한 채 생산되는 잉여가치의 일부만을 수탈해가는 생산양식이다. ② 세계체제론자 사미르 아민에게 있어, 정치영역이나 이데올로기의 영향력이 경제영역을 압도하는 전자본주의적 생산양식 일반. 아민에 따르면 봉건제나 아시아적 생산양식 등은 모두 공납제의 일종으로, 이데올로기의 구속력이 비교적 약한 주변부 공납제였던 서유럽은 중심부 공납제였던 인도나 아시아 등에 비해 상인계층의 발흥을 제한하기 힘들었고, 경제권력이 정치권력을 압도하며 자본주의가 탄생할 수 있었다.

공동전선 조직적·정치적 독립성을 유지한 혁명 정당이 정세에 따라 특정한 사안을 위해 다른 좌파 조직 등과 구축하는 연합. 트로츠키가 주장했으며, 전선 속에서 혁명 정당이나 노동계급이 완전한 독립성을 유지한다는 점에서 스탈린주의의 '인민전선'에 대비된다.

공산주의 ① 생산수단의 민주적 통제가 이루어진 무계급 사회. ② 프롤레타리아혁명 이후 시간이 지나면 나타나는 높은 단계의 사회주의. ③ 수정주의가 된 사회민주주의에 대항해 혁명적 사회주의를 표방하기 위해 레닌이 사용한 용어.

공산주의자동맹 노동계급 최초의 국제적 정치 조직. 비밀 사회주의 결사 조직 의인동맹이 마르크스의 제안에 따라 광범위한 계급 정당으로 바뀐 것이다. 이 동맹의 강령이 《공산주의 선언》이다.

공상적 사회주의 생시몽, 푸리에, 오언 등이 주장한 마르크스 이전의 사회주의. 마르크스와는 다르게 사회주의의 실현에 있어 인간의 이성을 강조했다.

공화정 ① 왕이 없는 정치체제. ② 공공을 위한 정치체제. 마르크스는 공화정을 의회주의, 입헌주의, 민주주의, 사회주의 네 가지로 분류했다.

공황 호황으로 과잉생산된 상품을 사회적으로 소화할 수 없을 때 나타나는 자본주의적 재생산관계의 불균형. 다만 공황panic은 자본주의의 위기가 공포로 인한 투자 철회 등의 사회 심리적 요인에 의해 발생한다는 함의를 가진 말이므로, 마르크스주의적으로는 '자본주의의 위기'라고 표현하는 것이 정확하다는 주장이 있다.

과잉결정 역사에 있어 사건이 최종심급에서의 경제라는 한 가지 원인으로 인해서만 나타나지 않고, 상대적 자율성을 지닌 상부구조의 여러 요소들이 중첩적으로 작용하여 일어난다는 개념. 1917년 혁명이 왜 유럽에서 경제가 낙후했던 러시아에서 가장 먼저 일어났느냐에 대한 질문에 대답하기 위해 알튀세르가 프로이트로부터 용어를 차용해 고안했다. →약한 고리

과학 ① 경험 가능한 탐구 대상을 수치화하여 체계적으로 분석하는 학문. ② 분과 학문의 줄임말, 학문 전반. ③ 마르크스주의. ↔이데올로기.

과학적 사회주의 ① 공상적 사회주의와 대비되는, 인간의 이성이 아닌 사회적 조건을 강조하는 사회주의. ② 마르크스주의.

관리자본주의 자본주의가 발달하며 자본가도, 전통적 의미에서의 노동자도 아닌 신흥 관리자 계급이 중요해짐을 일컫기 위한 용어. 프랑스의 마르크스주의 경제학자 제라르 뒤메닐과 도미니크 레비의 동명의 책에서 등장하는 개념이다.

교환가치 질적으로 상이한 상품 간의 교환 속에서 나타난, 교환을 가능하게 해주는 가치의 표현형태. 다양한 재화들 간의 교환의 양적 비율.

구조인과성 부분들 사이의 외재적 관계만을 설명하는 데카르트의 기계적 인과성, 부분에 표현되어 나타나는, 전체가 부분에 미치는 영향만을 설명하는 헤겔의 표현적 인과성과 대비되는, 부분과 부분 간의 관계와 전체와 부분 간의 관계를 모두 살피는 인과성. 스피노자가 개념화했으며 알튀세르가 받아들여 마르크스주의 변증법에 적용했다.

구체적 노동 사용가치를 생산하는 노동. 개인이 자연을 유용한 형태로 바꾸기 위해 수행하는 노동의 구체적 형태. 개인이 존재하는 사회형태와는 무관한 생리

학적 의미에서의 인간 노동력의 지출, 인간과 자연 간의 신진대사.

국가 한 사회의 지배계급이 지배를 관철하기 위해 이용하는 합법화된 폭력의 독점에 기반하는 공적 형태의 권력기구.

국가독점자본주의 자본의 집적과 집중으로 독점화가 상당히 진행된 자본주의의 한 단계. 독점적 금융자본이 국가권력과 결탁하는 모습을 보인다.

국가사회주의 ① State Socialism. 페르디난트 라살이 주장한, 국가가 주도하는 경제 간섭을 통해 사회주의를 건설하려는 사상. 이후 비스마르크가 이를 받아들여 프로이센의 통치에 이용했다. ② National Socialism. 나치즘. 히틀러가 주장한 파시즘의 한 분파. 독일의 경제위기의 상황에서 사회주의·공산주의에 대립하며 나타났다. 강력한 국가권력을 통한 생산 통제와 개인에 대한 억압, 군국주의적 팽창 정책을 통한 자민족 우선주의 등이 그 특징이다. →파시즘 ③ 국가가 개인을 강제동원하여 생산을 통제하며, 사회주의의 핵심 가치인 노동자 민주주의가 보장되지 못했던 현실 사회주의 국가들을 비판적으로 분석할 때 이르는 말.

국가와 시민사회 헤겔이 사용한, 한 사회의 역사 속 국면을 파악하기 위해 사용한 틀.

국가자본주의 자본주의 경제체제 속 국유화를 통해 나타나는 자본주의적 계획경제. 국가자본주의론이라 하면 주로 영국의 신新트로츠키주의 계열 좌파 정당인 사회주의노동자당SWP 및 자매 조직의 이론을 가리키는 경우가 많으며, 이 경우 '국가자본주의론'은 소련 등 현실 사회주의 국가는 자본주의의 또 다른 형태였을 뿐이라고 비판하는 맥락에서 사용된다.

국제노동자협회 소위 제1인터내셔널. 1864년 9월 28일 런던에서 결성된 최초의 국제적인 노동운동 조직이다. 마르크스가 선언문과 규약을 작성하며 마르크스주의자들의 영향력이 지대했으나, 아나키즘 등 다양한 조류가 존재하기도 했다. 1871년 파리코뮌에 적극적으로 개입했으나 코뮌의 실패 이후 지배계급의 탄압 및 파리코뮌에 대한 마르크스주의자와 아나키스트의 입장 차이로 인해 점차 쇠퇴했다. 1876년 결국 해체됐으나, 국제노동자협회의 정신은 이후 제2·제3·제4인터내셔널로 이어졌다.

국제노동조합연맹 The International Federation of Trade Unions. 제1차 세계대전 이후 재건된 제2인터내셔널에 의해 창립된 국가 간 노동조합 연대체. 암스테르담 인터내셔널이라 불리기도 한다. 수정주의적·민족주의적 성격이 강해 소련에 대해 반대했으며, 베르사유조약 및 이에 의해 탄생한 국제연맹(UN의 전신)을 지지했다. 1945년 세계노동조합연맹WFTU으로 흡수·통합되었다. 2006년 창설된 국제노동조합총연맹ITUC과는 다른 조직이다.

국제자유노동조합총연맹 The International Confederation of Free Trade Unions. 제2차 세계대전 종전 후 냉전 상황에서, 공산주의 노조와 함께할 수 없었던 일부 국가의 노조가 탈퇴해 만든 노동조합 연대체. 초기에는 WFTU

보다 작은 조직이었으나, 자본주의 국가들의 적극적인 협조 속에서 성장했다. 이후 기독교 계열의 세계노동총연맹WCL과 통합하여 2006년 국제노동조합총연맹ITUC이 되었다.

극단의 시대 에릭 홉스봄의 장단기 개념 중에서, 단기 20세기에 나타난 1914년에서 1991년 사이의 시기. 부르주아 자본주의, 국가사회주의, 민족주의의 실패의 역사.

글라스노스트 러시아어, 개방. →개혁·개방

금융자본 ① 은행 등 신용제도를 기반으로 하는 자본, financial capital. ② 레닌의 제국주의 분석에서, 은행(신용제도)과 산업자본의 결합을 통해 나타난 독점자본, finance capital. 제국주의 국가는 금융자본의 자본수출을 통해 타국을 종속시키며 일정한 경제권을 형성한다.

기동전 그람시의 혁명론에서, 물리적 충돌 등을 포함하여 빠른 속도로 국가권력을 뒤집는 혁명. ↔진지전

기형적 노동자 국가 트로츠키의 타락한 노동자 국가론에서 파생된 제4인터내셔널의 이론. 노동자의 광범위한 사회혁명은 일어나지 않았으나, 급진적 반자본주의자들의 쿠데타를 통해 자본주의 권력이 무너지며 형성된 국가를 의미한다. 주로 중화인민공화국이나 북한, 베트남, 쿠바 등을 지칭한다.

기회주의 ① 일관된 정치적 입장 없이 맞닥뜨린 정세에 따라 행동하는 것. 1880년대 프랑스의 온건 좌파 정당 기회주의 공화당에서 유래한 단어로, 현재는 주로 부정적인 의미로 사용된다. →추수주의 ② 마르크스주의에서, 농민 혹은 프티 부르주아에 기반하는 정치적 태도. →수정주의

기후 마오쩌둥주의 일본의 생태 마르크스주의자 사이토 고헤이의 개념 중에서, 기후위기에 효율적으로 대응하기 위해 강력한 국가가 개인의 인권을 억압하는 관료적 독재 상태. 사이토 고헤이에 따르면, 국가권력이 강하고 불평등이 심각해져 기후위기에 대응하지 못하는 '기후 파시즘', 기후위기로 인해 국가가 붕괴하여 아무런 대응을 하지 못하는 '야만 상태', 기후위기에 대응하기 위해 자율적인 개인들이 평등하게 뭉치는 'x'와 함께 인류에게 남은 네 가지 선택지 중 하나이다.

기후 파시즘 일본의 생태 마르크스주의자 사이토 고헤이의 개념 중에서, 기후위기가 심각해지는 동시에 강력한 국가권력이 기후위기 해결에는 미온적이며 지배계급의 이익만을 반영하는 독재 상태. 사이토 고헤이에 따르면, 강력한 국가권력이 개인을 탄압하는 방식으로 기후위기에 대응하는 '기후 마오쩌둥주의', 기후위기로 인해 국가가 붕괴하여 아무런 대응을 하지 못하는 '야만 상태', 기후위기에 대응하기 위해 자율적인 개인들이 평등하게 뭉치는 'x'와 함께 인류에게 남은 네 가지 선택지 중 하나이다.

ㄴ

나로드니키 러시아어, 인민주의자. 19세기 말 허무주의와 아나키즘의 영향을 받아 러시아에서 등장한 사상 인민주의를 이념으로 삼는 인텔리겐치아계층.

남로당 남조선로동당. 1946년 조선공산당, 남조선신민당, 조선인민당 3당이 합당하여 탄생한 38선 이남의 공산주의 정당. 1949년 북조선로동당과 통합해 조선로동당이 되었다. 이후 한국전쟁이 일어나 한반도 이남에서의 남로당은 와해되었으며, 박헌영 등 이북으로 넘어간 남로당파 역시 한국전쟁의 실패를 이유로 김일성에게 숙청되었다.

남로당파 박헌영 등 남로당 출신 인사들로 구성된 북한 초기의 정치 파벌. 이후 1953~1956년 한국전쟁 실패 책임, 미제 스파이 혐의, 무장폭동 혐의 등으로 숙청되었다.

노년 헤겔학파 →헤겔 우파

노농동맹 특히 20세기 초반 러시아에서 나타난, 사회주의를 위한 노동자와 농민의 계급동맹.

노동 인간이 필요를 충족시키기 위해 자연물에 변화를 가하는 의식적 활동. 거미나 꿀벌이 집을 짓는 것과 같은 다른 동물들의 본능적인 행위와는 구분되어, 인간의 노동은 계획과 발전을 통해 자신이 상상한 바를 현실세계에 구체화하는 역동적 과정이다.

노동가치론 가치의 원천이 인간의 노동이라고 보는 경제학 이론.

노동귀족 제국주의 국가에서, 자본수출을 통해 개발도상국을 착취하여 얻은 초과이윤 중 일부를 분배받으며 보수적이고 체제 순응적으로 변화하는 상층 노동자계층.

노동대상 인간의 노동이 적용되는 모든 것. 때에 따라서는 석탄이나 철강 등과 같은 천연자원뿐만 아니라, 이미 한 번 노동이 투하된 가공품 역시 포함하는 개념이다. 노동대상과 노동수단을 모두 포괄하여 생산수단이라 부른다.

노동력 노동을 할 수 있는 정신적·육체적 능력. Lp 혹은 A로 표시한다.

노동생산성 노동을 절약하는 기계의 도입 등으로 인해 변하는, 일한 노동시간에 생산할 수 있는 사용가치의 양. 노동생산성이 높다면 동일한 시간에 더욱 많은 사용가치를 생산할 수 있다. 노동생산성의 향상은 노동강도의 향상과는 구분된다.

노동수단 노동자와 노동대상을 매개하며 작업을 효과적으로 만드는 도구. 경우에 따라 돌, 망치, 용기容器, 기계 등이 해당된다. 노동수단과 노동대상을 모두 포괄하여 생산수단이라 부른다.

노동자 자본주의 사회에서, 생산수단을 소유하지 못해 자본가에게 노동력을 팔아 임금을 받으며 생활하는 계급. →프롤레타리아 ↔자본가

노동절 1886년 5월 1일, 미국 일리노이주 시카고에서 일어난 헤이마켓 사건을 기념하기 위해 3년 후인 1889년 7월 제2인터내셔널 창립대회에서 지정한 국제 노동자의날. 매년 5월 1일이다.

노동조합 노동조건의 개선과 노동자의 지위 향상 등을 목적으로 노동자가 주체적으로 결성하는 단결체. 요구사항의 성격에 따라 변혁적 노동조합과 경제적 노동조합으로 나뉘기도 한다.

노예제 노예의 노동이 한 사회의 잉여가치 전반을 차지하는 사회구조, 혹은 그러한 사회.

노조 →노동조합

ㄷ

단기 20세기 에릭 홉스봄의 장단기 개념 중에서, 1914년에서 1991년 사이의 시기. 극단의 시대.

단순재생산 자본의 순환을 통해 나타난 잉여가치가 축적되지 않아 전대와 같은 규모로 이루어지는 생산과정.

당 ① 특정 정치적 요구를 지지하는 사람들이 모인 집단. ② 의석 확보와 집권을 목적으로 선거에 참여하는 조직, 합법 정당.

대공업 기계의 등장과 함께 발달한 공장제도에 기초하는 대규모 생산양식. 기계제 대공업이라고 불리기도 한다.

대약진운동 마오쩌둥 주도로 1958년에서 1962년 사이 시행되었던 경제·사회 정책. 어느 정도 경제발전을 이루었으나, 경제발전에만 매몰되어 불평등과 관료주의를 심화시킨 1차 5개년 계획에 대한 대안으로 등장했다. 옌안 정신에 따라 관료주의와 도농 격차 등을 타파하기 위해 농촌에 용광로를 만드는 '토법고로土法高爐' 운동 등이 대표적이었다. 15년 안에 영국을 따라잡는 것을 목표로 했으나, 결국 의지주의에 기초했던 일련의 정책들은 실패했으며 생산량의 감소와 대기근을 불렀다.

대자적 계급 즉자적 계급이 계급의식을 각성하며 형성하는 계급. ↔즉자적 계급

대중 추수주의 →추수주의

독일사회민주당 마르크스와 엥겔스가 살던 당대부터 현재까지 이어지고 있는 독일의 사회주의 정당이자 유럽에서 가장 오래된 정당. 또한 제2인터내셔널을 사실상 주도한 정당이기도 하다. 카를 카우츠키가 이끌던 초기에는 혁명적 사회주의를 표방하던 정당이었으나, 후에 에두아르트 베른슈타인 등이 수정주의를 주장했다. 베른슈타인의 수정주의에 반대하며 로자 룩셈부르크와 카를 리프크네히트 등이 탈당해 후에 독일공산당이 되는 스파르타쿠스동맹을 창설하기도 했다. 베른슈타인의 수정주의 이후 현재는 독일기독교민주연합(기

민련)과 함께 양당체제를 이루는 사회민주주의 정당이 되었다.

독재 ① 비상 시기의 정치체제. ② 개인 또는 특정 집단의 의견이 배타적으로 관철되는 정치체제. ③ 한 지배계급이 다른 여러 피지배계급을 억압하는 정치형태, 계급독재. 부르주아 독재와 프롤레타리아 독재 등이 있다.

독점 자본주의에서 경쟁의 결과 나타나는 하나 혹은 소수의 개인이나 단체만이 특정 상품이나 서비스를 제공하는 상태.

두마 1905년 러시아혁명 이후 나타나 1917년 혁명 이후 소비에트로 대체될 때까지 지속되었던 러시아의 의회.

러시아내전 →적백내전

러시아사회민주노동당 러시아 최초의 마르크스주의 정당. 나로드니키와 나로드니키 정당인 사회혁명당에 대항해 계급투쟁을 지지했다. 볼셰비키와 멘셰비키 두 정파가 존재했다. 1917년 혁명 이후 멘셰비키가 대거 탈당해 러시아사회민주노동당(멘셰비키)을 창당하며 볼셰비키는 러시아공산당으로 당명을 바꾸었다.

러시아혁명 러시아에서 일어난 여러 혁명들. 주로 1917년 10월 일어난 사회주의 혁명을 의미한다. →10월혁명 →1905년 혁명 →2월혁명(러시아)

레닌주의 레닌의 마르크스주의. 전위당, 노농동맹, 민주집중제 등이 주요 개념이다.

룸펜 프롤레타리아 자본주의 사회의 부랑자, 거지, 불안정한 최하층 노동자 등을 일컫는 단어. 마르크스는 룸펜 프롤레타리아는 때때로 프롤레타리아혁명을 지지하기도 하지만, 결국은 그들의 경제적 조건 때문에 반혁명에 이용될 것이라며 비하의 의미로 이 단어를 사용했다.

리센코주의 획득형질의 유전을 주장한 소련의 생물학자 리센코를 중심으로 멘델의 생물학을 '부르주아 과학'으로 규정하고 숙청하며 이에 대비되는 '프롤레타리아 과학'을 주장한 운동. 결국 리센코의 유전학은 틀린 것으로 밝혀졌으며, 이후 우크라이나 대기근의 원인이 되기도 했다.

마르크스-레닌주의 ① 스탈린의 《변증법적 유물론과 역사적 유물론》(일명 DIAMAT)으로 대표되는 스탈린주의, 일국사회주의. ② 마르크스-엥겔스-레닌으로 이어지는 동구의 정통 마르크스주의, 혁명적 마르크스주의.

마르크스주의 마르크스가 주장한 변증법과 유물론 등의 철학과, 프롤레타리아를 중심으로 하는 사회주의·공산주의 사상 전반.

마르크시즘 →마르크스주의
마오주의 ① →마오쩌둥의 사상. 중국에서는 '주의'와 '사상'을 명확하게 구분하는데, 전자에는 마르크스주의와 레닌주의가 있으며 후자에는 마오 사상이 속한다. ② 혁명적국제주의운동RIM에 의해 정식화된, 마르크스주의, 레닌주의를 잇는 공산주의 이론의 세 번째 발전 단계. 신민주주의혁명이나 문화대혁명, 인민전쟁 등을 그 핵심으로 한다.
마오쩌둥 사상 《실천론》, 《모순론》으로 대표되는 마오쩌둥의 마르크스주의. 노동자가 아닌 농민을 주요 기반으로 한 아시아적 사회주의의 일종으로, 물질적 조건보다 정신적 조건을 강조했으며 극단적인 평등주의와 반관료주의, 사회주의 이후의 문화대혁명, 대중노선 등을 주장했다.
만주파 →빨치산파
매뉴팩처 초기 자본주의 단계에서 나타난 공장제수공업. 이후 대공업으로 발전한다.
맬서스주의 영국의 경제학자이자 성직자인 맬서스가 주장한 인구 이론. 산술급수적으로 증가하는 농업생산량의 증가 속도보다 기하급수적인 인구의 증가 속도가 더욱 빨라 미래에 문제가 생길 것이기에, 이를 저지하기 위한 전쟁이나 궁핍 등이 필요함을 주장한 사상.
메이데이 →노동절
멘셰비키 러시아어, 소수파. 러시아사회민주노동자당에서 당원의 자격요건을 완화하여 광범위한 계층을 포괄하는 정당이 된 후, 이를 기반으로 두마 내부에서부터 점진적 개혁을 이루어야 한다고 주장한 분파. 이후 볼셰비키의 10월혁명을 비판했다.
모순 ① 서로 배타적이어서 동시에 존재할 수 없는 둘 이상의 존재. ② 헤겔의 변증법에서, 대상의 발전 동력으로 작용하는 힘.
몽타뉴파 →산악파
무정부주의 →아나키즘
문화대혁명 1966년에서 마오쩌둥이 사망한 1976년 사이 중국에서 벌어진 광범위한 사회운동. 중국공산당 중앙을 공격하라는 마오의 말에 의해 촉발됐으며, 보황파 홍위병과 조반파 홍위병이 중심이 되어 일어났다. 10년 동안 일어난 난이라는 의미에서 십년동란이라 불리기도 한다. 마오쩌둥은 문화대혁명을 통해 사회주의 건설 이후에도 여전히 혁명이 필요할 수 있음을 주장하며, 이후 세계의 공산주의자들 사이에서 관련된 여러 논쟁을 촉발했다. 1968년 프랑스의 68운동 등에 영향을 끼치기도 했다.
물신성 자본주의 사회에서, 인간과 인간 사이의 관계가 사물과 사물 사이의 관계로 치환되어 나타나는 것. 상품물신성과 화폐물신성, 자본물신성이 있으며, 이후 자본주의가 전면화됨에 따라 부르주아 정치제도를 신비화하고 절대화하는 국가물신성이나 법물신성 등으로 이어지기도 한다.

미국 예외주의 ① 독특한 기원과 역사를 가진 미국은 다른 나라들과는 다른 국가라는 미국 중심적 생각. 19세기 프랑스의 정치학자 알렉시스 드 토크빌이 개념화했다. ② 선진적인 자본주의의 발전에도 불구하고 미국의 사회주의 정치집단이 유럽만큼 활발하지 않은 이유에 대한 고찰. 엥겔스는 이 원인을 이주에 따른 노동계급 내의 다양한 인종적·문화적 분화에서 찾았다.

민족 자본주의가 발전하며 부르주아지의 이익에 따라 기존의 민족체가 해체되며 하나의 상상된 일반의지에 따라 재편된 집단.

민족자결권 ① 레닌이 주장한, 제국주의에 반대하며 모든 피억압 민족이 스스로의 의지에 따라 민족의 운명을 결정할 권리. ② 각 민족이 스스로 운명을 결정하며 타민족의 간섭을 받지 않을 권리. 미국의 제28대 대통령 우드로 윌슨이 주장해 실제로는 제1차 세계대전 패전국이었던 독일의 식민지에 적용되었다.

민족주의 근대 시기 시작된 자민족중심주의. 부르주아가 피억압계급을 동원하고 그들에 대한 지배를 정당화하기 위해 고안해낸 하나의 상상된 일반의지.

민주노조 ① 지배계급이 결성하는 어용노조와 대비되는 의미에서, 노동자가 아래에서부터 주체적으로 결성하는 노동조합. ② 전국민주노동조합총연맹, 민주노총.

민주적 사회주의 보통선거를 통해 사회주의를 이룰 수 있다고 믿는, 혁명적 사회주의에 대비되는 사회주의 분파. →수정주의

민주집중제 마르크스와 엥겔스에 의해 윤곽이 잡히고, 레닌이 체계화한 당 조직론. 민주적 토론을 통해 당의 방침을 정한 후 이렇게 결정된 방침을 모든 구성원이 따르는 조직 운영 방법.

ㅂ

바뵈프주의 프랑스대혁명 당시 프랑수아 노엘 바뵈프가 주장했던 급진 사상. 바뵈프는 고대 로마 시대 토지개혁을 통해 민중에게 땅을 나눠주려 하다 실패한 그라쿠스 형제의 이름을 따 스스로를 그라쿠스 바뵈프라 부르기도 했다. 부르주아혁명에서 멈췄던 다른 혁명가들과는 다르게, 바뵈프는 상퀼로트와 동맹하여 폭력혁명을 통해 무산자를 위한 대변혁을 일으키고자 했다. 결국 그는 테르미도르의 반동 이후 체포되어 1797년 처형됐지만, 그의 사상은 신바뵈프주의로 계승되어 19세기 블랑키나 바쿠닌 등에게로 이어졌으며 마르크스의 프롤레타리아 독재 개념에 영향을 주기도 했다.

바쿠닌주의 러시아의 혁명가 미하일 바쿠닌이 주장한 아나키즘의 한 분파. 프루동을 계승해 상호부조에 의한 조합주의를 주장한 동시에, 무장봉기를 통한 국가권력의 전복이라는 측면에서 프루동주의와 준별되었다. 제1인터내셔널 당시

마르크스주의와 마지막까지 경쟁한 사상이기도 하다.

반동 역사의 발전 방향을 반대로 돌리려고 하는 경향, 혹은 인물.

반주변부 세계체제론에서, 자본주의 세계체제에서 기술집약적인 중심부적 상품과 노동집약적인 주변부적 상품을 비슷한 비중으로 생산하는 국가. 다만 주의할 점으로, 반주변부적 상품이라는 것은 따로 존재하지 않는다. 반주변부 국가는 중심부 국가와 주변부 국가의 중간 형태를 보인다. →주변부 →중심부

백군 10월혁명에 반대한 러시아 국내와 타 제국주의 열강의 부르주아지의 지원을 받은 반동 쿠데타군.

백색 테러 우익 세력에 의한 테러. 좌익 인사에 대한 탄압을 그 목적으로 한다. 러시아내전 당시 백군의 학살이나, 한국의 극우단체 서북청년단의 테러 등이 그 예시이다. ↔적색 테러

변증법 ① 서로 모순이 되는 정명제와 반명제의 토론을 통해 합명제를 도출해내는 대화법. ② 헤겔이 정립한 사물의 존재 방식. 모든 존재는 끊임없이 변화하며, 모순이 되는 정과 반의 투쟁을 통해 절대정신으로 나아간다. ③ 모순과 운동에 관한 이론.

변증법적 유물론 절대이성을 강조한 헤겔의 변증법이 관념론적이라고 비판하며 운동의 기원을 정신이 아닌 물질에서 찾은 마르크스의 철학.

보나파르트주의 근대국가에서 계급 간의 역관계가 균형을 이루며 서로를 완전히 압도하지 못해, 국가가 상대적으로 자율성을 얻어 사회 전체에 대해 독재를 행사하는 근대적 독재체제. 나폴레옹 3세의 이름 루이 보나파르트에서 따온 용어이다. 엥겔스는 중세시대 봉건귀족과 부르주아계급 사이의 힘의 균형이 맞춰질 때 중재자로서 절대왕정이 나타났듯이, 근대국가에서도 자본가계급과 노동계급 간의 투쟁이 진퇴양난에 빠졌을 때 보나파르트주의가 나타난다고 설명했다.

보나파르티즘 →보나파르트주의

보황파 保皇派. 문화대혁명 시기 홍위병의 분파. 주로 공산당 중앙 간부의 자제들로 구성됐으며, 문혁 초기 크게 활동했다. 지식인, 지주나 자본가계급 출신 인물 등을 '주자파走資派'로 규정하고 공격했다. ↔조반파

본원적 소유 자본주의 이전의 인류사에서 생산수단, 즉 자연의 일부인 생산자와 자연 및 기타 여러 노동조건 사이에 나타난 즉자적 결합. 토지와 노동력이 상품으로 나타나 인위적으로 만들어지는 자본주의와는 다르게, 주어진 그대로 생산에 투입되었다.

본원적 축적 본원적 소유 상태로 존재했던 전자본주의 단계에서 자본주의가 발생하기 위해 필요한 조건. 토지 등 생산수단에 예속된 피지배계급이 생산수단과 폭력적으로 분리되며 노동자로 재편되는 과정.

볼셰비키 러시아어, 다수파. 러시아사회민주노동자당에서 레닌을 따르는, 당원의

자격을 활동에 전념하는 혁명가로 엄격하게 제한할 것을 주장한 분파. 후에 수정주의를 지지한 멘셰비키에 맞서 혁명적 사회주의를 주장했으며, 10월혁명을 성공시켰다.

볼셰비키주의(볼셰비즘) 볼셰비키의 10월혁명을 지지하는 혁명적 사회주의의 한 분파. →레닌주의

볼셰비키혁명 →10월혁명

봉건제 토지에 예속된 농노가 그 토지의 주인인 지주에게 바치는 잉여생산물이 한 사회의 잉여가치 전반을 차지하는 사회구조, 혹은 그러한 사회. 서유럽에서는 게르만족의 로마 지배 이후 게르만적 생산양식이 로마의 노예제와 융합되며 나타났다.

봉황파 →보황파

부르주아 프랑스어. ① 부르주아지의 형용사형. ② 자본가계급 중 특정한 한 사람을 지칭하는 단어. ↔프롤레타리아

부르주아 경제학 주류 경제학.

부르주아 민주주의 소위 '자유민주주의'. 보통선거권 등 형식적 민주주의가 도입되지만, 지배계급인 부르주아지의 이해관계에 따라 노동계급의 민주적 정치참여가 실질적으로 제한되는 부르주아 독재체제.

부르주아지 프랑스어. 문자 그대로는 성에 사는 사람을 의미하며, 마르크스 이후로는 주로 생산수단을 가진 유산계급, 자본가 혹은 자본가계급을 의미한다. ↔프롤레타리아트

부불노동 임금노동제하에서 임금으로 지급되지 않는 노동. →잉여노동

부차모순 주요모순의 영향을 받아 파생된, 주요모순에 종속된 모순. 마오쩌둥이 처음 이론화했다. 마오쩌둥에 따르면 주요모순과 부차모순은 항상 함께 존재하며, 이는 상황에 따라 서로 위치가 바뀌기도 한다. ↔주요모순

북풍회 北風會. 재일조선인 공산주의자단체인 북성회北星會의 국내 지부. 북성회는 재일 한인 사회주의자 20여 명이 결성한 흑도회黑濤會에서 유래했는데, 아나키스트 박열과 사회주의자 김약수가 대립하며 각각 흑우회黑友會와 북성회로 갈라졌다. 국내의 북풍회는 화요회火曜會와 함께 조선공산당의 양대 파벌로 경쟁하기도 했다.

불균등 결합 발전론 트로츠키주의의 주요 이론으로, 생산력과 생산관계의 발전은 일국 내에서의 정량적인 모순에 의해서만 일어나는 것이 아니며, 세계시장의 복합적 작용을 통해 진행된다는 주장. 불균등 결합 발전론에 따르면 후진국은 선진국의 요소를 곧바로 도입할 수 있어, 선진국이 거쳐야만 했던 중간 단계를 뛰어넘는 '후진성의 이점'이 나타나기도 한다. 트로츠키는 전통적 생활양식과 후진적 정치체가 서유럽에서 수입된 선진 기술 및 최신 사상과 공존했던 제정 러시아를 불균등 결합 발전의 대표적인 사례로 꼽았다.

불변자본 자본가가 생산수단을 구매하는 데 소비한 자본 부분. C로 표시한다.

불불노동 →부불노동

브뤼메르 18일 1789년 프랑스혁명력 2월, 안개의 달(무월) 18일에 발생한 나폴레옹의 반동 쿠데타. 마르크스는 나폴레옹 1세의 조카 나폴레옹 3세가 일으킨 쿠데타가 희극으로 다시 반복된 역사라며, 이를 분석한 책의 제목을 《루이 보나파르트의 브뤼메르 18일》이라고 지었다.

블랑키주의 프랑스의 혁명가 블랑키의 사상을 따르는 아나키즘의 한 분파. 바뵈프주의를 계승하여 의인동맹 등에서 활동했다. 소규모 엘리트의 봉기와 혁명적 독재를 통해 자본주의를 지양할 수 있으리라 믿은 사상이다.

비디 Bourgeois Democracy →부르주아 민주주의

비생산적 노동 마르크스주의 경제학에서, 잉여가치를 생산하지 않는 노동. 직접 생산에 참여하지 않는 경영·관리노동이나, 유통산업이나 금융산업의 노동 등을 의미하나, 학자들에 따라서 그 분류는 유동적이다. 물리적 실체가 있는 상품을 생산하는 노동을 제외한 모든 종류의 노동을 비생산적 노동으로 분류하는 학자도 있는 반면, 미국의 경제학자 안와르 샤이크는 마르크스가 명시적으로 비생산적 노동으로 분류했던 유통노동이 경우에 따라서는 생산적이 될 수도 있다고 주장하기도 한다. '비생산적'이라는 말은 오로지 자본주의적 잉여가치의 관점에서 파악한 것으로, 비생산적 노동이 사용가치를 생산하지 않는다는 말은 아니다. ↔생산적 노동

비지 →부르주아

빈체제 나폴레옹 전쟁이 끝난 후인 1815년 오스트리아 빈에서 열린 국제회의 후에 유럽에서 성립한 봉건제적 군주국 간의 반동적 반자본주의 협력체제. 영국, 프랑스, 프로이센, 오스트리아제국, 러시아 5국이 협력과 상호 견제를 통해 유럽에서의 혁명을 막고자 한 체제로, 1848년 혁명을 통해 무너졌다.

빨치산 '파르티잔Partisan'의 음차. 비정규 게릴라군. →파르티잔

빨치산파 김일성이 이끈 항일 유격대 출신 북한의 정치 파벌. 경우에 따라서는 만주파라고 불리기도 한다.

쁘띠 부르주아지 →프티 부르주아지

사용가치 상품이 가진 유용성.

사유 →사적 소유

사적 소유 ① 자본주의 사회에서 지배계급이 자본으로 전화해 착취의 수단으로 삼을 수 있는 개인 소유의 재화. ② 생산수단의 지배 등을 통해 지배계급이 생산자의 노동 중 일부를 수탈할 수 있도록 해주는 소유.

사적 유물론 →역사적 유물론

사회경제학 주로 일본에서, 정치경제학이라는 번역이 잘못되었다고 주장하며 사용하는 대체 용어, Political economy의 번역. 고전 정치경제학과 특히 마르크스주의 경제학을 가리킨다. →정치경제학

사회구성체 토대와 상부구조로 이루어진 한 사회의 존재 방식. 생산력, 생산관계, 이데올로기적 형태 등으로 나누어 파악한다.

사회구성체 논쟁 1980년대 남한의 학계와 학생운동 진영에서 이루어진, 한국사회의 사회구성체에 관한 논쟁. 크게는 식민지반봉건사회론(식반론)과 신식민지국가독점자본주의론(신식국독자론)으로 나뉘었다. 전자는 NL, 후자는 PD가 주로 주장했다.

사회민주주의 ① 민주적 사회주의. ② 주로 19세기 말에서 20세기 초 사이, 사회주의 일반을 부르던 용어. 자유민주주의에 대비되어, 사회주의가 진정한 의미에서의 민주주의라는 주장에서 만들어진 용어이다. 혁명적 사회주의와 민주적 사회주의를 모두 포함하는 개념이다.

사회배외주의 사회주의적 가치를 배반하고 국수주의에 투항하는 기회주의적 조류. 제1차 세계대전 당시 인터내셔널의 결의를 배신하고 전쟁에 찬성한 유럽의 사회민주주의 정당들을 비판하는 용어로 주로 사용되었다.

사회적 노동 가치를 생산하는 추상적 노동. →추상적 노동

사회제국주의 사회주의 국가가 후진국을 식민화하여 강제로 사회주의적 정치체제를 이식하고자 한 것을 비판하기 위해 탄생한 개념. 주로 흐루쇼프의 집권 이후, 중국공산당이 소련을 비판하기 위해 사용한 용어다.

사회주의 ① 생산수단의 민주적 통제가 이루어진 무계급 사회. ② 프롤레타리아 혁명 이후 높은 단계의 공산주의 이전까지의 프롤레타리아 독재 시기.

사회파시즘 코민테른의 공산주의자들이 민족주의에 투항하고 자국의 공산당을 탄압한 서유럽의 사회민주주의자들을 부르던 멸칭.

산별노조 산업별 노동조합. 기업별 노조나 직종별 노조와 다르게, 특정 산업에 종사하는 모든 노동자가 모인 노동조합. 금속노동조합, 건설노동조합, 공공산업노동조합 등이 있을 수 있다.

산악파 몽타뉴Montagne파. 프랑스대혁명 시기 활동했던 가장 급진적인 정파. 로베스피에르와 당통 등이 주요 구성원이었으며, 공포정치를 주도하기도 했다. 온건공화파인 지롱드파와 주로 대립했다. 마르크스는 이들에게 부르주아적 사고를 넘지는 못했다는 한계는 있으나, 유럽의 사회 진보를 이끌었다는 점에서 긍정적으로 평가하기도 했다.

산업예비군 기술의 발달로 자본축적의 필요를 초과해 나타난 '상대적 과잉인구'. 이들의 존재는 노동자들에게 해고의 위협으로 다가와 노동조건의 저하에 제대로 대응하지 못하도록 한다.

산업자본 상품의 생산과정을 통해 잉여가치를 창출하는 자본. 자본주의적 생산양식의 사회에서 지배적인 형태의 자본이다.

상대적 잉여가치 노동시간이 그대로인 상황에서, 생산력의 증가를 통해 노동력 재생산에 필요한 가치가 줄어 필요노동 시간이 줄며 생산된 잉여가치. ↔절대적 잉여가치

상부구조 토대의 조건에 따라 규정되는 한 사회의 비물질적인 이데올로기적 형태들. 상부구조의 구성요소로는 국가, 이념, 종교, 가족형태 등이 있다. ↔하부구조

상업자본 산업자본의 순환을 통해 만들어진 상품을 유통함으로써 가치를 가격으로 전화시키는 자본. 상업자본 그 자체가 잉여가치를 생산하지는 않지만, 산업자본의 순환을 도와줘 전체 사회의 잉여가치를 늘리는 데 기여하기도 한다.

상퀼로트 Sans-qulotte. 프랑스어로 '바지(퀼로트)가 없는'이라는 뜻의 단어. 프랑스대혁명 당시 노동자, 수공업자 등 직접 일하는 사람들을 일컫던 용어로 주로 급진적 민중을 의미했다. '퀼로트'는 당시 귀족들이 입던 짧은 바지를 뜻한다. 그러나 상퀼로트는 작업장에서의 안전을 위해 퀼로트가 아닌 긴 바지를 주로 입었다. 초기에는 부르주아나 귀족들이 무산자를 경멸적으로 부르는 용어였으나, 혁명이 급진화되어 무산대중이 주체화되며 스스로를 상퀼로트라 부르기 시작했다.

상품 교환을 통한 이윤의 실현을 위해 생산된 생산물. 자본주의적 생산양식의 가장 기본적인 단위이다. 마르크스는 자본주의 사회의 부는 상품을 통해 나타난다고 이야기했다. 기호로는 C로 표시된다.

상해파 러시아에 귀화하지 않은 한인 망명자 '여호餘戶'를 중심으로 하는 공산주의 파벌. 이동휘 등이 대표적인 인물이다. 이르쿠츠크파에 비해 상대적으로 민족주의와 조선의 독립을 중시했다. ↔이르쿠츠크파

생산가격 평균이윤율에 따른 가격. 즉, $(c+v) \times (1+p'')$. 자본주의 시장경제에서 상품의 시장가격은 생산가격을 중심으로 변동한다.

생산관계 물질의 생산, 분배, 교환의 과정에서 나타나는 개인들 간의 사회적 관계. 사회구성체에서 생산력과 함께 토대를 이룬다.

생산력 물질을 생산하는 능력. 사회구성체에서 생산관계와 함께 토대를 이룬다.

생산수단 상품 생산에 투입되는 물질적 요소로서, 노동수단과 노동대상을 포괄한다. Mp 혹은 Pm으로 표시한다.

생산양식 한 사회가 물질을 생산하는 방식. 생산력과 생산관계의 합으로 구성된다. 마르크스는 이를 아시아적, 노예제적(고대적), 봉건제적, 부르주아적(자본주의적), 공산주의적 생산양식으로 분류했다. 한 사회에는 일반적으로 여러 생산양식이 동시에 존재하는데, 이 중 가장 지배적인 생산양식이 그 사회의 성격을 규정한다.

생산적 노동 마르크스주의 경제학에서, 잉여가치를 생산하는 노동. 직접 생산에 참여하지 않는 경영·관리노동이나, 유통산업이나 금융산업의 노동 등을 제외한 노동으로, 학자들에 따라서는 물리적 실체가 있는 상품을 생산하는 노동만을 이야기하기도 한다. ↔비생산적 노동

서구 마르크스주의 제2차 세계대전을 전후로 해서 이탈리아의 안토니오 그람시와 헝가리의 게오르크 루카치, 독일의 카를 코르쉬 등 사상가로부터 시작된, 프랑크푸르트학파를 대표로 하는 서방의 마르크스주의. 대체적으로 소련의 스탈린체제에 반대했으며, 스탈린의 경제결정론에 맞서 문화와 상부구조를 강조했다. 이 사상적 조류는 1960~1970년대 알튀세르 때에 이르러 대체적으로 마무리되었으나, 프랑크푸르트학파의 조류는 지금까지도 계속되고 있다.

서발턴 지배계급의 헤게모니에 완전히 장악당해 자신들의 의견 표현 수단을 갖지 못한 피지배계급. 안토니오 그람시가 처음 사용한 용어로, 감옥에서의 검열을 피해 프롤레타리아 대신 사용한 용어라는 주장도 있으나, 집단의 정치적 주체성과는 상관없이 자본주의적 생산관계 속에서 나타나는 계급 전반을 의미하는 프롤레타리아와는 다른 개념이다.

서울파 3·1운동 이후 창설된 '서울청년회'에서 기원한 공산주의 파벌. 김사국 등이 대표적 인물이다. 초기에는 민족주의적 청년단체였으나, 이후 공산주의 사상을 받아들이게 된다. 한반도 내에서 자생적으로 생긴 공산주의 파벌로, 국외의 파벌 대립을 부정적으로 보았다. 1925년 조선공산당 창당에서는 배제되었으나, 1945년 8월 16일 종로 장안빌딩에서 광복 이후 최초의 공산주의단체인 조선공산당(장안파)을 창당하기도 했다. 장안파 조선공산당은 박헌영의 재건파 조선공산당에 의해 10여 일 만에 흡수·통합되었다.

세계노동조합연맹 The World Federation of Trade Unions. 1945년 만들어진 국제적 노동조합 연맹. 자본주의권 국가들과 사회주의권 국가들의 노동조합이 모두 참여하는 기구였으나, 마셜 플랜의 지지 여부 등에 대한 토론 끝에 서양의 일부 노동조합들이 탈퇴하며 ICFTU와 분리되었다. 냉전 시대에는 소련의 영향을 크게 받았으며, 중국이나 유고슬라비아 등의 노동조합이 소련과의 이견에 따라 탈퇴하기도 했다. 소련의 붕괴 이후 가파르게 쇠퇴했으며, 현재는 그리스에 본부를 둔 채 반전·반제국주의·반독점 운동 등에 참여하고 있다.

세계체제론 미국의 사회학자 이매뉴얼 월러스틴이 종속이론의 영향을 받아 주장한, 사회학이나 역사학, 경제학 등 기존 사회과학 내 분과학문의 한계를 뛰어넘기 위한 학제간 연구. 자본주의 세계체제 내의 각 국가를 독립된 개체가 아닌 서로 연결된 유기체로 파악하며 세계라는 하나의 개체로 역사를 파악하는 이론. 세계를 핵심부, 반주변주, 주변부로 나눈다.

소농 개인 혹은 가족(소경영) 단위에서 운영하는 농사, 혹은 그러한 농사를 짓는

사람.

소련 소비에트연방사회주의공화국의 줄임말. 세계 최초의 사회주의 국가가 된 러시아 주도로 동구권 현실 사회주의 국가가 모여 1922년 만든 연방 국가. 1991년 해산되었다.

소련파 소련 국적 한인 2세와 소련의 고려인 등으로 구성된 소련공산당 출신 북한 초기의 정치 파벌. 8월 종파사건 때 숙청되었다.

소부르주아지 →프티 부르주아지

소비에트 ① 러시아어, 평의회. 혁명적 시기 노동자·농민·병사 등 대중이 자발적으로 만드는 공산주의 성향의 민주적 자치 기구. ② 소련.

소비에트연방사회주의공화국 →소련

소시민 →프티 부르주아지

소외 자본주의 사회에서 사적 소유로 인해 개인 혹은 집단이 소원해지는 상태. 마르크스는 소외를 ① 노동 산물로부터의 소외, ② 노동과정으로부터의 소외, ③ 유적 존재로서의 인간으로부터의 소외, ④ 타인으로부터의 소외로 구분했다.

쇼비니즘 →사회배외주의

수동혁명 지배계급의 헤게모니를 유지한 채 체제를 보호하기 위해 민중의 요구를 차단할 목적으로 국가를 일정 부분 개혁하는 행위. 그람시가 개념화했다.

수정주의 혁명 없이 공산주의를 실현할 수 있다고 믿는 개량주의적 마르크스주의 분파. 독일의 마르크스주의자 베른슈타인에 의해 시작되었다.

수탈 수탈expropriation은 자본주의의 생산과정 안에서 일어나는 착취exploitation와는 다른, 생산과정 밖에서 물리적·정치적 권력 등을 통해 강제로 빼앗는 행위를 의미한다. 독점가격 형성을 통한 타 자본의 잉여가치 수탈, 본원적 축적과정에서 나타난 소농이 소유한 토지 수탈, 제국주의 국가의 식민지 수탈, 임금이 지불되지 않는 가사노동을 통한 여성 노동력의 수탈, 공공재를 가로채는 민영화나 사유화 등이 이에 해당한다. 이는 많은 경우 착취와 구분되는 일종의 '초과착취', 예외적 경우처럼 보이지만 동시에 착취와 불가분인, 착취를 가능하게 하는 조건 그 자체이기도 하다.

스탈린주의 →마르크스-레닌주의

스파르타쿠스동맹 제1차 세계대전 시기 로자 룩셈부르크와 카를 리프크네히트가 주도해 만든 급진 혁명 조직. 전쟁 반대에 미온적인 독일사회민주당에서 탈당한 당내 좌파들이 조직했다. 고대 로마의 노예 반란을 이끈 스파르타쿠스의 이름에서 따왔다. 1919년 스파르타쿠스 봉기를 일으켰으나 실패했고, 룩셈부르크와 리프크네히트는 우익 민병대에 의해 살해되었다.

시민사회 ① 공적인 부분을 담당하는 국가 혹은 정치사회와 구분되는, 사적인 개인들이 모인 영역. 사회구성체와 무관하게 초역사적으로 존재한다. ② 시민계급이 중심이 되는 자본주의 사회.

시초 축적 →본원적 축적

신간회 1927년 일제 치하 조선에서 창립된 항일단체. 공산주의 세력과 민족주의 세력이 연대하여 만든, 3~4만 명의 회원을 포함하는 대규모 합법 단체였다. 초좌익 노선을 채택한 코민테른의 1928년 6차 대회와, 같은 해 조선공산당에 인텔리 중심의 조직을 멈추고 노동자와 농민 속으로 들어갈 것을 명령한 코민테른 12월 테제에 영향을 받아 1931년 해소되었다.

신경제정책 레닌 주도하에 1921년부터 1928년까지 시행된, 전시공산주의를 수정한 정책. 당시 러시아 사회의 다수를 차지했던 프티 부르주아계층인 농민의 부담을 덜기 위해 시행한 상품시장·화폐 제도 등 시장경제의 부분적 허용.

신민주주의 마오쩌둥이 중국혁명을 성공시키기 위해 도입한 개념. →인민민주주의

신자유주의 ① 1970년대 이후 나타난, 자본의 세계화와 정부 역할의 최소화를 주장하는 경제적 자유방임주의. 고전적 자유방임주의와 구분하기 위해 신新자유주의라 부른다. ② 자본가계급의 이익을 위해 1970년대 이후 대두된, 자본의 이윤을 늘리고 노동자의 임금 상승을 억제하기 위한 지배계급의 정치적 프로젝트 일반.

신적 폭력 벤야민과 지젝에서, 기존의 법을 완전히 파괴하고 무력화시키는 폭력. 몫이 없는 자들의 폭력. 좌파 메시아주의의 일종이다. ↔신화적 폭력

신좌파 ① 1960년대 68운동 전후로 등장한 사회주의 사상의 한 갈래. 기존 구좌파의 계급중심적 혁명 노선을 비판하며, 여성운동, 환경운동 등 다양한 부문 운동에도 활발히 결합했다. ↔마르크스-레닌주의 ② 일본에서, 1955년 일본공산당과 일본사회당을 비판하며 대두한 과격 노선. 마오주의, 트로츠키주의, 아나키즘, 룩셈부르크주의 등 다양한 사상의 영향을 받았다.

신중간계급 →중간계급

신화적 폭력 벤야민에게서, 법에 의해 자행되는, 법을 정당화하는 폭력. 새로운 법을 만드는 '법 제정적 폭력' 및 이를 보호하는 '법 보존적 폭력'을 의미한다. ↔신적 폭력

실천철학 그람시가 감옥에서 검열을 피해 쓴 용어. 마르크스주의.

아나키즘 모든 권위와 위계, 특히 국가와 정부의 권위를 부정하는 사회주의의 한 분파. 소수의 테러와 이에 영향을 받은 대중의 자발적 봉기로 국가를 전복할 수 있으리라 믿은 사상.

아시아적 생산양식 사적 소유가 미발달하여 단일한 전제자를 제외한 개인들이 전제자의 노예로 나타나고, 그러한 각 개인을 강고한 공동체가 완전하게 조직화한 폐쇄적 사회구성체.

암스테르담 인터내셔널 →국제노동조합연맹

야체이카 러시아어, 세포. 조선공산당 등 일제강점기 사회주의 조직의 가장 기본이 되었던 단위. 사회주의 전위 활동가와 소수의 노동자·농민 등으로 구성된 소규모 학습모임을 주로 의미했다.

약한 고리 사슬의 강도는 그 사슬에서 가장 약한 고리의 강도와 같다는 점에서 착안해 레닌이 구체화한 개념. 레닌은 20세기 초반 당시 서유럽의 제국주의 선진국에 비해 후진국이었던 러시아는 그러나 제국주의에 착취당하는 개발도상국과는 다르게 자본주의가 어느 정도 발달해 혁명의 조건이 갖추어졌고, 가혹한 억압으로 민중의 불만이 극에 달했으며, 프롤레타리아계급과 정당이 존재해 혁명의 주체가 나타난 제국주의라는 사슬을 끊을 가장 약한 고리라고 주장했다. 레닌은 약한 고리 러시아의 사슬이 우선적으로 끊어지면, 러시아와 무역을 통해 연결된 다른 제국주의 국가들도 충격을 받고 결국은 무너질 것이라고 생각했다.

억압적 국가장치 경찰, 군대, 감옥 등과 같이 지배계급의 이데올로기를 보호하기 위해 폭력을 통해 기능하는 국가장치. ↔이데올로기적 국가장치

에코파시즘 기후위기 해결을 목적으로 인권을 억압하려는 사상. 일본의 생태 마르크스주의자 사이토 고헤이는 '기후 마오쩌둥주의'라고 표현하기도 했다.

엠엘파 →ML파

역사적 유물론 역사의 발전과 사회구성체 변화의 근본적 원인을 인간의 재생산을 가능하게 해주는 물질적 조건의 변화에서 찾는 마르크스주의 방법론. 마르크스의 역사학과 사회과학, 경제학. 마르크스는 유물변증법을 통해 역사를 분석한다.

연안 정신 →옌안 정신

연안파 중국 연안에서 활동한 독립운동가 등으로 구성된 북한 초기 존재했던 정치 파벌. 8월 종파사건으로 숙청되었다.

연속혁명 ① 제국주의 시기 후진국에서 부르주아혁명이 일어날 때, 노동계급이 부르주아 민주주의에서 그치지 않고 곧바로 이를 사회주의혁명으로 밀어붙여 노동자 국가를 수립하는 혁명. 제국주의 시기에는 불균등 결합 발전으로 인해 자본주의가 저발달한 후진국 역시 자본주의를 기다릴 필요 없이 곧바로 사회주의로 나아갈 수 있다는 것이 트로츠키의 핵심 주장이었다. ② 한 국가에서 멈추지 않고 곧바로 세계로 사회주의를 수출하는 혁명.

영구혁명 →연속혁명

옌안정신 마오쩌둥 사상의 핵심. 관료주의 타파, 도농 간·정신노동과 육체노동 간 위계질서 타파 및 의지주의에 기반한 극단적인 평등주의 노선. 마오쩌둥의 대장정 과정에서 나타난 사상이다. 문화대혁명 시기 조반파 홍위병에게 영향을 끼치기도 했다.

우클라드 한 사회 내에 존재하는 각각의 생산양식을 개별적으로 부르는 말. → 생산양식

원시 공산주의 생산력이 낮아 모든 사회구성원이 생산물을 공유한 원시시대의 공산주의. 인류의 첫 사회제도. 씨족공동체 단계와 농경공동체 단계로 세분화하기도 한다.

유물론 ① 신이나 영혼 등은 존재하지 않으며 오로지 물질만이 존재한다고 생각하는 철학적 사조. ② 관념에 대한 물질의 우위성을 주장하는 철학적 사조. ③ 특히 마르크스주의와 관련해서, 역사에 있어 관념보다 물질이 우위에 있음을 주장하는 철학.

유적 존재 한 종이 가진 고유성을 강조하는 개념.

유적 존재로서의 인간 인간종. 유적 존재로서의 인간은 이성, 의지를 가지며 사회적 관계 속에서 존재한다는 특징이 있다.

융커 독일, 특히 프로이센 시기 존재했던 보수적인 토지귀족, 지주 세력.

의인동맹 급진적 공화주의 결사인 망명자동맹에서 분리되어 1837년 결성된 독일 최초의 공산주의 결사 조직. 기독교 사회주의자 빌헬름 바이틀링 등이 활동했다. 후에 마르크스와 엥겔스가 참여하며 공산주의자동맹으로 재편되었다.

이데올로기 ① 현실을 왜곡하여 있는 그대로 보지 못하게 만드는 허위의식. ② 특히 정통 마르크스주의에서, 유물론적이지 않고 왜곡된 관념론적 형태로 세계를 바라보는 태도. 부르주아의 이데올로기와 마르크스주의의 과학이 주로 대비된다. ↔과학 ③ 특히 후기의 알튀세르에서, 인간이 가진 무의식적 표상체계, 세계를 바라보는 틀. 인간은 이데올로기가 없다면 세계를 통일적으로 인식할 수 없으며, 따라서 심지어 높은 단계의 공산주의를 이룩한다 하더라도 인간은 이데올로기 없이는 존재할 수 없다. 이데올로기는 개인을 주체로 호명한다.

이데올로기적 국가장치 한 사회의 재생산을 위해 필수적인 지배 이데올로기를 만들고 퍼뜨리는 물질적 기반을 지닌 국가장치. 중세시대에는 교회가, 자본주의에서는 학교가 대표적인 이데올로기적 국가장치로 작동한다. ↔억압적 국가장치

이르쿠츠크파 러시아에 귀화한 러시아 국적 고려인 '원호元戶'를 중심으로 하는 공산주의 파벌. 원호는 초기에는 여호에 비해 우파적이었으나, 이르쿠츠크에서 전로한인공산당을 결성한 이후에는 민족보다 계급을 중시하는 더욱 좌파적인 방향으로 선회했다. ↔상해파

이윤 상품이 시장에서 팔려 실현된 잉여가치. 잉여가치가 아무리 커도, 시장에서 판매되어 이윤이 되지 않으면 소용이 없다. 기호로는 p로 표시한다.

이윤율 자본주의적 생산하에서 자본가가 투자한 비용 대비 얻는 이윤의 비율. 잉여가치를 불변자본과 가변자본의 합으로 나눈 $s/(c+v)$로 표시되며, 기호는 p' 혹은 r로 표현된다.

이윤율 저하 경향의 법칙 자본주의 사회에서 기술이 발달할수록 자본가들은 초과이윤을 위해 자본의 유기적 구성을 키우고, 결국 장기적으로 이윤율이 줄어드는 경향을 보인다는 마르크스 경제학의 이론.

이행기강령 트로츠키주의에서, 최소강령과 최대강령 사이를 이어주는 가교 역할을 하는 강령. 일반적으로 물가—임금 연동제, 공장위원회 설치, 기업 비밀 및 회계장부 공개 등이 있다.

인민 People의 번역어. 지배계급을 의미하는 인人과 피지배계급을 의미하는 민民의 합성어이다.

인민민주주의 부르주아 민주주의를 타도한 이후 사회주의 정권을 수립하기 위한 이행기 과정으로서 자본가계급과 노동자계급 모두가 참여하는 민주제. 자본주의가 충분히 발달하지 못한 약소국의 혁명 전략으로, 중국공산당 등이 받아들였다.

인민전선 20세기 초 코민테른의 주도로 일어난, 파시즘에 대항하는 자유주의자와 사회주의자의 동맹. 에릭 홉스봄은 인민전선을 일시적인 수세적 전술 그 이상의, 패배를 공세로 전환하는 민주주의 원칙에 입각한 전략이라고 평가하기도 했다.

인민전쟁 마오쩌둥에 의해 주장되고 실행된 혁명의 방법. 이후 페루공산당에 의해 정식화되었다. 주로 농촌을 기반으로 민심을 얻으며 해방구를 하나씩 건설한 이후, 특정한 시점이 되었을 때 전면적인 전쟁을 통해 국가 전체를 전복한다는 혁명 이론이다. 주로 농촌을 먼저 장악하며 도시를 포위하는 방식으로 사용되나, 경우에 따라서는 도시에서 먼저 거점을 건설하기도 한다. →포코 이론

인터내셔널 노동계급 국제 조직. 마르크스와 엥겔스가 이끈 공산주의자동맹의 후신인 제1인터내셔널, 엥겔스의 지도하에 독일사회민주당이 이끈 제2인터내셔널, 세계대전 이후 재건한 2.5 인터내셔널, 볼셰비키혁명이 성공한 이후 레닌이 만든 제3인터내셔널(코민테른), 스탈린주의에 반대하여 트로츠키가 이끈 제4인터내셔널 등이 존재했다.

인터내셔널가 프랑스의 시인 외젠 포티에가 1871년 파리코뮌 당시 작사하고, 1888년 벨기에 출신 프랑스인 작곡가 피에르 드 게테르가 선율을 붙인 곡. 노동계급 국제주의를 표방하며 마르크스주의, 아나키즘 등 다양한 사회주의 진영에서 불린다. 한국에서는 1920년대 조선공산당에 의해 번역되었으며, 이 가사는 현재 북한에서 불리고 있다. 남한은 1980년대 활동가들에 의해 다시 번역되었다.

일리치 그람시가 감옥에서 검열을 피해 쓴 용어. 레닌. 일리치는 레닌의 중간 이름이다.

일반의지 루소의 정치철학에서, 사적인 개인의 개별의지의 총합인 전체의지와 대비되는, 공공의 이익을 지향하는 국가 그 자체의 의지, 주권의 기초. 개인의

의지와는 독립적인 일반의지가 존재하기에, 각 개인은 개별적으로는 사회계약이나 공동체의 입법에 동의하지 않았더라도 묵시적으로 이에 동의한 것이 된다.

임금 노동자가 자신의 노동력을 판매함으로써 얻는 화폐 형태. 자본주의 사회에서 임금의 수준은 노동자와 자본가 간의 계급투쟁에 따라 결정되면서도, 노동력의 재생산 비용에 수렴한다.

임시정부 ① 1919년 3·1운동 이후 중국에 설립된 대한민국 임시정부. ② 러시아 2월혁명 이후 러시아에 설립된 공화주의 성격의 임시정부. 부르주아와 프롤레타리아의 연립내각으로 구성되었으며 이후 10월혁명으로 타도된다.

잉여가치 임금노동자의 노동 중에서 노동력의 가치를 초과하는 부분. S로 표시된다. 자본가는 노동자가 자신의 노동력 재생산에 필요한 필요노동시간보다 더 많은 시간을 일하게 하여 초과생산된 잉여가치를 취득한다. 《자본》 전체를 한 줄로 요약하면, 이 잉여가치의 원천을 찾는 내용이다.

잉여가치율 →착취율

잉여노동 노동자의 전체 노동 중 필요노동을 뺀 만큼의 노동. ↔필요노동

ㅈ

자본 생산과정에서 임금노동자의 착취를 통해 더 큰 가치로 전화될 수 있는 가치, 혹은 증식하는 과정 그 자체.

자본가 생산수단에 대한 사적 소유를 바탕으로 노동자를 고용해 잉여가치를 수취하는 계급. →부르주아 ↔노동자

자본구성 생산에 있어 불변자본과 가변자본 사이의 비율.

자본수출 은행과 산업자본의 결합을 통해 나타난 금융자본이 일국에서 독점을 형성한 후 착취영역을 확대하기 위해 자신이 소유한 자본을 타국으로 이전시키는 것. 레닌은 자본수출을 기준으로 제국주의를 판단했다.

자본의 가치구성 생산에 투입되는 불변자본과 가변자본 사이의 가치의 비율을 나타내는 자본구성.

자본의 기술적 구성 생산에 있어 불변자본의 요소들과 노동력 사이의 물리적 비율을 나타내는 자본구성.

자본의 순환 자본의 재생산과 잉여가치의 생산을 창출하는 상품 생산을 통한 자본의 운동. 자본에서 시작하여 노동력과 생산수단을 통해 상품을 생산하고, 이를 판매하여 더 큰 자본으로 되돌아오는 자본의 운동 과정을 말한다.

자본의 시대 에릭 홉스봄의 장단기 개념 중에서, 장기 19세기 나타난 1848년에서 1875년 사이의 시기. 부르주아지가 자본주의적 자유시장 경제를 만나며 유럽과 세계를 정복한 시기.

자본의 유기적 구성 자본의 기술적 구성의 변화를 반영하는 가치구성.
자본의 유기적 구성의 고도화 자본의 유기적 구성이 커지는 것을 의미한다.
자본주의 자본가와 임금노동자로 구성된 자본주의적 생산양식이 산출되는 잉여가치의 전반을 차지하는 사회.
자본주의적 생산양식 생산수단의 사적 소유와 임금노동자의 착취에 기초한, 자본주의 사회의 지배적 생산양식.
자유주의 천부인권과 법 앞의 평등, 자유권, 소유권, 종교의 자유 등을 강조한 18~19세기 부르주아지의 발흥과 함께 등장한 정치사상. 이후 정치적 영역의 자유주의가 경제적 영역의 자유주의와 만나며 계급과 불평등을 낳았고, 이는 사회주의의 등장 배경이 되었다.
자주파 →NL
자코뱅 프랑스대혁명 당시 혁명을 주도했던 정파. 클뢰브 데 자코뱅Club des Jacovins. 명칭은 파리에 있는 자코뱅 수도원을 근거지로 한 데서 유래했다. 혁명을 거치며 입헌군주파인 푀양파와 절충공화파인 지롱드파가 탈퇴하며 산악파가 중심이 되었다. 따라서 흔히 '자코뱅'이라 하면, 산악파만을 가리킨다. 테르미도르 반동 시기에 몰락했다.
장기 16세기 이매뉴얼 월러스틴이 아날학파의 장기지속 역사학에서 영향을 받아 주장한, 1450년에서 1640년까지 지속되었던 자본주의의 태동 시기. 유럽이 아메리카를 식민화하고 이에 기초하여 자본이 탄생하기 시작한 시기이다.
장기 19세기 에릭 홉스봄의 장단기 개념 중에서, 1789년에서 1914년 사이의 시기. 혁명의 시대, 자본의 시대, 제국의 시대.
장단기 영국의 마르크스주의 역사학자 에릭 홉스봄이 주장한 시대 구분법. 한 세기를 기존과 같이 100년 단위로 구분하지 않고, 그 맥락에 따라 장기 혹은 단기로 구분하는 구분법이다.
재생산 사회적 생산과정을 지속하기 위해 필수적인, 생산과정에서 소비한 부분을 다시 생산하는 활동.
재생산 표식 마르크스가 《자본》 2권에서 사용한 재생산과정을 설명한 표. Ⅰ부문과 Ⅱ부문으로 나뉘어져 가상의 재생산과정을 숫자를 통해 나타낸다. 단순재생산 표식과 확대재생산 표식이 있다. 로자 룩셈부르크는 마르크스가 Ⅰ부문으로 분류한 금과 같은 화폐를 Ⅲ부문으로 따로 분류할 것을 주장했으며, 루돌프 힐퍼딩과 로자 룩셈부르크 등과 같은 몇몇 마르크스주의자들은 재생산 표식에서의 각 부문 간의 불균형을 통해 제국주의와 공황의 가능성을 설명하고자 했다.
적군 1918년 트로츠키가 창건해 1946년 소련군으로 바뀌기 전까지 지속되었던 러시아와 소련의 공산주의 군대.
적군파 ① 공산주의자동맹 적군파. 일본의 신좌파 계열 무장 게릴라 단체. 트로츠키의 불균등 결합 발전 이론에서 영향을 받은 '국제 근거지론'을 주장하며 일본항공 351편을 납치해 북한으로 망명하는 등의 활동을 펼치기도 했다. ② 서독의 독일 적군파나 이탈리아의 붉은 여단 등과 같이 20세기 후반 활동한 좌파 도시 게릴라 단체를 통칭하는 단어.

적기 공산주의를 상징하는 붉은 깃발. 한때 자유주의혁명의 상징으로 사용되었으나 점차 사회주의의 상징으로 정착해 파리코뮌, 러시아혁명 등에 사용되었다.

적백내전 1917년에서 1922년 사이 서구 제국주의 국가의 지원을 받은 백군과 혁명을 보위하기 위한 적군 사이에 벌어졌던 러시아의 내전.

적색 테러 공산주의 정부 및 좌익 세력에 의한 테러. 극우 인사나 집단을 그 대상으로 하며, 트로츠키 등은 혁명 보위를 위한 적색 테러가 필요하다고 인정하기도 했다. 주로 혁명 러시아에서 1918년에서 1922년 사이 일어난 반혁명에 대한 탄압과 처형을 의미하는 단어로 사용된다. ↔백색 테러

전공투 전학공투회의. 반정부 학생운동이 활발하던 1960년대 일본에서 여러 대학교의 학생이 학교별로 구성한 학생운동 조직. 단일한 정파나 단체를 의미하는 것은 아니며, 대학별로 상이한 전공투가 존재했다. 대학생 신분으로서 학교체제 자체를 비판하고 대학 해체를 주장했기에 이는 '자기부정' 슬로건으로 나아갔으며, 따라서 사변적이고 관념론적이었다는 한계 역시 존재했다.

전노협 전국노동조합협의회. 1987년 노동자대투쟁 이후 생겨난 민주노조들의 연맹이자, 전평이 해체된 한국전쟁 이후 최초의 전국 단위 민주노조. 이후 1995년 민주노총의 설립과 함께 해산되었다.

전대협 전국대학생대표자협의회. 1987년 설립된 전국 대학 총학생회 협의체이다. 1993년 해체 후 한총련으로 개편되었다.

전시공산주의 적백내전 기간인 1918년에서 1921년 사이 시행된 전 기업의 국유화, 식량 징발 등의 비상조치. 이후 신경제정책으로 전환되었다.

전위 레닌주의에서, 의식화되지 않은 다수의 대중을 이끄는 소수의 사회주의 혁명가를 이르는 말. 볼셰비키는 러시아혁명의 전위대로서 10월혁명을 성공시켰다.

전위당 전위 정당. 사회주의혁명을 이끄는 소수의 단련된 활동가로 이루어진 공산당.

전평 조선노동조합전국평의회. 1945년 광복 직후 11월 5일 창설된 전국 단위의 노동조합. 남로당 계열의 노동조합이었으며, 1958년 8월 15일 대한민국 정부에 의해 비합법화되었다.

전형문제 상품의 가격이 사회적 노동시간에 따라 정해지는 가치에서 비용가격에 평균이윤을 더한 가격으로 바뀌는 과정에서 생기는 난점을 어떻게 설명해야 하는가에 관한 마르크스주의 경제학 내의 논쟁. 1907년 러시아 출신 경제학자 라디슬라우스 보르트키에비치에 의해 제기되었다.

전환 강령 →이행기 강령

절대적 잉여가치 노동시간의 절대적 증가로 인해 생산된 잉여가치. ↔상대적 잉여가치

절대지대 자본주의 사회에서 토지의 생산력과 관계없이 토지를 소유하고 있다는 사실만으로 지주계급이 수취하는 지대. 마르크스는 최열등지는 지대를 가지지 않는다는 차액지대설을 비판하며 절대지대설을 주장했다. 마르크스에 따르면 토지에 투하된 자본의 이윤 중에서 절대지대가 우선 빠져나가므로 농업 분야는 공업 분야보다 낮은 자본의 유기적 구성을 가지고 있고, 따라서 이윤율이 높음에도 자본의 투하가 제한된다. ↔차액지대

정우회 正友會. 1차 조선공산당이 탄압으로 해산된 이후, 2차 조선공산당 결성 이전 존재했던 화요회, 북풍회, 조선노동당, 무산자동맹회 4개 단체가 연합하여 결성한 단체. 화요회가 주도적인 역할을 맡았으며, 서울파의 전진회와 주로 대립했다. 1926년 11월 〈정우회 선언〉을 발표하며 민족주의 세력과의 공동전선을 주장했는데, 이는 신간회의 창립에 영향을 끼치기도 했다.

정치경제학 ① 상품의 생산과 교환 행위 등 경제활동과 국가와 법률 등 정치 사이의 연관을 분석하는 학문. ② 애덤 스미스에서 시작되어 한계혁명에 이르기까지 19세기에 주로 연구되었던 경제학. 고대 그리스어로 가정을 가리키는 oikos와 경영을 의미하는 nomia의 합성어인 oikonomia에서 파생되어, 가정이 아닌 국가 단위의 생산과 분배를 연구한다는 의미에서 정치경제학 political economy이 되었다. 20세기 이후 주류 경제학은 정치와 단절하고 순수한 경제 현상만을 분석한다는 의미에서 '정치'를 뺀 '경제학'이 되었다. ③ 마르크스주의 경제학. ↔부르주아 경제학

제국의 시대 에릭 홉스봄의 장단기 개념 중에서, 장기 19세기에 나타난 1875년에서 1914년 사이의 시기. 부르주아지가 후진국을 식민지화하며 세계적인 불평등이 증가하고, 제국주의 열강 간에 서로 군사를 비축한 폭풍의 전야와 같이 상대적으로 평화로운 시기.

제국주의 산업자본과 신용의 결합으로 자본의 집적과 집중이 독점으로 전화되며, 자본수출이 나타나는 자본주의의 단계. 제국주의 시기 세계는 몇 개의 세력권으로 분할되며 이는 결국 제국주의 열강 간의 세계 재편을 위한 전쟁을 부른다.

조반파 造反派. 문화대혁명 시기 홍위병의 분파. 주로 노동자·농민 계급으로 구성되었으며, 보황파 홍위병 이후에 나타나 문혁 고조기를 이끌었다. 1967년 상하이 지방의 노동자들이 당 중앙의 지도를 거부하고 상하이 코뮌을 선포하자, 자신의 통제권을 잃는 것을 두려워한 마오쩌둥에 의해 진압되었다. ↔보황파

조선공산당 1925년 결성되어 1946년 남조선로동당으로 통합된 일제강점기 및 광복 시기의 공산주의 정당. 여러 차례 창당과 해산을 반복해 총 5차까지 존재했으나 모두 일제에 검거되었으며, 광복 이후 박헌영과 경성 트로이카 활동가

들 등에 의해 정식으로 재건되었다.

조합주의 ① 국가가 질서 유지를 위해 시민사회의 여러 이익집단을 적극적으로 조직하고 정치에 참여시키며 자본과 노동을 통제하는 방식. 권위주의의 일종. ② 노동조합이 체제 내로 편입되며 조합원들의 경제적 이익만을 위하는 현상.

종속이론 독일 출신의 경제학자 안드레 군더 프랑크가, 많은 후진국이 제2차 세계대전 이후 독립했음에도 경제가 성장하지 못하는 모습을 설명하기 위해 고안한 이론. 종속이론에 따르면 주류 경제학에서의 설명과는 다르게 자유무역은 후진국의 선진국에 대한 경제적 종속을 만들어내며 이에 따라 국가 간 착취가 일어난다. 종속이론은 이후 세계체제론 등에 영향을 끼치기도 했다.

좌익공산주의 민중의 자발성을 더 강조하는 공산주의 사상, 로자 룩셈부르크 등이 대표적인 사상가이다. →평의회 공산주의

좌익소아병 객관적 정세를 무시하며 무조건 급진적 요구만을 주장하는 공산주의자들을 비판하는 용어. 레닌이 1920년 발표한 저서《공산주의에서의 좌익소아병》에서 유래했다.

좌파 ① 사회 진보를 주장하는 정치적 경향. 프랑스대혁명 당시 공회장에서, 보수적 성향의 지롱드파가 회의장의 오른쪽에, 급진적 성향의 산악파가 회의장의 왼쪽에 앉았던 것에서 유래했다. ② 한국의 운동 진영에서, 민족해방보다 계급해방을 우선하는 정파를 포괄하는 용어. →PD

좌파 메시아주의 메시아의 재림을 기다리는 종교인들처럼, 언젠가 혁명이 발생하여 자본주의와 전면적으로 단절될 것을 기다리는 사상.

주변부 세계체제론에서, 자본주의 세계체제에서 노동집약적인 주변부적 상품을 주로 생산하는 국가. 세계체제론에 따르면 노동집약적 산업의 잉여가치는 기술집약적 산업으로 이동할 수밖에 없으며, 따라서 리카도가 주장했던 비교우위론과는 자유무역은 중심부 사회의 주변부 수탈로 이어질 수밖에 없다. ↔중심부

주요모순 당면한 투쟁에서 적대적 모순을 직접적으로 드러내는 모순. 마오쩌둥이 처음 이론화했다. 마오쩌둥에 따르면 주요모순과 부차모순은 항상 함께 존재하며, 이는 상황에 따라 서로 위치가 바뀌기도 한다. ↔부차모순

주의주의 인간의 의지를 강조한 사상.

주자파 走資派. 중국의 문화대혁명 시기 주로 사용되었던 단어로, 자본주의를 주장하는 파벌이라는 의미. 반대파를 공격하기 위해 자주 사용된 단어이다.

주체사상 북한의 통치 철학. 소련이나 중국 등 다른 사회주의 국가의 간섭을 받지 않는 조선 인민의 주체적인 사회주의를 주장하며, 물적 기반이 빈약한 상태에서 주체성에 대한 방법으로 인민의 의지를 강조한다. 인민의 의지는 곧 당의 의지이며, 이는 수령의 의지라는 수령론으로 이어진다.

중간계급 자본주의에서 자본가계급과 노동자계급 사이에 존재하는 집단. 전통적

으로 소상인, 농민 등이 중간계급으로 분류되었으며 현대에는 관리자 등과 같은 신중간계급이 나타나기도 했다. 또한, 경우에 따라 의사나 법률가, 공무원 등이 포함되기도 한다. 마르크스는 자본주의가 발달하면, 결국에는 중간계급 중 일부는 자본가가, 나머지는 노동계급이 될 것이라 예측했다.

중심부 세계체제론에서, 자본주의 세계체제에서 기술집약적인 중심부적 상품을 주로 생산하는 국가. 주변부 및 반주변부 국가에서 생산된 잉여가치를 수탈한다. ↔주변부

즉자적 계급 존재로서의 계급. 계급의식에 대한 자각 없이 주어진 상황에 대한 막연한 불만을 느끼는 노동계급. ↔대자적 계급

지대 지주계급이 생산에 참여하지 않았음에도, 토지를 소유하고 있음으로써 수취하는 잉여가치의 한 형태. 초과이윤의 일종이지만, 지주라는 계급의 신분적 특권과 같은 경제 외적인 강제를 통해 정당화된다는 점에서 구별된다. 혹자는 독점기업의 초과이윤 역시 지대 개념을 통해 파악하기도 한다.

지롱드파 프랑스대혁명 당시 산악파와 대립하던 정파. 온건 개혁적 성향이었다. 공포정치 시기 로베스피에르에 의해 탄압을 받으며 쇠퇴했다.

지불노동 임금노동제하에서 임금으로 지급되는 노동. →필요노동

진지전 그람시의 혁명론에서, 시민사회에서 지배계급의 헤게모니에 맞서 대항 헤게모니를 설득하는 혁명 과정. 진지전을 통해 시민사회를 장악한 이후에만 기동전을 통해 혁명을 완수할 수 있다. ↔기동전

집적 자본가가 이윤을 재투자해 자본을 쌓는 과정.

집중 자본가가 합병이나 차입 등을 통해 기존의 자원을 끌어모으는 과정.

ㅊ

차르 러시아의 황제.

차액지대 자본주의 사회에서 토지의 생산력에 따라 달라지는 지대. 자본주의 사회에서 차액지대는 가장 생산력이 낮은 최열등지를 기준으로 생산물의 차액에 따라 결정된다. ↔절대지대

착취 자본주의 임금노동제하에서 자본가가 노동자가 생산하는 노동의 가치와 임금으로 받는 노동력의 가치 사이의 차익만큼을 전유하는 것.

착취율 생산과정에서 임금노동자가 착취당하는 비율. 잉여노동을 필요노동으로 나눈 비율, 즉 잉여가치를 가변자본으로 나눈 s/v로 표시된다.

철학 ① 진리를 찾는 학문. 일반적으로 존재론, 인식론, 윤리학, 논리학 등이 속한다. ② 학문 일반. ③ 알튀세르에서, 대문자로 시작하는 '이론^{Théorie}' 이전의 관념 철학과 구분되는, 마르크스주의의 다른 내용을 보증해주는 이론적 토대, 유물변증법.

청년헤겔학파 헤겔이 이야기한 절대정신인 자유가 아직 완전히 실현되지 않았다고 보고, 프로이센의 국가권력이나 종교 등을 부정하며 사회를 진보시켜야 한다고 주장했던 진보적 헤겔학파. ↔헤겔 우파

초과이윤 자본주의적 경쟁하에서 자본가가 얻는, 평균이윤율을 상회하는 이윤. 특별잉여가치의 화폐적 표현이다. 독점이나 노동생산성 향상 등을 통해 얻을 수 있다.

최대강령 혁명 정당의 최종적인 목표를 나타내는 강령. 생산수단의 사회화와 같은 사회주의 강령.

최소강령 혁명 정당의 즉각적인 경제적 요구를 나타내는 강령.

최열등지 한 사회에서 가장 생산력이 낮은 토지.

최종심급 문자 그대로는 상소제도에서의 마지막 심급, 대법원을 의미하며, 알튀세르가 과잉결정 개념을 설명하기 위해 마르크스주의에 도입했다. 이 용어는 엥겔스의 편지 구절에서 따왔는데, 엥겔스는 독일어의 용법에 따라 '최종심급에서는'이라는 표현을 '결국은'의 관용적 표현으로 사용했다.

최종심급에서의 경제 알튀세르가 도입한, 한 사회의 변화는 상부구조의 여러 요소에 의해 과잉결정되지만 결국 최종적으로 이를 정하는 것은 경제라는 이론. 그러나 알튀세르는 최종심급에서의 경제 결정을 인정하면서도 '최종심급의 고독한 시간은 오지 않는다'며 경제만이 유일한 원인이라는 목적론적 사고관을 거부했다.

추상적 노동 사회 속에서 이루어지며 가치를 생산하는 개인들 간 질적으로 동일한 노동의 추상적 형태.

추수주의 일관된 정치적 입장 없이 대중적 지지만을 좇으며 대세를 따라가는 것.

축장화폐 →퇴장화폐

축적 생산과정을 거치며 자본이 쌓이는 것. 자본의 축적은 신용제도와의 결합과 함께 한 국가 내에서의 독점으로 전화되어 자본수출을 발생시킨다.

ㅋ

카르텔 시장 독점을 목적으로 동종 산업에 종사하는 법률적·경제적으로 독립적인 다수의 기업들이 모인 연합체.

카이저 독일의 황제.

케렌스키 임시정부 →임시정부

코뮌 ① 프랑스어, commune. 민주적이고 자율적으로 운영되는 정치적 공동체. 공산주의communism의 어원이기도 하다. ② 11세기 이후 나타난 중세 서유럽 자치 조직. ③ →파리코뮌

코민테른 제3인터내셔널. 코뮤니스트 인터내셔널Communist International의 줄임

말로 국제공산당이라 불리기도 했다. 러시아에서 혁명이 성공한 이후, 레닌이 개량주의화된 제2인터내셔널에 대항해 만들었으나 이후 스탈린 시기 소련을 보위하기 위한 집단으로 변질했다. 사회민주주의를 '사회파시즘'으로 규정하고 초좌익 노선을 택한 제6차 대회와, 파시즘에 대항해 사회민주주의자는 물론 자유주의 부르주아와도 손을 잡는 인민전선 전술을 채택한 제7차 대회가 유명하다. 1943년 독일 파시즘에 맞서 연합국을 지원하는 데 집중한다는 명목으로 해산되었다.

코민포름 코민테른의 해체 이후 1947년 창설된 국제공산당 정보국. Communist Information Bureau. 미국의 반공주의가 강화되자 이에 대한 대응책으로서 등장했다. 그러나 각국 공산당 간의 느슨한 협의 조직 이상의 성과를 내지 못했고, 결국 1956년 해체되었다.

코르닐로프 쿠데타 7월 시위 이후인 1917년 9월 7일(율리우스력 8월 25일), 러시아 임시정부의 총사령관 코르닐로프가 일으킨 군사 반란. 임시정부를 타도하고 소비에트를 제거한 뒤 군사독재를 자행하려 했으나 무기를 들고 저항한 민중에 의해 저지되었다. 이 사건으로 임시정부의 무능함이 밝혀졌으며, 볼셰비키가 큰 지지를 얻게 된다.

콘체른 법률상의 독립을 유지한 채 자본의 제휴나 출자 방식 등을 통해 형성한, 하나의 모회사와 이에 종속된 다수의 자회사로 구성된 기업형태. 주로 유럽, 특히 독일 기업을 의미하며 한국의 재벌기업과 비슷한 형태이다.

콤소몰 공산주의청년동맹. 혁명 러시아와 소련의 청년 정치 조직으로, 1991년 해산되었다.

크론슈타트 수병 반란 혁명 초기에는 볼셰비키의 지지자였던 크론슈타트 수병들이 전시공산주의 등을 겪으며 1921년 일으킨 대규모 반볼셰비키 쿠데타. 결국 볼셰비키에 의해 진압됐으며 이 반란 이후 소련에서 멘셰비키와 사회혁명당 등 타 정당들은 공식적으로 금지되었다.

클리프주의 팔레스타인 출신의 사회주의자 토니 클리프가 주장한 신트로츠키주의. 국가자본주의론을 주장하며, 영국의 사회주의노동자당SWP을 중심으로 하는 국제사회주의경향IST이 받아들이는 사상이다.

ㅌ

타락한 노동자 국가 트로츠키가 주장한 개념으로, 사회주의혁명이 성공했으나 이후 관료화된 소련을 지칭한다. 트로츠키는 타락한 노동자 국가는 경제의 경우 이미 사회주의적이므로 다시 한번 사회주의혁명이 일어날 필요는 없으며, 다만 정치혁명을 통해 관료주의를 무너뜨리면 사회주의가 될 수 있으리라 생각했다. 트로츠키는 강도가 훔쳐 도주하다 고장 난 자동차는 강도를 내쫓고 고장 난 부분만 고치면 되지, 자동차 자체를 버릴 필요는 없다며 스탈린과 관료 집단을 강도에, 타락한 노동자 국가를 고장 난 자동차에 비유했다. 정통 트로츠키주의의 타락한 노동자 국가론은 신트로츠키의 국가자본주의론과 경쟁 관계에 있다.

테르미도르의 반동 1794년 프랑스혁명력 11월 '더운 달(열월熱月, 테르미도르 Thermidor)'에 발생한 반동 쿠데타. 테르미도르 반동으로 로베스피에르 등 공포정치의 주역이 모두 처형되며 프랑스대혁명은 막을 내렸다.

토대 →하부구조

토대와 상부구조 →하부구조와 상부구조

퇴보한 노동자 국가 →타락한 노동자 국가.

퇴장화폐 상품의 유통관계에서 빠져나와 저장된 상태에 있게 된 화폐. 축장화폐.

트러스트 시장 독점을 목적으로 동종 산업에 종사하는 다수의 기업이 법률적·경제적으로 독립성을 포기한 채 모인 연합체.

트로이카 →경성 트로이카

트로츠키주의 트로츠키의 마르크스주의. 자본주의의 불균등 결합 발전을 이용한 연속혁명과 영구혁명을 주장하며 스탈린의 일국사회주의에 반대한다.

특별잉여가치 →초과이윤

ㅍ

파르티잔 비정규 무장 게릴라군. 정당을 의미하는 프랑스어 parti에서 유래했다. 주로 좌익 게릴라군을 지칭하는 단어로 쓰인다.

파리코뮌 1871년 프로이센과의 전쟁(보불전쟁)에서 프랑스가 항복하자 이에 반대한 파리의 시민들이 시내를 점령하며 세운 자치정부. 약 두 달간 지속되었으며, 노동계급이 세운 최초의 민주적이고 혁명적인 정부이다.

파쇼 →파시즘

파시즘 무솔리니가 처음 주장한, 20세기 초 나타난 극단적인 전체주의. 세계적인 대공황의 상황에서 독점자본의 권력에 기반하여 극단적인 민족주의 및 국수주의, 군국주의, 반공주의를 통해 자본주의를 보위하고자 한 정치사상이다.

페레스트로이카 러시아어, 개혁. →개혁·개방

페이비언 사회주의 1884년 영국에서 설립된 페이비언협회가 주장한 점진적인 방식을 통해 달성하는 사회주의. 전투를 지연하는 전술로 한니발을 난처하게 만든 로마 장군 파비우스에서 이름을 따왔다.

편향적 기술진보 노동을 절약하는 대신 자본을 더욱 소비하며 노동생산성이 높아지는 기술진보. 자본주의에서 기술진보는 편향적으로 이루어질 수밖에 없다. 미국의 마르크스주의 경제학자 덩컨 폴리가 이론화한 개념이다.

평등파 →PD

평의회 →소비에트

평의회 공산주의 1920년대 발생한 공산주의의 조류. 소련의 독재나 전위당에 반대하며, 민중의 자발성과 평의회 민주주의를 중시했다. 레닌은 이들을 "좌익 소아병자"라 비판하기도 했다.

포드주의 컨베이어 벨트를 이용한 일정한 작업 과정으로 노동을 개편하여 노동의 생산성을 극대화시켜 상대적 잉여가치를 축적하고, 높은 수준의 임금을 보장해주어 노동자이자 동시에 소비자로 경제활동에 참여하도록 유도하는 경영 방식. 미국의 자본가 헨리 포드가 자신의 공장에 도입한 방식으로, 《옥중수고》에서 그람시에 의해 분석되었다.

포디즘 →포드주의

포스트-마르크스주의 후기 마르크스주의 혹은 탈마르크스주의. ① 좁은 의미로는 정통 마르크스주의의 계급과 착취 대신 적대 개념을, 해결책으로 공산주의 대신 급진민주주의를 주장한 에르네스토 라클라우와 샹탈 무페의 마르크스주의를 의미한다. ② 넓은 의미로는 68운동 시기 전후로 나타난 알튀세르, 발리바르, 데리다, 비데 등의 마르크스주의 철학 사조를 의미한다.

포코 이론 마오쩌둥의 국공내전에 영향을 받아, 체 게바라와 피델 카스트로의 쿠바혁명에 의해 구체화된 혁명 이론. 현지인들과의 친목을 통해 지역들을 거점으로 만들고, 게릴라전을 통해 정부군과 싸우며 궁극적으로 국가 자체를 전복하는 혁명 전술.

푀양파 프랑스대혁명 초기 자코뱅을 이끌던 정파. 왕권의 신성불가침을 주장하던 입헌공화파이다. 루이 16세 일가가 파리에서 도주한 바렌 사건 이후 혁명의 지속 여부를 두고 논쟁하다 자코뱅에서 탈퇴했다.

프랑스대혁명 1789년 삼부회의 소집과 투표 방식에 불만을 가진 3신분이 테니스코트 선서를 하며 시작된 부르주아혁명. 혁명의 결과 부르봉왕조는 무너졌고 루이 16세는 처형당했으며, 프랑스에는 세계 최초의 근대적 공화정이 들어섰다.

프랑스혁명 1789년부터 1871년까지 100년에 달하는 기간 동안 프랑스에서 일어난 여러 혁명들. →프랑스대혁명 →7월혁명 →2월혁명(프랑스) →파리코뮌

프랑크푸르트학파 1930년대 프랑크푸르트대학교를 중심으로 나타난, 지배계급의 이데올로기를 비판하여 현실의 왜곡을 드러내고자 한 서구의 신마르크스주의 학파. 이성을 비판적으로 사용하여 왜곡된 전체주의적 이성주의를 공격하고자 했다. 호르크하이머, 벤야민, 아도르노, 하버마스, 마르쿠제 등이 프랑크푸르트학파의 대표적 학자들이다.

프레카리아트 저임금·저숙련 노동에 시달리며 불안정한 삶에 노출되는 노동계급. '불안정한'이라는 의미의 이탈리아어 프레카리오^{precario}와 프롤레타리아의

합성어이다. '프롤레타리아'라는 용어가 주로 대공장 생산직 노동자를 의미하게 되었다고 주장하며 이에 대비되는 의미에서 등장한 용어이다.

프로핀테른 적색노동조합 인터내셔널. 제3인터내셔널 산하기관으로 존재했다. 공산주의 정당만 가입할 수 있었던 코민테른을 대신하여 세계의 좌익 노동조합을 지도했다. 1937년 인민전선을 위해 암스테르담 인터내셔널에 들어가며 해산되었다.

프롤레타리아 독일어. 로마제국 당시 무산계급을 지칭하던 단어 프롤레스에서 유래되었으며, 마르크스 이후로는 생산수단을 가지지 못한 무산계급, 노동자 혹은 노동계급을 의미한다. ↔부르주아

프롤레타리아 독재 프롤레타리아혁명 이후 높은 단계의 공산주의에 도달하기 전까지의 이행기 동안, 계급의 폐지를 목적으로 부르주아지의 정치적 요구를 억압하는 과도기적 정치체제. 개인이나 개별 정당이 아닌, 계급의 독재이다.

프롤레타리아혁명 프롤레타리아가 주축이 되어 자본주의 사회를 뒤엎는 사회주의혁명.

프롤레타리아트 프롤레타리아계급. ↔부르주아지

프루동주의 최초의 아나키스트라고 불리는 프루동의 아나키즘적 사회주의. 사회개량을 통해 국가를 자치정부에 의한 연합체제로 전환해, 자유로운 개인들의 연합을 만들 수 있다고 주장한 프티 부르주아적 사회주의.

프티 부르주아지 프랑스어, 소小부르주아지 혹은 소시민. 생산수단을 소유했으나 프롤레타리아를 착취할 정도의 규모가 되지 않아 자신이나 가족을 착취하게 되는 부르주아계급 내의 한 계층.

피의 일요일 1905년 혁명을 촉발한, 1905년 1월 22일 상트페테르부르크에서 일어난 유혈사태. 가폰 신부의 주도로 차르를 찾아간 군중을 군대가 학살한 사건.

피티 →프롤레타리아

피티독재 →프롤레타리아 독재

필요노동 노동자의 노동력 재생산을 위해 필수적인 노동. ↔잉여노동

하부구조 사회구성체에서 상부구조의 근본적 원인으로 나타나는 한 사회의 물적 조건들. 하부구조의 구성요소로는 생산력과 생산관계가 있다. ↔상부구조

한인사회당 1918년 이동휘 등이 혁명 러시아 하바롭스크에서 창당한 동아시아 최초의 공산주의 정당. 이르쿠츠크파와의 통합이 실패로 돌아간 뒤, 고려공산당(상해파)으로 개편되었다.

한총련 한국대학총학생회연합. 1993년 전대협의 후신으로 창립된 학생운동 단체. 1995년 전후로 정파 갈등으로 분열하며 쇠퇴하다 2011년 해산되었다.

헤게모니 ① 일정한 정도의 동의와 무력을 기반으로 하는 전체 집단을 이끌 수 있는 권력. 그람시가 강조한 개념이다. ② 특히 국제관계에서, 무력을 통한 패권.

헤겔 우파 헤겔이 이야기한 절대정신이 이미 완성되었다고 보고, 혁명을 부정하며 사회를 유지하고자 했던 보수적 헤겔학파. ↔청년헤겔학파

헤겔 좌파 →청년헤겔학파

헤이마켓 사건 1886년 5월 미국 일리노이주 시카고에서 8시간 노동일을 보장받기 위해 벌인 총파업과 이후 발생한 총격 및 폭탄 테러 사건. 5월 1일 미국 전역에서 수십만 명이 파업에 참가했으며, 5월 3일 경찰이 파업 참가자들에게 총을 발포해 4명이 사망했다. 이튿날 노동자들이 헤이마켓 광장에서 이에 항의하던 집회를 하던 도중 신원 불명의 누군가가 경찰을 향해 폭탄을 터뜨려 경찰 7명이 사망했으며, 경찰의 대응 사격으로 노동자와 시민, 다른 경찰 등 여러 명이 사망했다. 정부는 이를 빌미로 파업의 지도자 8명을 체포해 7명에게 사형을 구형하고 4명의 형이 집행되었다(사형수 중 2명은 종신형으로 감형되었고, 나머지 1명은 교수대에 끌려가기 전 자살했다). 그러나 8명의 지도자 중 누군가가 폭탄을 던졌다는 증거는 없었으며, 대부분은 심지어 테러 당시 현장에 있지도 않았다.

혁명 한 사회가 기존 체제 바깥에서, 민중의 요구로 근본적으로 변혁되는 것. 체제 바깥에서 시작된다는 점에서 개혁 혹은 수동혁명과, 민중으로부터 시작된다는 점에서 쿠데타와 구분된다.

혁명의 시대 에릭 홉스봄의 장단기 개념 중에서, 장기 19세기 나타난 1789년에서 1848년 사이의 시기. 부르주아지가 프랑스혁명과 산업혁명이라는 이중혁명을 통해 정치적·경제적 권력을 장악해나간 시기.

혁명적 국제주의 운동 Revolutionary Internationalist Movement. 1984년, 인도와 페루 등 17개국의 마오주의적 공산당이 모여 조직한 단체. 중국의 '마오쩌둥 사상'을 중국뿐만 아니라 전 세계에 적용할 수 있는 '마오주의'로 일반화했다.

혁명적 사회주의 의회 밖의 혁명을 통해서만 사회주의를 이룰 수 있다고 믿는, 민주적 사회주의에 대비되는 사회주의 분파.

혁명적 패배주의 1917년 러시아혁명 당시 레닌이 주장한 혁명론. "제국주의 전쟁을 내전으로"라는 슬로건 아래 제1차 세계대전에서의 러시아군의 패배와 국내 혁명을 주장했다.

현실 사회주의 소련과 중국, 베트남, 쿠바 등 역사 속에서 사회주의를 표방한 국가. 현실 사회주의 국가가 진짜 사회주의였는가에 대해서는 여러 이견이 있다.

형이상학 ① 철학의 한 분과 중에서, 존재의 근본에 대해 탐구하는 학문. ② 헤겔과 마르크스에게 있어, 비변증법적인 것.

호명 알튀세르에게 있어, 이데올로기적 국가장치가 개인을 종속적인 주체로 생산

하는 작용.

화요회 일제강점기 조선의 공산주의 파벌. 1923년 결성된 신사상연구회에서 비롯한 단체로, 마르크스의 생일이 화요일인 것에 유래하여 1924년 회요회로 그 명칭을 변경했다. 국외의 이르쿠츠크파와 가까웠으며, 조선공산당에서 북풍회와 함께 양대 계파로 활동하기도 했다. 주요 인물로는 박헌영, 김단야, 조봉암 등이 있다.

화폐 상품교환을 원활하게 해주는 일반적 등가물의 성격을 지닌 물질. 상품의 가치를 숫자의 형태로 표시해주고, 상품의 유통과 신용거래를 용이하게 하며 마지막으로 저축을 통해 가치를 저장할 수 있게 해준다. 기호로는 M으로 표시된다.

확대재생산 자본의 순환을 통해 나타난 잉여가치 중 일부가 자본으로 축적되어 전대와 비교해 더 큰 규모로 이루어지는 생산과정.

효용가치론 상품의 가치 혹은 가격이 그 상품의 유용성에 따라 시장에서의 수요와 공급을 통해 결정된다는 이론.

후기 자본주의 독일의 트로츠키주의자 에르네스트 만델에 의해 정의된 마르크스 시기 자유경쟁적 자본주의와 레닌 시기 독점적·제국주의적 자본주의 다음에 나타난 세 번째 자본주의 시기. 대량소비, 세계화, 복지국가 등의 특징을 가지고 있다.

흐루쇼프의 비밀 연설 소련공산당의 제2대 서기장인 니키타 흐루쇼프가 1956년 2월 25일 제20차 공산당대회에서 진행한 연설. 1930년대 스탈린의 대숙청과 개인 숭배 조장을 비판했다. 이후 이는 스탈린 격하 운동으로 이어진다.

흑도회 黑濤會. 1921년 박열 등이 중심이 되어 동경 유학생과 노동자의 지원을 위해 도쿄에서 설립된 사회주의 독립운동 단체. 1922년 아나키스트 성향의 흑우회와 마르크스주의 성향의 북성회로 양분되었다.

> 숫자

10월혁명 1917년 11월 6일(율리우스력 10월 24일), 레닌 등의 지도하에 러시아에서 일어난 무장 혁명. 케렌스키가 주도하고 부르주아가 대거 참여하는 '공화국 임시의회'에 대한 프롤레타리아들의 반발로 시작되었다. 11월 8일(율리우스력 10월 26일) 임시정부 청사로 사용된 겨울궁전을 점령하며 혁명이 완수되었다. 2월혁명으로 수립된 러시아 임시정부를 전복시켰으며, 이후 세계 최초의 사회주의 국가를 설립했다.

1830년 혁명 →7월혁명

1848년 혁명 ① 1848년 2월 프랑스에서 일어난 혁명. →2월혁명(프랑스) ② 프랑스 2월혁명의 영향을 받아 전 유럽에 퍼진 자유주의적 혁명의 물결.

1905년 혁명 피의 일요일 사건 등으로 인해 촉발된 러시아제국의 혁명. 결과적으로는 실패했으나, 훗날 10월혁명 성공의 주춧돌이 되었다.

1917년 혁명 →2월혁명(러시아) →10월혁명

1부문 → I 부문

20차 당대회(소련) →흐루쇼프의 비밀 연설

22차 당대회(프랑스) →1976년 진행된 프랑스공산당의 당대회. 이 당대회에서 프랑스공산당은 '프롤레타리아 독재' 개념을 폐기한 것으로 유명하다. 이후 알튀세르 등은 이를 비판했다.

2부문 → II 부문

2월혁명(러시아) 1917년 3월 8일(율리우스력 2월 23일) 러시아에서 일어난 혁명. 3월 8일 세계 여성의날을 맞아 '빵과 평화'를 요구한 여성 섬유노동자들의 파업과 봉기에서 시작되어 규모가 점점 커졌고, 왕정 타도·전쟁(제1차 세계대전) 반대를 외치는 도시 노동자 대부분이 참여하는 노동자 혁명으로 이어졌다. 이 혁명으로 차르가 지배하던 러시아제국이 무너지고 부르주아와 프롤레타리아의 연립 정권인 임시정부가 들어섰다.

2월혁명(프랑스) 1848년 2월 22일 프랑스에서 일어난 혁명. 이 혁명으로 7월 왕정이 무너지고 제2공화정이 들어섰으며, 루이나폴레옹이 대통령으로 선출되었다. 또한, 이 혁명으로 유럽 전역에 자유주의혁명의 물결이 일어났으며, 빈 체제가 무너졌다.

4월 테제 1917년 4월, 2월혁명 직후 러시아로 귀국한 레닌이 발표한 10가지 테제. 〈당면 혁명에서의 프롤레타리아의 임무〉. 전쟁 반대 및 소비에트를 통한 노동자의 권력 장악을 주장하고 있다.

68운동 1968년 5월 프랑스를 중심으로 일어난 전 세계적 반정부 운동. 기존의 억압적이고 가부장적인 이데올로기와 미국의 베트남전 참전 등에 반대했다. '모든 금지를 금지한다'는 등의 슬로건이 대표적이다. 마오쩌둥과 문화대혁명에 영향을 받았으며, 이후 일본 적군파 등에 영향을 주기도 했다.

6월 봉기(1848년) 1848년 6월 프랑스에서 일어난 프롤레타리아 중심 민중봉기. 봉기의 시작과 동시에 육군 장관은 파리에 계엄령을 발령하고 모든 권력을 장악했으며, 결국 프롤레타리아트는 정치적으로 몰락했다.

7월 시위 2월혁명 이후 설립된 러시아 임시정부가 제정에서 공화정으로 바뀌었음에도 계속해서 제1차 세계대전에 참전하려는 태도를 보이자 이에 반대한 군인들과 민중들이 벌인 무장봉기. 결국 대대적인 확산은 실패했고, 그 결과 레닌이 쫓기고 트로츠키가 체포되는 등 볼셰비키에 대한 대대적인 탄압이 시작되었다. 그러나 7월 시위의 결과 반전 입장을 굽히지 않았던 볼셰비키는 탄압에도 불구하고 민중의 지지를 얻을 수 있었다.

7월혁명 1830년 7월 프랑스에서 일어난 혁명. 이 혁명으로 샤를 10세를 내쫓고

루이 필리프를 즉위시켰다.

8월 종파사건 1956년 8월 30일 조선로동당 중앙위원회 전원회의에서 소련파, 연안파 등이 김일성의 개인 숭배에 대한 비판을 시도하다 실패한 사건. 이들은 스탈린 개인 숭배를 비판한 흐루쇼프의 비밀 연설에 영향을 받아 김일성에 대한 비판을 시도했으나, 실패했고 이후 종파분자로 낙인찍혀 숙청된다. 그 결과 김일성이 주도하는 빨치산파(만주파)가 정권을 완전히 장악했으며, 주체사상이 등장한다.

8월 테제 1945년 한반도의 해방 직후 박헌영이 작성한 정치 문건. 해방 직후의 정세와 공산주의자들의 활동 지침 등에 대해 설명하고 있다.

> 로마자

AMP Asiatic Mode of Production. →아시아적 생산양식
BD Bourgeois Democracy →부르주아 민주주의
BG →부르주아
CA Constituent Assembly의 줄임말, 제헌의회 그룹. 1980년대 한국 학생운동 진영 내에서, 직선제 개헌을 반대하고 민중혁명을 통해 제헌의회를 소집할 것을 주장한 정파.
DIAMAT 스탈린의 대표 저서 《변증법적 유물론과 역사적 유물론》의 약자.
I 부문 재생산 표식 등에서, 생산수단 시장에 해당하는 부분.
II 부문 재생산 표식 등에서, 소비수단 시장에 해당하는 부분.
ICFTU →국제자유노동조합총연맹
IFTU →국제노동조합연맹
LTRPF Law of the Tendency of the Rate of Profit to Fall. →이윤율 저하 경향의 법칙
MECW Marx & Engels Collected Works. 영어로 발간된 50권짜리 마르크스 엥겔스 전집.
MEGA Marx-Engels Gesamta-usgabe. 1911년부터 현재까지 독일에서 발간 중인 마르크스 엥겔스 전집. 기존 정본으로 사용되었던 MEW가 불완전하고 정치적으로 편향되어 있어 그 대안으로 사용되고 있다.
MELT Monetary Expression of Labor Time, 노동시간의 화폐적 표현. 한 시간의 노동이 화폐적으로 얼마로 표현되는지를 의미한다. 한 사회에서 생산된 상품 총량의 가치를 투입된 총노동 시간으로 나누어 산출한다.
MESW Marx & Engels Sellec-ted Works. 영어로 발간된 한 권 및 세 권짜리 마르크스 엥겔스 선집.
MEW Marx-Engels Werke. 소련과 동독이 중심이 되어 발간한 마르크스 엥겔

스 전집.

ML파 ① 서울파의 일부 및 북풍파에서 갈라져나온 일월회 그룹 등이 주축이 되어 결성한 일제강점기 공산주의 파벌. 마르크스-레닌주의 정파이다. ② 일본 신좌파의 한 정파. 공산주의자동맹 마르크스-레닌주의파.

NEP New Economic Policy. →신경제정책

NL National Liberation의 줄임말, 민족해방파. 자주파라고 불리기도 한다. 민족모순을 계급모순보다 우선시했다. 1980년대 한국 학생운동 진영 내에서, 한국은 미국에의 종속 속에 자본주의가 완전히 발달하지 못한 식민지반봉건(혹은 식민지반자본주의) 사회이며 따라서 반미투쟁을 통한 민족 민주주의 정권 수립과 통일이 우선임을 주장한 정파. 1980년대 학생운동 진영에서 다수를 차지했다. 1990년대 후반 친미 독재 정권에 반대하며 민족 자본가계급인 김대중 후보를 비판적으로 지지했다. 이후 민주노동당에 입당해 통합진보당—민중당—진보당 등으로 이어지며 제도권 정치에 안착했다.

NLPDR National Liberation People's Democray Revolution. 소위 민족해방민중민주주의혁명론. 1980년대 한국 학생운동권에서 구체화된 이론으로 한국을 미국의 식민지반봉건 사회로 파악하고, 민족모순과 계급모순을 동시에 해결해야 한다고 본 혁명 이론이다. 1980년대 중반 전자를 강조하는 NL과 후자를 강조하는 PD로 분화되었다.

PD People's Democracy의 줄임말, 민중민주파. 평등파라고 불리기도 한다. 계급모순을 민족모순보다 우선시했다. 1980년대 한국 학생운동 진영 내에서, 한국은 자본주의가 발달한 신식민지 독점자본주의 국가이므로 독점자본에 대항한 노동자 민중의 민중민주주의 정권 수립과 프롤레타리아혁명으로 바로 나아가야 할 것을 주장한 정파. 1990년대 후반 진보 정당 추진위원회를 구성하며 이후 민주노동당—진보신당/통합진보당—정의당/노동당 등으로 이어지며 제도권 정치에 안착했다.

PT →프롤레타리아

PT 독재 →프롤레타리아 독재

RIM →혁명적국제주의운동

TRPF the Tendency of the Rate of Profit to Fall. →이윤율 저하 경향의 법칙

WFTU →세계노동조합연맹

마르크스주의 입문

초판 1쇄 펴낸날 2025년 10월 30일
초판 2쇄 펴낸날 2025년 11월 13일
지은이 이찬용
감수자 배세진
펴낸이 박재영
편집 임세현·이다연
디자인 조하늘
제작 제이오
펴낸곳 도서출판 오월의봄
주소 경기도 파주시 회동길 513 203호
등록 제406-2010-000111호
전화 070-7704-5240
팩스 0505-300-0518
이메일 maybook05@naver.com
X(트위터) @oohbom
블로그 blog.naver.com/maybook05
페이스북 facebook.com/maybook05
인스타그램 instagram.com/maybooks_05

ISBN 979-11-6873-163-9 03300

이 책은 저작권법에 따라 보호받는 저작물이므로 무단전재와 복제를 금합니다.
이 책 내용의 전부 또는 일부를 이용하려면 반드시 저작권자와 도서출판 오월의봄에 서면 동의를 받아야 합니다.

책값은 뒤표지에 있습니다. 잘못된 책은 바꾸어 드립니다.

만든 사람들
책임편집 박재영
디자인 조하늘